序　言

　　學科能力測驗數學考科的成績，對同學未來申請入學非常重要，於分發入學時，亦爲各系採計爲門檻的重要依據，是以掌握數學考科的得分要訣，實爲申請與分發入學之致勝關鍵。本書彙集民國 83 年至 98 年學科能力測驗數學科試題與詳解，彙編成「歷屆大學學測數學試題詳解」，十六年來，每份試題都極具代表性。命題教授出題的目的乃在於，測驗考生是否瞭解數學考科的基本知識，及具備數學考科應考內容的實力。

　　本書試題置於前，以便自我實力評量；詳解附於後，解說清晰易解，以利同學們疑難查詢。由近幾年數學考科試題出處來看，多項式、數列級數、指對數、三角函數、機率、敘述統計、空間向量及圓錐曲線爲命題重點所在，應多加重視。

　　近年來，考古題出現頻率相當高，題目設計偏重基本觀念應用，並考驗同學們可否利用數學解決日常生活的問題，故最佳應試策略，應爲熟悉歷屆學測題型，探尋命題軌跡，以收事半功倍之效。

　　本書編校製作過程嚴謹，但仍恐有缺失處，尚祈各界先進不吝來函指正爲荷。

編者　謹識

目　錄

九十八年大學入學學科能力測驗試題
數學考科

第壹部分：選擇題（佔 55 分）

一、單選題（佔 30 分）

說明：第 1 至 6 題，每題選出最適當的一個選項，劃記在答案卡之
　　　「解答欄」，每題答對得 5 分，答錯不倒扣。

1. 數列 $a_1+2, \cdots, a_k+2k \cdots, a_{10}+20$ 共有十項，且其和為 240，
   則 $a_1+\cdots+a_k+\cdots+a_{10}$ 之值為

   (1) 31　　　　(2) 120　　　　(3) 130　　　　(4) 185　　　　(5) 218

2. 令 $a=\cos(\pi^2)$，試問下列哪一個選項是對的？

   (1) $a=-1$ 　　　　　　　(2) $-1<a\le -\dfrac{1}{2}$

   (3) $-\dfrac{1}{2}<a\le 0$ 　　　　(4) $0<a\le \dfrac{1}{2}$

   (5) $\dfrac{1}{2}<a\le 1$

3. 已知 $f(x), g(x)$ 是兩個實係數多項式，且知 $f(x)$ 除以 $g(x)$ 的餘式
   為 x^4-1。試問下列哪一個選項**不可能**是 $f(x)$ 與 $g(x)$ 的公因式？

   (1) 5 　　　　　　　　　　(2) $x-1$

   (3) x^2-1 　　　　　　　(4) x^3-1

   (5) x^4-1

4. 甲、乙、丙三所高中的一年級分別有 3、4、5 個班級。從這 12 個
   班級中隨機選取一班參加國文抽考，再從未被抽中的 11 個班級
   中隨機選取一班參加英文抽考。則參加抽考的兩個班級在同一所
   學校的機率最接近以下哪個選項？
   (1) 21％　　　　(2) 23％　　　　(3) 25％
   (4) 27％　　　　(5) 29％

5. 假設甲、乙、丙三鎮兩兩之間的距離皆為 20 公里。兩條筆直的
   公路交於丁鎮，其中之一通過甲、乙兩鎮而另一通過丙鎮。今在
   一比例精準的地圖上量得兩公路的夾角為 45°，則丙、丁兩鎮間
   的距離約為
   (1) 24.5 公里　　　(2) 25 公里　　　(3) 25.5 公里
   (4) 26 公里　　　　(5) 26.5 公里

6. 試問坐標平面上共有幾條直線，會使得點 $O(0,0)$ 到此直線之距離
   為 1，且點 $A(3,0)$ 到此直線之距離為 2？
   (1) 1 條　　　　(2) 2 條　　　　(3) 3 條
   (4) 4 條　　　　(5) 無窮多條

二、多選題（佔 25 分）

說明：第 7 至 11 題，每題的五個選項各自獨立，其中至少有一個選
　　　項是正確的，選出正確選項劃記在答案卡之「解答欄」。每題
　　　皆不倒扣，五個選項全部答對者得 5 分，只錯一個選項者可
　　　得 2.5 分，錯兩個或兩個以上選項者不給分。

7. 試問下列哪些選項中的數是有理數？

(1) 3.1416

(2) $\sqrt{3}$

(3) $\log_{10}\sqrt{5}+\log_{10}\sqrt{2}$

(4) $\dfrac{\sin 15°}{\cos 15°}+\dfrac{\cos 15°}{\sin 15°}$

(5) 方程式 $x^3-2x^2+x-1=0$ 的唯一實根

8. 坐標平面上四條直線 L_1,L_2,L_3,L_4 與 x 軸、y 軸及直線 $y=x$ 的相關位置如圖所示，其中 L_1 與 L_3 垂直，而 L_3 與 L_4 平行。設 L_1,L_2,L_3,L_4 的方程式分別為 $y=m_1x$ ， $y=m_2x$ ， $y=m_3x$ 以及 $y=m_4x+c$ 。試問下列哪些選項是正確的？

(1) $m_3>m_2>m_1$

(2) $m_1\cdot m_4=-1$

(3) $m_1<-1$

(4) $m_2\cdot m_3<-1$

(5) $c>0$

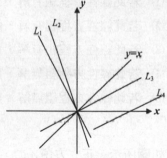

9. 某廠商委託民調機構在甲、乙兩地調查聽過某項產品的居民佔當地居民之百分比（以下簡稱為「知名度」）。結果如下：在 95% 信心水準之下，該產品在甲、乙兩地的知名度之信賴區間分別為 [0.50 , 0.58]、[0.08 , 0.16]。試問下列哪些選項是正確的？

(1) 甲地本次的參訪者中，54% 的人聽過該產品

(2) 此次民調在乙地的參訪人數少於在甲地的參訪人數

(3) 此次調查結果可解讀為：甲地全體居民中有一半以上的人聽過該產品的機率大於 95%

(4) 若在乙地以同樣方式進行多次民調，所得知名度有 95% 的機會落在區間 $[\,0.08\,,0.16\,]$

(5) 經密集廣告宣傳後，在乙地再次進行民調，並增加參訪人數達原人數的四倍，則在 95% 信心水準之下該產品的知名度之信賴區間寬度會減半（即 0.04）

10. 設 a,b,c 為實數，下列有關線性方程組 $\begin{cases} x+2y+az=1 \\ 3x+4y+bz=-1 \\ 2x+10y+7z=c \end{cases}$ 的敘述哪些是正確的？

(1) 若此線性方程組有解，則必定恰有一組解

(2) 若此線性方程組有解，則 $11a-3b \neq 7$

(3) 若此線性方程組有解，則 $c=14$

(4) 若此線性方程組無解，則 $11a-3b=7$

(5) 若此線性方程組無解，則 $c \neq 14$

11. 如圖所示，正立方體 $ABCD-EFGH$ 的稜長等於 2（即 $\overline{AB}=2$），K 為正方形 $ABCD$ 的中心，M、N 分別為線段 BF、EF 的中點。試問下列哪些選項是正確的？

(1) $\overrightarrow{KM}=\dfrac{1}{2}\overrightarrow{AB}-\dfrac{1}{2}\overrightarrow{AD}+\dfrac{1}{2}\overrightarrow{AE}$

(2) （內積）$\overrightarrow{KM}\cdot\overrightarrow{AB}=1$

(3) $\overline{KM}=3$

(4) $\triangle KMN$ 為一直角三角形

(5) $\triangle KMN$ 之面積為 $\dfrac{\sqrt{10}}{2}$

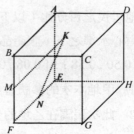

第貳部分：選填題（佔45分）

說明：1. 第 A 至 I 題，將答案劃記在答案卡之「解答欄」所標示的列號（12–33）。

　　　2. 每題完全答對給 5 分，答錯不倒扣，未完全答對不給分。

A. 從 1 到 100 的正整數中刪去所有的質數、2 的倍數及 3 的倍數之後，剩下最大的數為 ⑫⑬ 。

B. 坐標平面上有四點 $O(0,0), A(-3,-5), B(6,0), C(x,y)$。今有一質點在 O 點沿 $\overrightarrow{AO}$ 方向前進 $\overline{AO}$ 距離後停在 P，再沿 $\overrightarrow{BP}$ 方向前進 $2\overline{BP}$ 距離後停在 Q。假設此質點繼續沿 $\overrightarrow{CQ}$ 方向前進 $3\overline{CQ}$ 距離後回到原點 O，則 $(x,y)=($ ⑭⑮ , ⑯⑰ $)$。

C. 抽獎遊戲中，參加者自箱中抽出一球，確定顏色後放回。只有抽得藍色或紅色球者可得消費券，其金額分別為（抽得藍色球者）2000 元、（抽得紅色球者）1000 元。箱中已置有 2 顆藍色球及 5 顆紅色球。在抽出任一球之機率相等的條件下，主辦單位希望參加者所得消費券金額的期望值為 300 元，則主辦單位應於箱內再置入 ⑱⑲ 顆其他顏色的球。

D. 坐標平面上有兩條平行直線。它們的 x 截距相差 20，y 截距相差 15。則這兩條平行直線的距離為 ⑳㉑ 。

E. 假設 Γ_1 為坐標平面上一開口向上的拋物線，其對稱軸為 $x = \dfrac{-3}{4}$

且焦距（焦點到頂點的距離）為 $\dfrac{1}{8}$。若 Γ_1 與另一拋物線 $\Gamma_2 : y = x^2$

恰交於一點，則 Γ_1 的頂點之 y 坐標為 $\dfrac{\text{㉒}}{\text{㉓}}$。（化成最簡分數）

F. 某公司為了響應節能減碳政策，決定在五年後將公司該年二氧化碳排放量降為目前排放量的 75%。公司希望每年依固定的比率（當年和前一年排放量的比）逐年減少二氧化碳的排放量。若要達到這項目標，則該公司每年至少要比前一年減少 ㉔.㉕ %的二氧化碳的排放量。（計算到小數點後第一位，以下四捨五入。）

G. 坐標空間中 xy 平面上有一正方形，其頂點為 $O(0,0,0)$, $A(8,0,0)$, $B(8,8,0)$, $C(0,8,0)$。另一點 P 在 xy 平面的上方，且與 O, A, B, C 四點的距離皆等於 6。若 $x + by + cz = d$ 為通過 A, B, P 三點的平面，則 $(b,c,d) = ($ ㉖ , ㉗ , ㉘ $)$。

H. 有一橢圓與一雙曲線有共同的焦點 F_1、F_2，且雙曲線的貫軸長和橢圓的短軸長相等。設 P 為此橢圓與雙曲線的一個交點，且 $\overline{PF_1} \times \overline{PF_2} = 64$，則 $\overline{F_1F_2} = $ ㉙㉚。

I. 在 $\triangle ABC$ 中，$\overline{AB} = 10$, $\overline{AC} = 9$, $cox\angle BAC = \dfrac{3}{8}$。設點 P、Q 分別在邊 AB、AC 上使得 $\triangle APQ$ 之面積為 $\triangle ABC$ 面積之一半，則 $\overline{PQ}$

之最小可能值為 $\dfrac{\text{㉛㉜}}{\text{㉝}}$。（化成最簡分數）

參考公式及可能用到的數值

1. 一元二次方程式 $ax^2 + bx + c = 0$ 的公式解：$x = \dfrac{-b \pm \sqrt{b^2 - 4ac}}{2a}$

2. 平面上兩點 $P_1(x_1, y_1)$，$P_2(x_2, y_2)$ 間的距離為

$$\overline{P_1 P_2} = \sqrt{(x_2 - x_1)^2 + (y_2 - y_1)^2}$$

3. 通過 (x_1, y_1) 與 (x_2, y_2) 的直線斜率 $m = \dfrac{y_2 - y_1}{x_2 - x_1}$，$x_2 \neq x_1$.

4. 首項為 a_1，公差為 d 的等差數列前 n 項之和為

$$S = \frac{n(a_1 + a_n)}{2} = \frac{n(2a_1 + (n-1)d)}{2}$$

5. 三角函數的和角公式： $\sin(A + B) = \sin A \cos B + \sin B \cos A$

$$\cos(A + B) = \cos A \cos B - \sin A \sin B$$

6. $\triangle ABC$ 的正弦定理：$\dfrac{a}{\sin A} = \dfrac{b}{\sin B} = \dfrac{c}{\sin C} = 2R$

$\triangle ABC$ 的餘弦定理：$c^2 = a^2 + b^2 - 2ab \cos C$

7. 95% 信心水準下之信賴區間：$\left[\hat{p} - 2\sqrt{\dfrac{\hat{p}(1-\hat{p})}{n}}, \hat{p} + 2\sqrt{\dfrac{\hat{p}(1-\hat{p})}{n}} \right]$

8. 參考數值：$\sqrt{2} \approx 1.414$；$\sqrt{3} \approx 1.732$；$\sqrt{5} \approx 2.236$；$\sqrt{6} \approx 2.449$；

$\pi \approx 3.142$

9. 對數值：$\log_{10} 2 \approx 0.3010$，$\log_{10} 3 \approx 0.4771$，**$\log_{10} 5 \approx 0.6990$**，

$\log_{10} 7 \approx 0.8451$

常用對數表　　$\log_{10} N$

N	0	1	2	3	4	5	6	7	8	9	表			尾			差		
											1	2	3	4	5	6	7	8	9
10	0000	0043	0086	0128	0170	0212	0253	0294	0334	0374	4	8	12	17	21	25	29	33	37
11	0414	0453	0492	0531	0569	0607	0645	0682	0719	0755	4	8	11	15	19	23	26	30	34
12	0792	0828	0864	0899	0934	0969	1004	1038	1072	1106	3	7	10	14	17	21	24	28	31
						….													
74	8692	8698	8704	8710	8716	8722	8727	8733	8739	8745	1	1	2	2	3	4	4	5	5
75	8751	8756	8762	8768	8774	8779	8785	8791	8797	8802	1	1	2	2	3	3	4	5	5
76	8808	8814	8820	8825	8831	8837	8842	8848	8854	8859	1	1	2	2	3	3	4	5	5
						….													
93	9685	9689	9694	9699	9703	9708	9713	9717	9722	9727	0	1	1	2	2	3	3	4	4
94	9731	9736	9741	9745	9750	9754	9759	9763	9768	9773	0	1	1	2	2	3	3	4	4
95	9777	9782	9786	9791	9795	9800	9805	9809	9814	9818	0	1	1	2	2	3	3	4	4
96	9823	9827	9832	9836	9841	9845	9850	9854	9859	9863	0	1	1	2	2	3	3	4	4

註　1. 表中所給的對數值為小數點後的值。

　　2. 表中最左欄的數字表示 N 的個位數及小數點後第一位，

　　　最上一列的數字表示 N 的小數點後第二位。

98年度學科能力測驗數學科試題詳解

第壹部分：選擇題

一、單選擇

1. 【答案】(3)

【解析】$(a_1 + 2) + (a_2 + 4) + \cdots + (a_k + 2k) + \cdots + (a_{10} + 20) = 240$

$\Rightarrow (a_1 + a_2 + \cdots + a_k + \cdots + a_{10}) + (2 + 4 + \cdots + 2k + 20) = 240$

$\Rightarrow (a_1 + a_2 + \cdots + a_k + \cdots + a_{10}) + \dfrac{10 \times (2 + 20)}{2} = 240$

$\Rightarrow (a_1 + a_2 + \cdots + a_k + \cdots + a_{10}) + 110 = 240$

$\therefore a_1 + a_2 + \cdots + a_k + \cdots + a_{10} = 130$，故選 (3)。

2. 【答案】(2)

【解析】$a = \cos(\pi^2) = \cos(\pi \cdot \pi)$

$\doteqdot \cos(3.14\pi)$

$\because 3\pi < 3.14\pi < \dfrac{10}{3}\pi$

$\therefore \cos(3\pi) < \cos(3.14\pi) < \cos(\dfrac{10}{3}\pi)$

$\Rightarrow -1 < \cos(\pi^2) < -\dfrac{1}{2}$

$\therefore -1 < a \le -\dfrac{1}{2}$，故選 (2)。

3. 【答案】(4)

 【解析】 $f(s) = g(x) \cdot Q(x) + (x^4 - 1)$

 令 $f(x)$ 與 $g(x)$ 的公因式爲 $d(x)$

 $\therefore d(x) | (f(x) , g(x)) = (g(x) , x^4 - 1)$（輾轉相除法原理）

 $\Rightarrow d(x) | x^4 - 1 = (x^2 - 1)(x^2 + 1) = (x-1)(x+1)(x^2+1)$

 (1) (2) (3) (5) 皆有可能爲 $d(x)$，故選 (4)。

4. 【答案】(5)

 【解析】

 P(兩個班級在同一所學校) $= \dfrac{\text{n(同在甲校)} + \text{n(同在乙校)} + \text{n(同在丙校)}}{\text{n(全)}}$

 $= \dfrac{C_1^3 C_1^2 + C_1^4 C_1^3 + C_1^5 C_1^4}{C_1^{12} C_1^{11}}$

 $= \dfrac{6 + 12 + 20}{132} = \dfrac{38}{132} = \dfrac{19}{60} \fallingdotseq 29\%$，

 故選 (5)。

5. 【答案】(1)

 【解析】 如圖，∠丁甲丙 $= 180° - 60° = 120°$

 在△丁甲丙中，利用正弦定理：

 $\dfrac{20}{\sin 45°} = \dfrac{x}{\sin 120°}$

 $\therefore x = \dfrac{20}{\sin 45°} \cdot \sin 120°$

 $= \dfrac{20}{\frac{1}{\sqrt{2}}} \cdot \dfrac{\sqrt{3}}{2} = 10\sqrt{6} \fallingdotseq 24.5$，故選 (1)。

6. 【答案】(3)

　　【解析】(1) 到 $O(0，0)$ 之距離為 1

　　　　　　即為以 O 為圓心，半徑為 1 之圓，

　　　　　(2) 到 $A(3，0)$ 之距離為 2

　　　　　　即為以 A 為圓心，半徑為 2 之圓

　　　　如圖：所求即為兩圓之公切線，

　　　　　　又兩圓為外切

　　　　∴有 2 條外公切線，

　　　　　1 條內公切線

　　　　⇒共 3 條，故選 (3)。

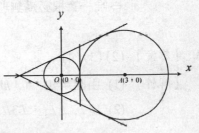

二、多選題

7. 【答案】(1)(3)(4)

　　【解析】(1) 3.1416 為有限小數，故為有理數

　　　　　(2) $\sqrt{3}$ 為無理數

　　　　　(3) $\log_{10}\sqrt{5} + \log_{10}\sqrt{2} = \log_{10}(\sqrt{5}\times\sqrt{2})$

　　　　　　　　$= \log_{10}\sqrt{10} = \log_{10}10^{\frac{1}{2}} = \frac{1}{2}$ 為有理數

　　　　　(4) $\dfrac{\sin 15°}{\cos 15°} + \dfrac{\cos 15°}{\sin 15°} = \dfrac{\sin^2 15° + \cos^2 15°}{\sin 15° \cos 15°}$

　　　　　　　　$= \dfrac{1}{\dfrac{1}{2}(2\sin 15° \cos 15°)} = \dfrac{1}{\dfrac{1}{2}\sin 30°} = \dfrac{1}{\dfrac{1}{2}(\dfrac{1}{2})} = 4$ 為有理數

(5) $x^3 - 2x^2 + x - 1 = 0$ 為整係數方程式，設其有理根為 $\dfrac{q}{p}$

根據牛頓定理得 $p|1$，$q|-1$

∴有理根可能為 1，-1

但 1，-1 代入皆不合

故 $x^3 - 2x^2 + x - 1 = 0$ 沒有有理根

⇒唯一實根必為無理數。

8. 【答案】 $(2)(3)(4)$

　　【解析】 (1) 由圖可知，$1 > m_3 = m_4 > 0 > m_1 > m_2$

　　　　　　(2) ∵$L_1 \perp L_3$，$L3 // L4$　∴$L_1 // L_4$　⇒$m_1 \cdot m_4 = -1$

　　　　　　(3) ∵$0 < m_4 < 1 \Rightarrow \dfrac{1}{m_4} > 1$　∴$m_1 = -\dfrac{1}{m_4} < -1$

　　　　　　(4) ∵$m_2 < m_1 < 0 \Rightarrow \dfrac{m_2}{m_1} > 1$

　　　　　　　　$\therefore m_2 \cdot m_3 = \dfrac{m_2}{m_1}(m_1 \cdot m_3) = -\dfrac{m_2}{m_1} < -1$

　　　　　　(5) C 即為 L_4 之 y 截距⇒由圖知：$C < O$

　　　　　　故選 $(2)(3)(4)$。

9. 【答案】 $(1)(2)$

　　【解析】 (1) 由公式知：$\hat{P} = \dfrac{0.5 + 0.58}{2} = 54\%$

　　　　　　(2) 甲：$[0.54 - 2 \times 0.02 , 0.54 + 2 \times 0.02]$

乙：$[0.12 - 2 \times 0.02 , 0.12 + 2 \times 0.02]$

$$\therefore \begin{cases} 0.02 = \sqrt{\dfrac{0.54 \times 0.46}{n_{甲}}} \\ 0.02 = \sqrt{\dfrac{0.12 \times 0.88}{n_{Z}}} \end{cases} , 故 \ n_{甲} = \dfrac{0.2484}{(0.02)^2} > \dfrac{0.1056}{(0.02)^2} = n_{Z}$$

(3) 有 95% 的信心，$[0.50 , 0.58]$ 包含甲地的母體知名度

　　∴有大於 95% 的信心，甲地有一半以上的知名度

　　信心與機率不可混用 ⇒ 故不選

(4) 應為乙地的母體知名度，有 95% 的信心落在

　　$[0.08 , 0.16]$ 無論進行多少次民調，所得知名度皆

　　不為母體知名度 ⇒ 故不選

(5) 經密集廣名宣傳後，母體知名度很有可能會增加，

　　再次進行民調所得知名度，不一定會等於 0.12，

　　故所得信賴區間，無法與第一次做比較

　　故選 $(1)(2)$。

10. 【答案】$(4)(5)$

　　【解析】$\begin{bmatrix} 1 & 2 & a & | & 1 \\ 3 & 4 & b & | & -1 \\ 2 & 10 & 7 & | & c \end{bmatrix}$ ×(−3) ×(−2)

$$\Rightarrow \begin{bmatrix} 1 & 2 & a & | & 1 \\ 0 & -2 & -3a+b & | & -4 \\ 0 & 6 & -2a+7 & | & c-2 \end{bmatrix} \ \times(1) \ \times(3)$$

$$\Rightarrow \begin{bmatrix} 1 & 0 & -2a+b & | & -3 \\ 0 & -2 & -3a+b & | & -4 \\ 0 & 0 & -11a+3b+7 & | & c-14 \end{bmatrix} \quad \therefore z = \dfrac{c-14}{-11a+3b+7}$$

(1) 可能為無限多組解

(2) 若為無限多組解，則 $11a - 3b = 7$ ，$c = 14$

(3) 若為恰有一組解，則有可能 $c \neq 14$

(4) (5) 若為無解，則 $11a - 3b = 7$ ，$c \neq 14$

故選 (4)(5)。

11. 【答案】 (1)(4)

【解析】 如圖，利用坐標假設法

(1) $\overrightarrow{KM} = (1 , -1 , -1)$ ，

$\overrightarrow{AB} = (2 , 0 , 0)$

$\overrightarrow{AD} = (0 , 2 , 0)$ ，

$\overrightarrow{AE} = (0 , 0 , -2)$

$$\therefore \frac{1}{2}\overrightarrow{AB} - \frac{1}{2}\overrightarrow{AD} + \frac{1}{2}\overrightarrow{AE}$$

$$= (1 , 0 , 0) - (0 , 1 , 0) + (0 , 0 , -1)$$

$$= (0 , -1 , -1) = \overrightarrow{KM}$$

(2) $\overrightarrow{KM} \cdot \overrightarrow{AB} = (1 , -1 , -1) \cdot (2 , 0 , 0) = 2$

(3) $\overline{KM} = \left| \overrightarrow{KM} \right| = \sqrt{1^2 + (-1)^2 + (-1)^2} = 3$

(4) $\overrightarrow{KM} = (1 , 0 , 1) \Rightarrow \overrightarrow{KM} \cdot \overrightarrow{NM} = 1 - 1 = 0$

$\Rightarrow \overrightarrow{KM} \perp \overrightarrow{NM}$ $\therefore \triangle KMN$ 為一直角三角形

(5) $\overline{NM} = \left| \overrightarrow{NM} \right| = \sqrt{1^2 + 1^2} = \sqrt{2}$

$$\therefore Area = \frac{1}{2} \cdot \sqrt{2} \cdot \sqrt{3} = \frac{\sqrt{6}}{2}$$ 故選 (1)(4)。

第貳部份：選填題

A. 【答案】⑫ 9　⑬ 5

　　【解析】　由大到小：

　　　　　　100 為 2 的倍數 ⇒ 刪去

　　　　　　99 為 3 的倍數 ⇒ 刪去

　　　　　　98 為 2 的倍數 ⇒ 刪去

　　　　　　97 為質數 ⇒ 刪去

　　　　　　96 為 2 的倍數 ⇒ 刪去

　　　　　　故剩下最大的數為 95

B. 【答案】⑭ −　⑮ 4　⑯ 2　⑰ 0

　　【解析】　$P = O + \overrightarrow{AO} = (0,5) + (3,5) = (3,5)$

　　　　　　$Q = P + 2\overrightarrow{BP} = (3,5) + 2(-3,5) = (-3,15)$

　　　　　　又 $O = Q + 3\overrightarrow{CQ} \Rightarrow (0,0) = (-3,15) + 3 \cdot (-3-x, 15-y)$

　　　　　　$\therefore \begin{cases} O = -3-9-3x \\ O = 15+45-3y \end{cases} \Rightarrow (x,y) = (-4,20)$。

C. 【答案】⑱ 2　⑲ 3

　　【解析】　設再置入 n 顆其他顏色的球 ⇒ 共 $n+7$ 顆球

X	2000	1000
P	$\dfrac{2}{n+7}$	$\dfrac{5}{n+7}$

　　　　　　$\therefore E(x) = 2000 \times \dfrac{2}{n+7} + 1000 \times \dfrac{5}{n+7} = 300$

　　　　　　$\Rightarrow 4000 + 5000 = 300n + 2100$

　　　　　　$\Rightarrow 300n = 6900 \quad \therefore n = 23$。

D. 【答案】 ⑳ 1   ㉑ 2

　　【解析】 即兩條平行直線，水平距離相差 20，鉛直距離相差 15

　　　　　　如圖，

　　　　　　所求之距離 d 即為直角 $\triangle ABC$ 斜

　　　　　　邊上的高

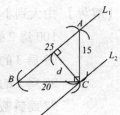

$$\therefore d = \frac{20 \times 15}{25} = 12$$

E. 【答案】 ㉒ 9   ㉓ 8

　　【解析】 設 Γ_1 的頂點之 y 坐標為 k

$$\therefore \begin{cases} \Gamma_1 : \left(x + \dfrac{3}{4}\right)^2 = 4\left(\dfrac{1}{8}\right)(y - k) \cdots\cdots ① \\[2mm] \Gamma_2 : y = x^2 \cdots\cdots\cdots\cdots\cdots\cdots ② \end{cases}$$

　　　　　　② 代入 ① $\Rightarrow \left(x + \dfrac{3}{4}\right)^2 = \dfrac{1}{2}(x^2 - k)$

$$\Rightarrow x^2 + \frac{3}{2}x + \frac{9}{16} = \frac{1}{2}x^2 - \frac{1}{2}k$$

$$\Rightarrow \frac{1}{2}x^2 + \frac{3}{2}x + \left(\frac{1}{2}k + \frac{9}{16}\right) = 0$$

　　　　　　$\because$ 恰交於一點 $\therefore D = \left(\dfrac{3}{2}\right)^2 - 4\left(\dfrac{1}{2}\right)\left(\dfrac{1}{2}k + \dfrac{9}{16}\right) = 0$

$$\therefore \Rightarrow \frac{9}{4} - k - \frac{9}{8} = 0 \quad \therefore k = \frac{9}{8} \text{。}$$

F. 【答案】 ㉔ 5　 ㉕ 6

　　【解析】 設每年為前一年的 x 倍，且現在排放量為 k

$$\therefore k \cdot x^5 \le k \cdot 75\% \Rightarrow \log x^5 \le \log 0.75$$

$$\Rightarrow 5\log x \le -1 + \log 7.5 = -1 + 0.8751 = -0.1249$$

$$\Rightarrow \log x \le \frac{-0.1249}{5} = -0.02498$$

$$= -1 + 0.97502 \doteqdot -1 + \log 9.44$$

$$\therefore x \le 0.944 = 1 - 5.6\% \text{，}$$

　　　　　　故至少要減少 5.6%。

G. 【答案】 ㉖ 0　 ㉗ 2　 ㉘ 8

　　【解析】 如圖，作 $\overline{PD} \perp \overline{BC}$ ，$\overline{PE} \perp$ 底面

$$\overline{BD} = \overline{CD} = 4 \Rightarrow \overline{PD} = \sqrt{6^2 - 4^2} = \sqrt{20}$$

$$\overline{DE} = 4 \Rightarrow \overline{PE} = \sqrt{(\sqrt{20})^2 - 4^2} = \sqrt{4} = 2$$

$$\therefore P \text{ 為 } (4 , 4 , 2)$$

$$\overrightarrow{AB} = (0 , 8 , 0) , \overrightarrow{AP} = (-4 , 4 , 2)$$

$$\Rightarrow \overrightarrow{AB} \times \overrightarrow{AP} = (16 , 0 , 32)$$

取 $\overrightarrow{N} = (1 , 0 , 2)$

$$\therefore E : x + 2z = 8$$

故 $(b , c , d) = (0 , 2 , 8)$。

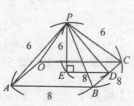

H.【答案】㉙ 1　㉚ 6

　　【解析】設橢圓之長軸半長＝a，

　　　　　　橢圓之短軸半長＝b＝雙曲線之貫軸半長

　　　　　　∵ P 在橢圓上

　　　　　　∴ $\overline{PF_1}+\overline{PF_2}=2a$ ····················· ①

　　　　　　∵ P 在雙曲線上

　　　　　　∴ $\left|\overline{PF_1}-\overline{PF_2}\right|=2b \Rightarrow \overline{PF_1}-\overline{PF_2}=\pm 2b$ ········· ②

　　　　　　① ＋ ② ⇒ $2\overline{PF_1}=2a\pm 2b$

　　　　　　　∴ $\overline{PF_1}=a\pm b$ ····················· ③

　　　　　　① － ② ⇒ $2\overline{PF_2}=2a\pm 2b$

　　　　　　　∴ $\overline{PF_2}=a\mp b$ ····················· ④

　　　　　　③ × ④ ⇒ $\overline{PF_1}\times\overline{PF_2}=(a\pm b)\times(a\mp b)$

　　　　　　　　　　⇒ $64=a^2-b^2=c^2$

　　　　　　　　　　　∴ $c=8$

　　　　　　故 $\overline{F_1F_2}=2c=16$。

I.【答案】㉛ 1　㉜ 5　㉝ 2

　　【解析】如圖：設 $\overline{AP}=x$，$\overline{AQ}=y$

　　　　　　∵ $\triangle APQ=\dfrac{1}{2}\triangle ABC$

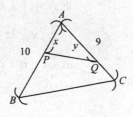

$$\Rightarrow \frac{1}{2} \cdot x \cdot y \cdot \sin \angle BAC = \frac{1}{2}(\frac{1}{2} \cdot 9 \cdot 10 \sin \angle BAC)$$

$$\therefore xy = \frac{1}{2} \cdot 9 \cdot 10 = 45$$

$$PQ = \sqrt{x^2 + y^2 - 2 \cdot x \cdot y \cdot \cos \angle BAC}$$

$$\geq \sqrt{2\sqrt{(x^2)(y^2)} - 2xy(\frac{3}{8})}$$

（算幾不等式）

$$= \sqrt{2xy - \frac{3}{4}xy} = \sqrt{\frac{5}{4}xy} = \sqrt{\frac{5}{4}(45)} = \sqrt{\frac{225}{4}} = \frac{15}{2}$$

故 $\min = \dfrac{15}{2}$ 。

九十八年度學科能力測驗（數學考科）
大考中心公佈答案

題　號	答　　案	題	號	答　　案
1	3	A	⑫	9
			⑬	5
2	2	B	⑭	－
			⑮	4
			⑯	2
			⑰	0
3	4	C	⑱	2
			⑲	3
4	5	D	⑳	1
			㉑	2
5	1	E	㉒	9
			㉓	8
6	3	F	㉔	5
			㉕	6
7	1,3,4	G	㉖	0
			㉗	2
			㉘	8
8	2,3,4	H	㉙	1
			㉚	6
9	1,2	I	㉛	1
			㉜	5
			㉝	2
10	4,5			
11	1,4			

九十八學年度學科能力測驗

總級分與各科成績標準一覽表

考　科	頂標	前標	均標	後標	底標
國　文	14	13	11	10	8
英　文	13	11	8	5	4
數　學	11	9	6	4	3
社　會	14	13	11	9	8
自　然	12	11	9	7	6
總級分	60	55	46	37	29

※ 五項標準之計算，均不含缺考生（總級分之計算不含五科都缺考的
　考生）之成績，計算方式如下：

　　頂標：成績位於第 88 百分位數之考生成績
　　前標：成績位於第 75 百分位數之考生成績
　　均標：成績位於第 50 百分位數之考生成績
　　後標：成績位於第 25 百分位數之考生成績
　　底標：成績位於第 12 百分位數之考生成績

九十八學年度學科能力測驗
數學科各級分人數累計表

	級分	人　數	百分比 (%)	累計人數	累計百分比 (%)
	15	1,745	1.25	139,754	100.00
	14	1,612	1.15	138,009	98.75
	13	3,722	2.66	136,397	97.60
	12	3,905	2.79	132,675	94.93
數	11	8,721	6.24	128,770	92.14
	10	7,438	5.32	120,049	85.90
	9	8,732	6.25	112,611	80.58
	8	14,461	10.35	103,879	74.33
	7	10,877	7.78	89,418	63.98
	6	18,105	12.95	78,541	56.20
學	5	13,325	9.53	60,436	43.24
	4	14,094	10.08	47,111	33.71
	3	18,232	13.05	33,017	23.63
	2	9,205	6.59	14,785	10.58
	1	4,487	3.21	5,580	3.99
	0	1,093	0.78	1,093	0.78

―――【劉毅老師的話】―――

　　我們出版歷屆的學測或指考試題詳解時，都會附上許多相關統計表格。不要小看這些表格，它們能讓你了解競爭者的實力，好勉勵自己要精益求精。

九十八學年度學科能力測驗
總級分人數百分比累計表（違規處理前）

總級分	人數	百分比	累計人數	累計百分比
75	109	0.08	140,007	100.00
74	226	0.16	139,898	99.92
73	297	0.21	139,672	99.76
72	437	0.31	139,375	99.55
71	551	0.39	138,938	99.24
70	700	0.50	138,387	98.84
69	815	0.58	137,687	98.34
68	961	0.69	136,872	97.76
67	1,144	0.82	135,911	97.07
66	1,361	0.97	134,767	96.26
65	1,574	1.12	133,406	95.29
64	1,744	1.25	131,832	94.16
63	1,967	1.40	130,088	92.92
62	2,246	1.60	128,121	91.51
61	2,351	1.68	125,875	89.91
60	2,619	1.87	123,524	88.23
59	2,764	1.97	120,905	86.36
58	3,052	2.18	118,141	84.38
57	3,240	2.31	115,089	82.20
56	3,343	2.39	111,849	79.89
55	3,539	2.53	108,506	77.50
54	3,600	2.57	104,967	74.97
53	3,946	2.82	101,367	72.40
52	4,066	2.90	97,421	69.58
51	4,080	2.91	93,355	66.68
50	4,186	2.99	89,275	63.76
49	4,224	3.02	85,089	60.77
48	4,460	3.19	80,865	57.76
47	4,364	3.12	76,405	54.57
46	4,358	3.11	72,041	51.46
45	4,284	3.06	67,683	48.34
44	4,163	2.97	63,399	45.28
43	4,102	2.93	59,236	42.31
42	3,970	2.84	55,134	39.38
41	3,855	2.75	51,164	36.54
40	3,650	2.61	47,309	33.79

總級分	人數	百分比	累計人數	累計百分比
39	3,338	2.38	43,659	31.18
38	3,063	2.19	40,321	28.80
37	2,922	2.09	37,258	26.61
36	2,802	2.00	34,336	24.52
35	2,499	1.78	31,534	22.52
34	2,339	1.67	29,035	20.74
33	2,256	1.61	26,696	19.07
32	2,153	1.54	24,440	17.46
31	2,088	1.49	22,287	15.92
30	2,063	1.47	20,199	14.43
29	1,990	1.42	18,136	12.95
28	1,936	1.38	16,146	11.53
27	1,930	1.38	14,210	10.15
26	1,857	1.33	12,280	8.77
25	1,740	1.24	10,423	7.44
24	1,679	1.20	8,683	6.20
23	1,472	1.05	7,004	5.00
22	1,296	0.93	5,532	3.95
21	1,073	0.77	4,236	3.03
20	854	0.61	3,163	2.26
19	681	0.49	2,309	1.65
18	487	0.35	1,628	1.16
17	362	0.26	1,141	0.81
16	228	0.16	779	0.56
15	129	0.09	551	0.39
14	74	0.05	422	0.30
13	45	0.03	348	0.25
12	45	0.03	303	0.22
11	37	0.03	258	0.18
10	30	0.02	221	0.16
9	25	0.02	191	0.14
8	25	0.02	166	0.12
7	37	0.03	141	0.10
6	19	0.01	104	0.07
5	22	0.02	85	0.06
4	27	0.02	63	0.04
3	17	0.01	36	0.03
2	14	0.01	19	0.01
1	3	0.00	5	0.00
0	2	0.00	2	0.00

註：累計百分比＝從 0 到該級分的累計人數／（報名人數 - 五科均缺考人數）

九十八學年度學科能力測驗
原始分數與級分對照表

科目	國文	英文	數學	社會	自然
級距	5.94	6.25	5.97	8.56	7.91
級分	分　數　區　間				
15	83.17 - 108.00	87.51 - 100.00	83.59 - 100.00	119.85 - 144.00	110.75 - 128.00
14	77.23 - 83.16	81.26 - 87.50	77.62 - 83.58	111.29 - 119.84	102.84 - 110.74
13	71.29 - 77.22	75.01 - 81.25	71.65 - 77.61	102.73 - 111.28	94.93 - 102.83
12	65.35 - 71.28	68.76 - 75.00	65.68 - 71.64	94.17 - 102.72	87.02 - 94.92
11	59.41 - 65.34	62.51 - 68.75	59.71 - 65.67	85.61 - 94.16	79.11 - 87.01
10	53.47 - 59.40	56.26 - 62.50	53.74 - 59.70	77.05 - 85.60	71.20 - 79.10
9	47.53 - 53.46	50.01 - 56.25	47.77 - 53.73	68.49 - 77.04	63.29 - 71.19
8	41.59 - 47.52	43.76 - 50.00	41.80 - 47.76	59.93 - 68.48	55.38 - 63.28
7	35.65 - 41.58	37.51 - 43.75	35.83 - 41.79	51.37 - 59.92	47.47 - 55.37
6	29.71 - 35.64	31.26 - 37.50	29.86 - 35.82	42.81 - 51.36	39.56 - 47.46
5	23.77 - 29.70	25.01 - 31.25	23.89 - 29.85	34.25 - 42.80	31.65 - 39.55
4	17.83 - 23.76	18.76 - 25.00	17.92 - 23.88	25.69 - 34.24	23.74 - 31.64
3	11.89 - 17.82	12.51 - 18.75	11.95 - 17.91	17.13 - 25.68	15.83 - 23.73
2	5.95 - 11.88	6.26 - 12.50	5.98 - 11.94	8.57 - 17.12	7.92 - 15.82
1	0.01 - 5.94	0.01 - 6.25	0.01 - 5.97	0.01 - 8.56	0.01 - 7.91
0	0.00 - 0.00	0.00 - 0.00	0.00 - 0.00	0.00 - 0.00	0.00 - 0.00

級分計算方式如下：

1. 級距：以各科到考考生，計算其原始得分前百分之一考生（取整數，小數無條件進位）的平均原始得分，再除以 15，並取至小數第二位，第三位四捨五入。

2. 本測驗之成績採級分制，原始得分 0 分為 0 級分，最高為 15 級分，缺考以 0 級分計。各級分與原始得分、級距之計算方式詳見簡章第 10 頁。

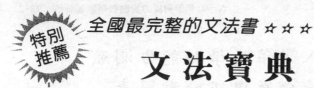

九十七年大學入學學科能力測驗試題
數學考科

第一部分：選擇題（佔60分）

壹、單選題（佔25分）

說明：第1至5題，每題選出最適當的一個選項，劃記在答案卡之「解答欄」，每題答對得5分，答錯不倒扣。

1. 對任意實數 x 而言，$27^{\left(x^2+\frac{2}{3}\right)}$ 的最小值為

   (1) 3　　(2) $3\sqrt{3}$　　(3) 9　　(4) 27　　(5) $81\sqrt{3}$

2. 在職棒比賽中 ERA 值是了解一個投手表現的重要統計數值。其計算方式如下：若此投手共主投 n 局，其總責任失分為 E，則其 ERA 值為 $\frac{E}{n}\times9$。有一位投手在之前的比賽中共主投了 90 局，且這 90 局中他的 ERA 值為 3.2。在最新的一場比賽中此投手主投 6 局無責任失分，則打完這一場比賽後，此投手的 ERA 值成為

   (1) 2.9　　(2) 3.0　　(3) 3.1　　(4) 3.2　　(5) 3.3

3. 有一個圓形跑道分內、外兩圈，半徑分別為 30、50 公尺。今甲在內圈以等速行走、乙在外圈以等速跑步，且知甲每走一圈，乙恰跑了兩圈。若甲走了 45 公尺，則同時段乙跑了

   (1) 90公尺　　　　(2) 120公尺

   (3) 135公尺　　　　(4) 150公尺

   (5) 180公尺

4. 某地區的車牌號碼共六碼，其中前兩碼為 O 以外的英文大寫字母，後四碼為 0 到 9 的阿拉伯數字，但規定不能連續出現三個 4。例如：AA1234，AB4434 為可出現的車牌號碼；而 AO1234，AB3444 為不可出現的車牌號碼。則所有第一碼為 A 且最後一碼為 4 的車牌號碼個數為

(1) 25×9^3　　　(2) $25 \times 9^2 \times 10$　　　(3) 25×900

(4) 25×990　　　(5) 25×999

5. 廣場上插了一支紅旗與一支白旗，<u>小明</u>站在兩支旗子之間。利用手邊的儀器，<u>小明</u>測出他與正東方紅旗間的距離為他與正西方白旗間距離的 6 倍；<u>小明</u>往正北方走了 10 公尺之後再測量一次，發現他與紅旗的距離變成他與白旗距離的 4 倍。試問紅白兩旗之間的距離最接近下列哪個選項？

(1) 60 公尺　　　(2) 65 公尺　　　(3) 70 公尺

(4) 75 公尺　　　(5) 80 公尺

貳、多選題（佔 35 分）

說明：第 6 至 12 題，每題的五個選項各自獨立，其中至少有一個選項是正確的，選出正確選項劃記在答案卡之「解答欄」。每題皆不倒扣，五個選項全部答對者得 5 分，只錯一個選項可得 2.5 分，錯兩個或兩個以上選項不給分。

6. 試問：在坐標平面上，下列哪些選項中的函數圖形完全落在 x 軸的上方？

(1) $y = x + 100$　　　(2) $y = x^2 + 1$　　　(3) $y = 2 + \sin x$

(4) $y = 2^x$　　　(5) $y = \log x$

7. 某高中共有 20 個班級，每班各有 40 位學生，其中男生 25 人，女生 15 人。若從全校 800 人中以簡單隨機抽樣抽出 80 人，試問下列哪些選項是正確的？

   (1) 每班至少會有一人被抽中

   (2) 抽出來的男生人數一定比女生人數多

   (3) 已知小文是男生，小美是女生，則小文被抽中的機率大於小美被抽中的機率

   (4) 若學生甲和學生乙在同一班，學生丙在另外一班，則甲、乙兩人同時被抽中的機率跟甲、丙兩人同時被抽中的機率一樣

   (5) 學生 A 和學生 B 是兄弟，他們同時被抽中的機率小於 $\dfrac{1}{100}$

8. 已知 a_1, a_2, a_3 為一等差數列，而 b_1, b_2, b_3 為一等比數列，且此六數皆為實數。試問下列哪些選項是正確的？

   (1) $a_1 < a_2$ 與 $a_2 > a_3$ 可能同時成立

   (2) $b_1 < b_2$ 與 $b_2 > b_3$ 可能同時成立

   (3) 若 $a_1 + a_2 < 0$，則 $a_2 + a_3 < 0$

   (4) 若 $b_1 b_2 < 0$，則 $b_2 b_3 < 0$

   (5) 若 b_1, b_2, b_3 皆為正整數且 $b_1 < b_2$，則 b_1 整除 b_2

9. 已知在一容器中有 A, B 兩種菌，且在任何時刻 A, B 兩種菌的個數乘積為定值 10^{10}。為了簡單起見，科學家用 $P_A = \log(n_A)$ 來記錄 A 菌個數的資料，其中 n_A 為 A 菌的個數。試問下列哪些選項是正確的？

   (1) $1 \le P_A \le 10$

   (2) 當 $P_A = 5$ 時，B 菌的個數與 A 菌的個數相同

(3)　如果上週一測得 P_A 值為 4 而上週五測得 P_A 值為 8，表示上週五 A 菌的個數是上週一 A 菌個數的 2 倍

(4)　若今天的 P_A 值比昨天增加 1，則今天的 A 菌比昨天多了 10 個

(5)　假設科學家將 B 菌的個數控制為 5 萬個，則此時 $5 < P_A < 5.5$

10.　已知實係數多項式 $f(x)$ 與 $g(x) = x^3 + x^2 - 2$ 有次數大於 0 的公因式。試問下列哪些選項是正確的？

(1)　$g(x) = 0$ 恰有一實根

(2)　$f(x) = 0$ 必有實根

(3)　若 $f(x) = 0$ 與 $g(x) = 0$ 有共同實根，則此實根必為 1

(4)　若 $f(x) = 0$ 與 $g(x) = 0$ 有共同實根，則 $f(x)$ 與 $g(x)$ 的最高公因式為一次式

(5)　若 $f(x) = 0$ 與 $g(x) = 0$ 沒有共同實根，則 $f(x)$ 與 $g(x)$ 的最高公因式為二次式

11.　設坐標空間中三條直線 L_1, L_2, L_3 的方程式分別為

$$L_1 : \frac{x}{1} = \frac{y+3}{6} = \frac{z+4}{8} \ ; \ L_2 : \frac{x}{1} = \frac{y+3}{3} = \frac{z+4}{4} \ ; \ L_3 : \frac{x}{1} = \frac{y}{3} = \frac{z}{4} \ 。$$

試問下列哪些選項是正確的？

(1)　L_1 與 L_2 相交

(2)　L_2 與 L_3 平行

(3)　點 $P(0, -3, -4)$ 與 $Q(0, 0, 0)$ 的距離即為點 P 到 L_3 的最短距離

(4)　直線 $L : \begin{cases} x = 0 \\ \dfrac{y+3}{4} = \dfrac{z+4}{-3} \end{cases}$ 與直線 L_1, L_2 皆垂直

(5)　三直線 L_1, L_2, L_3 共平面

12. 設 $\Gamma : x^2 + y^2 - 10x + 9 = 0$ 為坐標平面上的圓。試問下列哪些選
　　項是正確的？

　　(1) Γ 的圖心坐標為 $(5 , 0)$

　　(2) Γ 上的點與直線 $L : 3x + 4y - 15 = 0$ 的最遠距離等於 4

　　(3) 直線 $L_1 : 3x + 4y + 15 = 0$ 與 Γ 相切

　　(4) Γ 上恰有兩個點與直線 $L_2 : 3x + 4y = 0$ 的距離等於 2

　　(5) Γ 上恰有四個點與直線 $L_3 : 3x + 4y - 5 = 0$ 的距離等於 2

第二部分：選填題（佔 40 分）

說明：1. 第 A 至 H 題，將答案劃記在答案卡之「解答欄」所標示的
　　　　　列號（13－43）。

　　　2. 每題完全答對給 5 分，答錯不倒扣，未完全答對不給分。

A. 令 $A(-1,6,0)$, $B(3,-1,-2)$, $C(4,4,5)$ 為坐標空間中三點。若 D 為空
　　間中的一點且滿足 $3\overrightarrow{DA} - 4\overrightarrow{DB} + 2\overrightarrow{DC} = \vec{0}$，則點 D 的坐標為
　　(⑬⑭ , ⑮⑯ , ⑰⑱)。

B. 在坐標平面上，設 A 為直線 $3x - y = 0$ 上一點，B 為 x 軸上一點。
　　若線段 $\overline{AB}$ 的中點坐標為 $\left(\dfrac{7}{2}, 6 \right)$，則點 A 的坐標為(⑲ , ⑳㉑)，

　　點 B 的坐標為(㉒ , 0)。

C. 坐標平面上，以原點 O 爲圓心的圓上有三個相異點 $A(1,0), B, C$，且 $\overline{AB} = \overline{BC}$。已知銳角三角形 OAB 的面積爲 $\dfrac{3}{10}$，則 $\triangle OAC$ 的面積爲 $\dfrac{\text{㉓㉔}}{\text{㉕㉖}}$。（化成最簡分數）

D. 設 F_1 與 F_2 爲坐標平面上雙曲線 $\Gamma : \dfrac{x^2}{8} - y^2 = 1$ 的兩個焦點，且 $P(-4,1)$ 爲 Γ 上一點。若 $\angle F_1 P F_2$ 的角平分線與 x 軸交於點 D，則 D 的 x 坐標爲 ㉗㉘。

E. 設 $O(0,0,0)$ 爲坐標空間中某長方體的一個頂點，且知 $(2,2,1)$，$(2,-1,-2)$，$(3,-6,6)$ 爲此長方體中與 O 相鄰的三頂點。若平面 $E : x + by + cz = d$ 將此長方體截成兩部分，其中包含頂點 O 的那一部分是個正立方體，則 $(b,c,d) = ($ ㉙㉚ , ㉛ , ㉜ $)$。

F. 設 a, b 爲正整數。若 $b^2 = 9a$，且 $a + 2b > 280$，則 a 的最小可能值爲 ㉝㉞㉟。

G. 坐標平面上有一質點沿方向 $\vec{u} = (1, 2)$ 前進。現欲在此平面上置一直線 L，使得此質點碰到 L 時依光學原理（入射角等於反射角）反射，之後沿方向 $\vec{v} = (-2, 1)$ 前進，則直線 L 的方向向量應爲 $\vec{w} = (1, $ ㊱㊲ $)$。

H. 已知坐標平面上圓 $O_1 : (x-7)^2 + (y-1)^2 = 144$ 與 $O_2 : (x+2)^2 +$

$(y-13)^2 = 9$ 相切，且此兩圓均與直線 $L : x = -5$ 相切。

若 Γ 為以 L 為準線的拋物線，且同時通過 O_1 與 O_2 的圓心，則

Γ 的焦點坐標為 ($\dfrac{\text{㊳㊴}}{\text{㊵}}$, $\dfrac{\text{㊶㊷}}{\text{㊸}}$)。（化為最簡分數）

參考公式及可能用到的數值

1. 一元二次方程式 $ax^2 + bx + c = 0$ 的公式解：$x = \dfrac{-b \pm \sqrt{b^2 - 4ac}}{2a}$

2. 平面上兩點 $P_1(x_1, y_1)$ ，$P_2(x_2, y_2)$ 間的距離為

$\overline{P_1 P_2} = \sqrt{(x_2 - x_1)^2 + (y_2 - y_1)^2}$

3. 通過 (x_1, y_1) 與 (x_2, y_2) 的直線斜率 $m = \dfrac{y_2 - y_1}{x_2 - x_1}$ ，$x_2 \neq x_1$.

4. 首項為 a_1, 公差為 d 的等差數列前 n 項之和為

$S = \dfrac{n(a_1 + a_n)}{2} = \dfrac{n(2a_1 + (n-1)d)}{2}$

等比數列 $\langle ar^{k-1} \rangle$ 的前 n 項之和 $S_n = \dfrac{a \cdot (1 - r^n)}{1 - r}$ ，$r \neq 1$.

5. 三角函數的和角公式：　$\sin(A+B) = \sin A \cos B + \sin B \cos A$

$$\cos(A+B) = \cos A \cos B - \sin A \sin B$$

$$\tan(\theta_1 + \theta_2) = \frac{\tan\theta_1 + \tan\theta_2}{1 - \tan\theta_1 \tan\theta_2}$$

6. $\triangle ABC$ 的正弦定理：$\dfrac{\sin A}{a} = \dfrac{\sin B}{b} = \dfrac{\sin C}{c}$

$\triangle ABC$ 的餘弦定理：$c^2 = a^2 + b^2 - 2ab\cos C$

7. 棣美弗定理：設 $z = r(\cos\theta + i\sin\theta)$，則 $z^n = r^n(\cos n\theta + i\sin n\theta)$，
   n 為一正整數

8. 算術平均數：$M(=\overline{X}) = \dfrac{1}{n}(x_1 + x_2 + \cdots + x_n) = \dfrac{1}{n}\sum\limits_{i=1}^{n} x_i$

（樣本）標準差：$S = \sqrt{\dfrac{1}{n-1}\sum\limits_{i=1}^{n}(x_i - \overline{X})^2} = \sqrt{\dfrac{1}{n-1}((\sum\limits_{i=1}^{n}x_i^2) - n\overline{X}^2)}$

9. 參考數值：$\sqrt{2} \approx 1.414$；$\sqrt{3} \approx 1.732$；$\sqrt{5} \approx 2.236$；$\sqrt{6} \approx 2.449$；
   $\pi \approx 3.142$

10. 對數值：$\log_{10} 1.1 \approx 0.0414$，$\log_{10} 2 \approx 0.3010$，$\log_{10} 3 \approx 0.4771$，
    $\log_{10} 5 \approx 0.6990$，$\log_{10} 7 \approx 0.8451$

97年度學科能力測驗數學科試題詳解

第一部分：選擇題

壹、單選擇

1. 【答案】(3)

　　【解析】 因對任意實數 x 而言，$x^2 + \dfrac{2}{3} \geq \dfrac{2}{3}$ 恆成立，

　　　　　　又知 $y = 27^x$ 為一個增函數，

　　　　　　故 $27^{x^2 + \frac{2}{3}} \geq 27^{\frac{2}{3}} = 9$

2. 【答案】(2)

　　【解析】 依題意，投手在之前的比賽共投了 90 局，

　　　　　　其 ERA 值為 3.2，

　　　　　　（$ERA = \dfrac{E}{n} \times 9$，其中 E 表總責任失分，n 表總投球局數）

　　　　　　可得 $3.2 = \dfrac{E}{90} \times 9 \Rightarrow E = 32$，此為前 90 局的總責任失分，

　　　　　　因之後 6 局無責任失分，故所求 $ERA = \dfrac{32}{90 + 6} \times 9 = 3$

3. 【答案】(4)

　　【解析】 依題意，內圈跑道之一圈長度為 $2(30)\pi = 60\pi$ （公尺），

　　　　　　　　　　外圈跑道之一圈長度為 $2(50)\pi = 100\pi$ （公尺），

因甲每走一圈內圈跑道，乙恰可跑兩圈外圈跑道，

故甲速度：乙速度 $= 60\pi : 2(100\pi) = 3 : 10$，

若在同時間內，甲走了 45 (公尺)，

則乙跑了 $45 \times \dfrac{10}{3} = 150$ (公尺)

4. 【答案】(4)

　　【解析】依題意，

　　　　　　車牌號碼六碼中，前兩碼為 O 以外之英文大寫字母，

　　　　　　後四碼為 0~9 的阿拉伯數字，且不能連續出現三個 4，

　　　　　　若第一碼為 A 且最後一碼為 4，

　　　　　　則第二碼英文字母有 25 種選擇 (扣除 O 字母)，

　　　　　　後四碼中前三碼之選擇數有 $10 \times 10 \times 10 - 10 = 990$ 種選擇

　　　　　　(扣除 0444, 1444, 2444, 3444, 4444, 5444, 6444, 7444,

　　　　　　8444, 9444 等十種)，故所求個數為 25×990 個

5. 【答案】(1)

　　【解析】依題意，可令小明與白旗間的距離為 x，小明與紅旗間

　　　　　　的距離為 $6x$，作圖如下，

　　　　　　小明往北走 10 公尺之後，

　　　　　　與白旗的距離為 $\sqrt{x^2 + 10^2}$，

　　　　　　與紅旗的距離為 $\sqrt{(6x)^2 + 10^2}$，

　　　　　　因此時小明與紅旗的距離為與白旗距離的 4 倍，

故 $\sqrt{(6x)^2 + 10^2} = 4\sqrt{x^2 + 10^2}$ ，

兩邊平方，得 $36x^2 + 100 = 16(x^2 + 100)$

$\Rightarrow 20x^2 = 1500$

$\Rightarrow x^2 = \dfrac{1500}{20} = 75$

$\Rightarrow x = \sqrt{75} = 5\sqrt{3} \approx 8.7$

所求距離為 $x + 6x = 7x \approx 7(8.7) = 60.9$ ，

最接近 (1) 選項之 60 公尺

貳、多重選擇題

6. 【答案】 (2)(3)(4)

　　【解析】 觀察各函數圖形 (如下列各圖)，顯然可得

　　　　　(1) $y = x + 100$

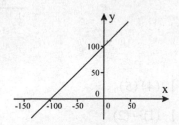

　　　　　(2) $y = x^2 + 1$

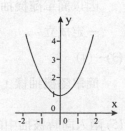

(3) $y = 2 + \sin x$

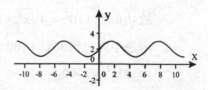

(4) $y = 2^x$

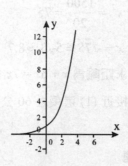

(5) $y = \log x$

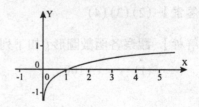

7. 【答案】 (4)(5)

【解析】 (1)~(2)

因以簡單隨機抽樣，在隨機抽取情況下，(1)(2)不一定成立

(3)~(4)

簡單隨機抽樣，每個人被抽出的機率均相等

(5) 兩人同時被抽中的機率為 $\dfrac{C_2^2 C_{78}^{798}}{C_{80}^{800}} = \dfrac{80 \times 79}{800 \times 799} < \dfrac{1}{100}$

8. 【答案】 (2)(4)

   【解析】 (1) 依題意，a_1, a_2, a_3 為一等差數列，

   故三數之大小關係只可能為下列三種情形：

   $a_1 < a_2 < a_3$ ， $a_1 = a_2 = a_3$ 或 $a_1 > a_2 > a_3$

   (2) 依題意， b_1, b_2, b_3 為一等比數列，

   當 $b_1 < 0$ ，且公比為負數時，

   則 $b_1 < b_2$ 與 $b_2 > b_3$ 同時成立

   (3) 取 $a_1 = -1$ ， $a_2 = 0$ ， $a_3 = 1$ ， a_1, a_2, a_3 為一等差數列，

   其中 $a_1 + a_2 = -1 < 0$ ，但 $a_2 + a_3 = 1 > 0$

   (4) 若 $b_1 b_2 < 0$ ，即 b_1 ， b_2 兩數異號，可知公比為一負數，

   故 b_2 ， b_3 兩數亦為異號，得 $b_2 b_3 < 0$

   (5) 取 $b_1 = 4$ ， $b_2 = 6$ ， $b_3 = 9$ ， b_1, b_2, b_3 成一等比數列，

   且 $b_1, b_2, b_3 \in N$ ，

   其中 $b_1 < b_2$ ，但 b_1 卻無法整除 b_2

9. 【答案】 (2)(5)

   【解析】 (1) 依題意，可知 $1 \le n_A \le 10^{10}$ ，故可得

   $0 \le \log(n_A) \le 10 \Rightarrow 0 \le P_A \le 10$

   (2) 當 $P_A = 5$ 時， $n_A = 10^5$ ，又 $n_A \times n_B = 10^{10}$ ，

   故可得 $n_B = \dfrac{10^{10}}{10^5} = 10^5 = n_A$

   (3)~(4)

   當 $P_A = 4$ 時， $n_A = 10^4$ ，當 $P_A = 8$ 時， $n_A = 10^8$ ，

   故所求為 $\dfrac{10^8}{10^4} = 10^4$ 倍，

同理可推論得知，當 P_A 增加 1 時，細菌變為原細菌

數的 10 倍

(5) 依題意，$n_A = \dfrac{10^{10}}{50000} = 2 \times 10^5$，$P_A = \log(2 \times 10^5)$，

又 $5 = \log(10^5) < \log(2 \times 10^5) < \log(\sqrt{10} \times 10^5) = 5.5$，

得 $5 < P_A < 5.5$

10. 【答案】(1)(3)(5)

【解析】(1) 將 $g(x)$ 作因式分解，

得 $g(x) = x^3 + x^2 - 2 = (x-1)(x^2 + 2x + 2)$，

故 $g(x) = 0$ 恰有一實根為 1

(2) 依題意，$f(x)$ 與 $g(x)$ 有次數大於 0 之公因式，

若 $f(x)$ 與 $g(x)$ 之公因式為 $x^2 + 2x + 2$，

則 $f(x) = 0$ 未必有實根

（例如：$f(x) = (x^2 + 2x + 2)(x^2 + 1)$）

(3) 因 $g(x) = 0$ 只有 1 之實根，又若 $f(x) = 0$ 與

$g(x) = 0$ 有共同實根，則此實根必為 1

(4) 若 $f(x) = 0$ 與 $g(x) = 0$ 有共同實根，有可能

$g(x) | f(x)$（例如：$f(x) = (x-1)(x^2 + 2x + 2)(x^2 + 1)$）

故最高公因式不一定為一次式

(5) 若 $f(x) = 0$ 與 $g(x) = 0$ 沒有共同實根，但有次數

大於 0 的公因式，則此公因式必為 $x^2 + 2x + 2$

11. 【答案】(1)(2)(4)(5)

【解析】$L_1 : \dfrac{x}{1} = \dfrac{y+3}{6} = \dfrac{z+4}{8}$ ；$L_2 : \dfrac{x}{1} = \dfrac{y+3}{3} = \dfrac{z+4}{4}$ ；

　　　　$L_3 : \dfrac{x}{1} = \dfrac{y}{3} = \dfrac{z}{4}$

(1) L_1 之方向向量 $\overrightarrow{L_1} = (1,6,8)$ ，

　　L_2 之方向向量 $\overrightarrow{L_2} = (1,3,4)$ ，

　　因 $\overrightarrow{L_1} \neq \overrightarrow{L_2}$ ，故 L_1 與 L_2 的位置關係可能相交或歪斜，

　　又因 L_1 與 L_2 皆過點 $(0,-3,-4)$ ，故 L_1 與 L_2 相交

(2) L_2 之方向向量 $\overrightarrow{L_2} = (1,3,4)$ ，

　　L_3 之方向向量 $\overrightarrow{L_3} = (1,3,4)$ ，

　　因 $\overrightarrow{L_2} = \overrightarrow{L_3}$ ，故 L_2 與 L_3 的位置關係可能平行或重合，

　　又因 L_2 通過點 $(0,-3,-4)$ ，但 L_3 不過點 $(0,-3,-4)$ ，

　　故 L_2 與 L_3 平行

(3) $P(0,-3,-4)$ ，$Q(0,0,0) \in L_3$ ，$\overrightarrow{PQ} = (0,3,4)$ ，

　　$\overrightarrow{PQ} \cdot \overrightarrow{L_3} = (0,3,4) \cdot (1,3,4) \neq 0 \Rightarrow \overrightarrow{PQ}$ 與 $\overrightarrow{L_3}$ 不垂直，

　　故 $\overline{PQ}$ 非 P 到 L_3 之垂直距離，亦非最短距離

(4) 依題意，$L : \begin{cases} x = 0 \\ \dfrac{y+3}{4} = \dfrac{z+4}{-3} \end{cases}$ ，

　　L 之方向向量 $\overrightarrow{L} = (0,4,-3)$ ，

　　因 $\overrightarrow{L} \perp \overrightarrow{L_1}$ ，且 $\overrightarrow{L} \perp \overrightarrow{L_2}$ ，又皆過點 $(0,-3,-4)$ ，

　　故 L 與直線 L_1 , L_2 均垂直

(5) 因 L_1 與 L_3 皆過點 $(1,3,4)$，且 $\overrightarrow{L_1} \neq \overrightarrow{L_3}$，故 L_1 與 L_3 相交，

由 (1)(2) 知，L_1 與 L_2 相交，L_2 與 L_3 平行，

且 L_1 與 L_3 相交，故三直線 L_1，L_2，L_3 共平面

12. 【答案】(1)(2)(4)

【解析】(1)　$\Gamma : (x-5)^2 + y^2 = 4^2$，圓心（5,0），半徑 4

(2)（此題需說明最遠距離是指最遠的 "垂直" 距離）

所求距離即圓心到直線 L 的距離再加上半徑，

$\Rightarrow \dfrac{|3(5) + 4(0) - 15|}{\sqrt{3^2 + 4^2}} + 4 = 4$

(3) Γ 之圓心到直線 L_1 的距離 $= \dfrac{|3(5) + 4(0) + 15|}{\sqrt{3^2 + 4^2}} = 6 > 4$

（Γ 之半徑），

故 L_1 與 Γ 相離

(4) 圓心到直線 L_2 的距離為 $\dfrac{|3(5) + 4(0)|}{\sqrt{3^2 + 4^2}} = 3$，

作圖如右：

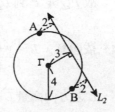

故恰有 A，B 兩點

(5) 圓心到直線 L_3 的距離為 $\dfrac{|3(5)+4(0)-5|}{\sqrt{3^2+4^2}}=2$，

作圖如右：

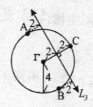

故滿足的點為 A，B，C 三個

第二部份：選填題

A. 【答案】⑬－　⑭ 7　⑮ 3　⑯ 0　⑰ 1　⑱ 8

【解析】可令 $D(x,y,z)$，

得 $\overrightarrow{DA}=(-1-x,6-y,-z)$，$\overrightarrow{DB}=(3-x,-1-y,-2-z)$，

$\overrightarrow{DC}=(4-x,4-y,5-z)$，

又 $3\overrightarrow{DA}-4\overrightarrow{DB}+2\overrightarrow{DC}=\vec{0}$，

$\Rightarrow 3(-1-x,6-y,-z)-4(3-x,-1-y,-2-z)$

$\qquad +2(4-x,4-y,5-z)=(0,0,0)$

$\Rightarrow (-7-x,30-y,18-z)=(0,0,0)$

$\Rightarrow \begin{cases} -7-x=0 \\ 30-y=0 \\ 18-z=0 \end{cases}$

$\Rightarrow x=-7, y=30, z=18$，故 $D(-7,30,18)$

B. 【答案】 ⑲ 4 ⑳ 1 ㉑ 2 ㉒ 3

【解析】 依題意，可令 $A(t,3t)$ ，$B(s,0)$ ，

則 $\overline{AB}$ 中點坐標$(\dfrac{t+s}{2},\dfrac{3t+0}{2})$ ，又 $\overline{AB}$ 的中點爲$(\dfrac{7}{2},6)$ ，

$\Rightarrow \begin{cases} \dfrac{t+s}{2}=\dfrac{7}{2} \\ \dfrac{3t+0}{2}=6 \end{cases}$ ，解得 $t=4,s=3$ ，故 $A(4,12)$ ，$B(3,0)$

C. 【答案】 ㉓ 1 ㉔ 2 ㉕ 2 ㉖ 5

【解析】 依題意，作圖如右，

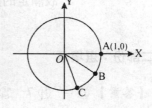

$A(1,0), B , C$ 爲以原點 O

爲圓心的圓上三個相異點，

可得 $\overline{OA}=\overline{OB}=\overline{OC}=1$ (皆爲半徑長) ，

因 $\overline{AB},\overline{BC}$ ，故 $\Delta OAB \cong \Delta OBC$ ，

若 $\angle AOB = \theta$ ，則 $\angle AOC = 2\theta$ ，

依題意，ΔOAB 面積 $= \dfrac{1}{2}\overline{OA}\cdot\overline{OB}\cdot\sin\angle AOB$

$= \dfrac{1}{2}(1)(1)\sin\theta = \dfrac{3}{10}$

$\Rightarrow \sin\theta = \dfrac{3}{5}$

所求 ΔOAC 面積 $= \dfrac{1}{2}\cdot\overline{OA}\cdot\overline{OC}\cdot\sin\angle AOC$

$= \dfrac{1}{2}(1)(1)\sin 2\theta = \dfrac{1}{2}\cdot 2\sin\theta\cos\theta = \dfrac{3}{5}\sqrt{1-\left(\dfrac{3}{5}\right)^2} = \dfrac{12}{25}$

D.【答案】㉗ – ㉘2

【解析】依題意，F_1 與 F_2 為雙曲線 $\Gamma : \dfrac{x^2}{8} - y^2 = 1$ 的兩個焦點，

且 $P(-4,1)$ 為 Γ 上一點，由光學性質知，

$\angle F_1 P F_2$ 之角平分線即為以點 $P(-4,1)$ 為切點作 Γ 之切線，

代切線公式得此切線方程式為

$\dfrac{(-4)x}{8} - (1)y = 1 \Rightarrow x + 2y + 2 = 0$，

與 X 軸交於點 $D(-2,0)$，故 D 的 x 坐標為 -2

E.【答案】㉙ – ㉚2　㉛2　㉜9

【解析】可設 $A(2,2,1), B(2,-1,-2), C(3,-6,6)$，

且 $\overline{OA} = \sqrt{2^2 + 2^2 + 1^2} = 3$，$\overline{OB} = \sqrt{2^2 + (-1)^2 + (-2)^2} = 3$，

$\overline{OC} = \sqrt{3^2 + (-6)^2 + (6)^2} = 9$，

作略圖如下，

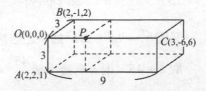

觀察上圖可知，包含頂點 O 那一部分的正立方體之

稜長為 3，假設平面 E 截過 $\overline{OC}$ 線段上之一點 P，

則點 P 到頂點 O 之距離為 3，

因 $\overline{OP} : \overline{OC} = 1 : 3$，得 P 坐標為 $(1,-2,2)$，……(1)

又因為一正立方體，知 $\overline{OC} \perp E$，

故 $\overrightarrow{OC}$ 可為平面 E 之一組法向量，

$\overrightarrow{OC} = (3, -6, 6) \equiv (1, -2, 2)$，……(2)

由(1)(2)，平面 E 過點 $P(1, -2, 2)$，

且 E 之一組法向量為 $(1, -2, 2)$，

故此平面 E 之方程式為

$(x-1) - 2(y+2) + 2(z-2) = 0 \Rightarrow x - 2y + 2z = 9$，

依題意，$(b, c, d) = (-2, 2, 9)$

F. 【答案】㉝ 2　　㉞ 2　　㉟ 5

【解析】依題意，a, b 均為正整數，且 $\begin{cases} b^2 = 9a \\ a + 2b > 280 \end{cases}$，

將 $a = \dfrac{b^2}{9}$ 代入 $a + 2b > 280$ 式中，得 $\dfrac{b^2}{9} + 2b > 280$，

$\Rightarrow b^2 + 18b - 2520 > 0 \quad \Rightarrow (b-42)(b+60) > 0$

$\Rightarrow b > 42$ 或 $b < -60$ (不合)

又因 $b^2 = 9a$，知 b^2 為 9 之倍數，故 b 必為 3 之倍數，

取 $b = 45$，則 a 有最小值 $\dfrac{45^2}{9} = 225$

G. 【答案】㊱ −　　㊲ 3

【解析】依題意，可令直線 L 之方向向量 $\overrightarrow{w} = (1, t)$，

因入射角等於反射角，故 $\overrightarrow{u}$ 與 $\overrightarrow{w}$ 之夾角等於 $\overrightarrow{v}$

與 $\overrightarrow{w}$ 之夾角，

$$\Rightarrow 夾角餘弦值 = \frac{\vec{u}\cdot\vec{w}}{|\vec{u}||\vec{w}|} = \frac{\vec{v}\cdot\vec{w}}{|\vec{v}||\vec{w}|}\ ,$$

$$\Rightarrow \frac{(1,2)\cdot(1,t)}{\sqrt{1^2+2^2}\sqrt{1^2+t^2}} = \frac{(-2,1)\cdot(1,t)}{\sqrt{(-2)^2+1^2}\sqrt{1^2+t^2}}$$

$$\Rightarrow 1+2t = -2+t \quad \Rightarrow t = -3\ ,\ 故\ \vec{w} = (\ 1\ ,\ -3\ )$$

H.【答案】㊳ －　㊴ 1　㊵ 5　㊶ 5　㊷ 3　㊸ 5

【解析】依題意，可得 O_1 之圓心 $O_1(7,1)$，半徑為 12；

　　　　O_2 之圓心 $O_2(-2,13)$，半徑為 **3**，

　　　　且兩圓均與直線 $L:x=-5$ 相切，

　　　　作圖如右，令 Γ 的焦點為 F，

　　　　由拋物線定義知，

　　　　$\overline{O_1F}$ 等於 O_1 到準線 L 的距離，

　　　　故 $\overline{O_1F} = |7+5| = 12\cdots\cdots(1)$

　　　　$\overline{O_2F}$ 等於 O_2 到準線 L 的距離，

　　　　故 $\overline{O_2F} = |-2+5| = 3\cdots\cdots(2)$

　　　　又 $\overline{O_1O_2} = \sqrt{(7-(-2))^2+(1-13)^2} = 15\cdots\cdots(3)$

　　　　由(1)(2)(3)知，$\overline{O_1F}+\overline{O_2F} = \overline{O_1O_2}$，

　　　　故 F 落在 $\overline{O_1O_2}$ 上，且 $\overline{O_1F}:\overline{O_2F} = 12:3$，

　　　　由分點公式 $F\left(\dfrac{3(7)+12(-2)}{15}, \dfrac{3(1)+12(13)}{15}\right) = \left(-\dfrac{1}{5}, \dfrac{53}{5}\right)$

九十七年度學科能力測驗（數學考科）
大考中心公佈答案

題號	答案	題號		答案	題號		答案
1	3		13	–		33	2
2	2		14	7	F	34	2
3	4	A	15	3		35	5
4	4		16	0	G	36	–
5	1		17	1		37	3
6	2,3,4		18	8		38	–
7	4,5		19	4		39	1
8	2,4		20	1	H	40	5
9	2,5	B	21	2		41	5
10	1,3,5		22	3		42	3
11	1,2,4,5		23	1		43	5
12	1,2,4		24	2			
		C	25	2			
			26	5			
		D	27	–			
			28	2			
			29	–			
		E	30	2			
			31	2			
			32	9			

九十六年大學入學學科能力測驗試題
數學考科

第一部分：選擇題（佔 55 分）

壹、單選題（佔 25 分）

說明：第 1 至 5 題，每題選出最適當的一個選項，劃記在答案卡之「解答欄」，每題答對得 5 分，答錯不倒扣。

1. 設 $f(x) = ax^6 - bx^4 + 3x - \sqrt{2}$，其中 a, b 為非零實數，則 $f(5) - f(-5)$ 之值為
   (1) -30 (2) 0 (3) $2\sqrt{2}$ (4) 30
   (5) 無法確定（與 a, b 有關）

2. 試問共有多少個正整數 n 使得坐標平面上通過點 $A(-n, 0)$ 與點 $B(0, 2)$ 的直線亦通過點 $P(7, k)$，其中 k 為某一正整數？
   (1) 2 個 (2) 4 個 (3) 6 個 (4) 8 個
   (5) 無窮多個

3. 設某沙漠地區某一段時間的溫度函數為 $f(t) = -t^2 + 10t + 11$，其中 $1 \leq t \leq 10$，則這段時間內該地區的最大溫差為
   (1) 9 (2) 16 (3) 20 (4) 25 (5) 36

4. 坐標平面上方程式 $\dfrac{x^2}{9} + \dfrac{y^2}{4} = 1$ 的圖形與 $\dfrac{(x+1)^2}{16} - \dfrac{y^2}{9} = 1$ 的圖形共有幾個交點？
   (1) 1 個 (2) 2 個 (3) 3 個 (4) 4 個 (5) 0 個

5. 關於坐標平面上函數 $y = \sin x$ 的圖形和 $y = \dfrac{x}{10\pi}$ 的圖形之交點個數，下列哪一個選項是正確的？

  (1) 交點的個數是無窮多

  (2) 交點的個數是奇數且大於 20

  (3) 交點的個數是奇數且小於 20

  (4) 交點的個數是偶數且大於或等於 20

  (5) 交點的個數是偶數且小於 20

貳、多選題（佔 30 分）

說明：第 6 至 11 題，每題的五個選項各自獨立，其中至少有一個選項是正確的，選出正確選項劃記在答案卡之「解答欄」。每題皆不倒扣，五個選項全部答對者得 5 分，只錯一個選項可得 2.5 分，錯兩個或兩個以上選項不給分。

6. 若 $\Gamma = \{z \mid z$ 為複數且 $|z-1| = 1\}$，則下列哪些點會落在圖形 $\Omega = \{w \mid w = iz, z \in \Gamma\}$ 上？

  (1) $2i$ (2) $-2i$ (3) $1+i$ (4) $1-i$ (5) $-1+i$

7. 坐標平面上有相異兩點 P、Q，其中 P 點坐標為 (s,t)。已知線段 $\overline{PQ}$ 的中垂線 L 的方程式為 $3x - 4y = 0$，試問下列哪些選項是正確的？

  (1) 向量 $\overrightarrow{PQ}$ 與向量 $(3,-4)$ 平行

  (2) 線段 $\overline{PQ}$ 的長度等於 $\dfrac{|6s - 8t|}{5}$

  (3) Q 點坐標為 (t,s)

  (4) 過 Q 點與直線 L 平行之直線必過點 $(-s,-t)$

  (5) 以 O 表示原點，則向量 $\overrightarrow{OP} + \overrightarrow{OQ}$ 與向量 $\overrightarrow{PQ}$ 的內積必為 0

8. 下列哪些選項中的矩陣經過一系列的列運算後可以化成

$$\begin{pmatrix} 1 & 2 & 3 & 7 \\ 0 & 1 & 1 & 2 \\ 0 & 0 & 1 & 1 \end{pmatrix}?$$

(1) $\begin{pmatrix} 1 & 2 & 3 & 7 \\ 0 & 1 & 1 & 2 \\ 0 & 2 & 3 & 5 \end{pmatrix}$　(2) $\begin{pmatrix} -1 & 3 & -1 & 0 \\ -1 & 1 & 1 & 0 \\ 3 & 1 & -7 & 0 \end{pmatrix}$　(3) $\begin{pmatrix} 1 & 1 & 2 & 5 \\ 1 & -1 & 1 & 2 \\ 1 & 1 & 2 & 5 \end{pmatrix}$

(4) $\begin{pmatrix} 2 & 1 & 3 & 6 \\ -1 & 1 & 1 & 0 \\ -2 & 2 & 2 & 1 \end{pmatrix}$　(5) $\begin{pmatrix} 1 & 3 & 2 & 7 \\ 0 & 1 & 1 & 2 \\ 0 & 1 & 0 & 1 \end{pmatrix}$

9. 坐標空間中，在 xy 平面上置有三個半徑為 1 的球兩兩相切，設其球心分別為 A,B,C。今將第四個半徑為 1 的球置於這三個球的上方，且與這三個球都相切，並保持穩定。設第四個球的球心為 P，試問下列哪些選項是正確的？

(1) 點 A,B,C 所在的平面和 xy 平面平行

(2) 三角形 ABC 是一個正三角形

(3) 三角形 PAB 有一邊長為 $\sqrt{2}$

(4) 點 P 到直線 AB 的距離為 $\sqrt{3}$

(5) 點 P 到 xy 平面的距離為 $1+\sqrt{3}$

10. 設 a 為大於 1 的實數，考慮函數 $f(x)=a^x$ 與 $g(x)=\log_a x$，試問下列哪些選項是正確的？

(1) 若 $f(3)=6$，則 $g(36)=6$

(2) $\dfrac{f(238)}{f(219)} = \dfrac{f(38)}{f(19)}$

(3) $g(238) - g(219) = g(38) - g(19)$

(4) 若 P, Q 為 $y = g(x)$ 的圖形上兩相異點，則直線 PQ 之斜率必為正數

(5) 若直線 $y = 5x$ 與 $y = f(x)$ 的圖形有兩個交點，則直線 $y = \dfrac{1}{5}x$ 與 $y = g(x)$ 的圖形也有兩個交點

11. 設 $f(x)$ 為一實係數三次多項式且其最高次項係數為 1，已知 $f(1) = 1, f(2) = 2, f(5) = 5$，則 $f(x) = 0$ 在下列哪些區間必定有實根？

(1) $(-\infty, 0)$ (2) $(0, 1)$ (3) $(1, 2)$

(4) $(2, 5)$ (5) $(5, \infty)$

第二部分：選填題（佔 45 分）

說明：1. 第 A 至 I 題，將答案劃記在答案卡之「解答欄」所標示的列號（12–41）。

    2. 每題完全答對給 5 分，答錯不倒扣，未完全答對不給分。

A. 設實數 x 滿足 $0 < x < 1$，且 $\log_x 4 - \log_2 x = 1$，

則 $x = \dfrac{⑫}{⑬}$ 。（化成最簡分數）

B. 在坐標平面上的 $\triangle ABC$ 中，P 為 $\overline{BC}$ 邊之中點，Q 在 $\overline{AC}$ 邊上且 $\overline{AQ} = 2\overline{QC}$。已知 $\overrightarrow{PA} = (4, 3)$，$\overrightarrow{PQ} = (1, 5)$，則 $\overrightarrow{BC} = ($ ___⑭⑮___ ，___⑯⑰___ $)$ 。

C. 在某項才藝競賽中，爲了避免評審個人主觀影響參賽者成績太
大，主辦單位規定：先將 15 位評審給同一位參賽者的成績求得
算術平均數，再將與平均數相差超過 15 分的評審成績剔除後重
新計算平均值做爲此參賽者的比賽成績。現在有一位參賽者所
獲 15 位評審的平均成績爲 76 分，其中有三位評審給的成績 92、
45、55 應剔除，則這個參賽者的比賽成績爲 ___⑱⑲___ 分。

D. 某巨蛋球場 E 區共有 25 排座位，此區每一排都比其前一排多
2 個座位。小明坐在正中間那一排 (即第 13 排)，發現此排共有
64 個座位，則此球場 E 區共有 ___⑳㉑㉒㉓___ 個座位。

E. 設 P, A, B 爲坐標平面上以原點爲圓心的單位圓上三點，其中 P 點
坐標爲 $(1, 0)$，A 點坐標爲 $(\dfrac{-12}{13}, \dfrac{5}{13})$，且 $\angle APB$ 爲直角，則 B 點

坐標爲 ($\dfrac{㉔㉕}{㉖㉗}$, $\dfrac{㉘㉙}{㉚㉛}$)。（化成最簡分數）

F. 某公司生產多種款式的「阿民」公仔，各種款式只是球帽、球衣
或球鞋顏色不同。其中球帽共有黑、灰、紅、藍四種顏色，球衣
有白、綠、藍三種顏色，而球鞋有黑、白、灰三種顏色。公司決
定紅色的球帽不搭配灰色的鞋子，而白色的球衣則必須搭配藍色
的帽子，至於其他顏色間的搭配就沒有限制。在這些配色的要求
之下，最多可有 ___㉜㉝___ 種不同款式的「阿民」公仔。

G. 摸彩箱裝有若干編號為 1, 2, …, 10 的彩球，其中各種編號的彩球數目可能不同。今從中隨機摸取一球，依據所取球的號數給予若干報酬。現有甲、乙兩案：甲案為當摸得彩球的號數為 k 時，其所獲報酬同為 k；乙案為當摸得彩球的號數為 k 時，其所獲報酬為 $11 - k$（$k = 1, 2, …, 10$）。已知依甲案每摸取一球的期望值為 $\dfrac{67}{14}$，則依乙案每摸取一球的期望值為 $\dfrac{㉞㉟}{㊱㊲}$ 。（化成最簡分數）

H. 坐標平面上有一以點 $V(0, 3)$ 為頂點、$F(0, 6)$ 為焦點的拋物線。設 $P(a, b)$ 為此拋物線上一點，$Q(a, 0)$ 為 P 在 x 軸上的投影，滿足 $\angle FPQ = 60°$，則 $b = $ ㊳㊴ 。

I. 在 $\triangle ABC$ 中，M 為 $\overline{BC}$ 邊之中點，若 $\overline{AB} = 3$，$\overline{AC} = 5$，且 $\angle BAC = 120°$，則 $\tan \angle BAM = $ $\dfrac{㊵\sqrt{㊶}}{}$ 。（化成最簡根式）

參考公式及可能用到的數值

1. 一元二次方程式 $ax^2 + bx + c = 0$ 的公式解：$x = \dfrac{-b \pm \sqrt{b^2 - 4ac}}{2a}$

2. 平面上兩點 $P_1(x_1, y_1)$，$P_2(x_2, y_2)$ 間的距離為

$$\overline{P_1 P_2} = \sqrt{(x_2 - x_1)^2 + (y_2 - y_1)^2}$$

3. 通過 (x_1, y_1) 與 (x_2, y_2) 的直線斜率 $m = \dfrac{y_2 - y_1}{x_2 - x_1}$，$x_2 \neq x_1$.

4. 等比數列 $\langle ar^{k-1}\rangle$ 的前 n 項之和 $S_n = \dfrac{a \cdot \left(1 - r^n\right)}{1 - r}$，$r \neq 1$.

5. 三角函數的公式：　$\sin(A + B) = \sin A \cos B + \sin B \cos A$

$$\tan(\theta_1 + \theta_2) = \frac{\tan\theta_1 + \tan\theta_2}{1 - \tan\theta_1 \tan\theta_2}$$

6. $\triangle ABC$ 的正弦定理：$\dfrac{\sin A}{a} = \dfrac{\sin B}{b} = \dfrac{\sin C}{c}$

$\triangle ABC$ 的餘弦定理：$c^2 = a^2 + b^2 - 2ab\cos C$

7. 棣美弗定理：設 $z = r\left(\cos\theta + i\sin\theta\right)$，則 $z^n = r^n\left(\cos n\theta + i\sin n\theta\right)$，$n$ 為一正整數

8. 算術平均數：$M(= \overline{X}) = \dfrac{1}{n}(x_1 + x_2 + \cdots + x_n) = \dfrac{1}{n}\sum\limits_{i=1}^{n} x_i$

（樣本）標準差：$S = \sqrt{\dfrac{1}{n-1}\sum\limits_{i=1}^{n}(x_i - \overline{X})^2} = \sqrt{\dfrac{1}{n-1}((\sum\limits_{i=1}^{n} x_i^2) - n\overline{X}^2)}$

9. 參考數值：$\sqrt{2} \approx 1.414$；$\sqrt{3} \approx 1.732$；$\sqrt{5} \approx 2.236$；$\sqrt{6} \approx 2.449$；$\pi \approx 3.142$

10. 對數值：$\log_{10} 2 \approx 0.3010$，$\log_{10} 3 \approx 0.4771$，$\log_{10} 5 \approx 0.6990$，$\log_{10} 7 \approx 0.8451$

96年度學科能力測驗數學科試題詳解

第一部分：選擇題

壹、單選擇

1. 【答案】(4)

　　【解析】 $f(5) = a \cdot 5^6 - b \cdot 5^4 + 15 - \sqrt{2}$

　　　　　　$f(-5) = a \cdot (-5)^6 - b \cdot (-5)^4 - 15 - \sqrt{2}$

　　　　　　　　　　$= a \cdot 5^6 - b \cdot 5^4 - 15 - \sqrt{2}$

　　　　　　$\therefore f(5) - f(-5) = 30$　　故選 (4)

2. 【答案】(2)

　　【解析】如右圖

　　　　　$\dfrac{2}{n} = \dfrac{k-2}{7}$

　　　　　$\Rightarrow n(k-2) = 14$　$\because n \in N$

　　　　　$\therefore n$ 必為 14 之因數

　　　　　$\Rightarrow n = 1, 2, 7, 14$

　　　　　$\Rightarrow$ 討論得之如下表

n	1	2	7	14
k-2	14	7	2	1
K	16	9	4	3

　　　　　皆符合　$\therefore$ 共 4 個 n　故選 (2)

3. 【答案】(4)

　　【解析】 $f(t) = -t^2 + 10t + 11 = -(t-5)^2 + 36$

　　　　　∵最大最小值發生在

　　　　　(1) 極值發生在 $t = 5$　　(2) 邊界 $t = 1$ 或 $t = 10$

　　　　　代入檢查之　　$t = 5 \rightarrow f(5) = 36$

　　　　　$t = 1 \rightarrow f(1) = 20$　　　　$t = 10 \rightarrow f(10) = 11$

　　　　　∴ Max $= 36$　　min $= 11$，差 25 度

　　　　　故選 (4)

4. 【答案】(1)

　　【解析】利用畫圖

　　　　　由圖得知共 1 個交點

　　　　　故選 (1)

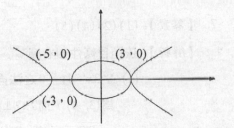

5. 【答案】(3)

　　【解析】如圖

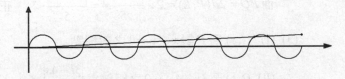

　　　　　另一半可由對稱得到　　由圖得知 9+9+1=19 個點

　　　　　故選 (3)

貳、多重選擇題

6. 【答案】 (1)(3)(5)

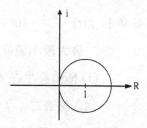

　　【解析】 $|z-1|=1$

　　　　　⇒ 複數到 1 的距離為 1

　　　　　$zi = z \times 1 \times (\cos 90° + i \sin 90°)$

　　　　　⇒ 即 z 逆時針轉 $90°$

　　　　　故選 (1)(3)(5)

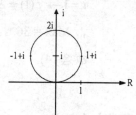

7. 【答案】 (1)(2)(4)(5)

　　【解析】 依題目條件如右圖

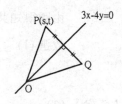

　　　　(1) ∵ $3x-4y=0$ 之法向量即

　　　　　　為 $(3,-4)$，而 $\overrightarrow{PQ} \perp L$

　　　　　　⇒ $\overrightarrow{PQ}$ 平行 $(3,-4)$　　正確

　　　　(2) $d(P,L) = \dfrac{|3s-4t|}{\sqrt{3^2+(-4)^2}}$

　　　　　　而 $\overline{PQ} = 2d(P,L) = 2 \times \dfrac{|3s-4t|}{5} = \dfrac{|6s-8t|}{5}$　　正確

　　　　(3) (I) (t,s) 為 P 對 $x-y=0$ 之對稱點

　　　　　　(II) (t,s) 至 $3x-4y=0$ 之距離為 $\dfrac{|3t-4s|}{5}$，

　　　　　　而非 $\dfrac{|3s-4t|}{5}$　　　　錯誤

(4) (s,t) 和 $(-s,-t)$ 在 $3x-4y=0$ 之異側

$\Rightarrow \because (3s-4t)(-3s+4t)=-(3s-4t)^2 \le 0$

(a) 若 $3s=4t$，則 (s,t) 在 L 上

　　$\Rightarrow P$ 與 Q 爲同一點 (不合)

　　$\Rightarrow 3s \ne 4t$，$-(3s-4t)^2 < 0$

　　則 (s,t) 和 $(-s,-t)$ 在異側

(b) 過 Q 點平行 $3x-4y=0$，即與 Q 同側並到

　　$3x-4y=0$ 之距離爲 $\dfrac{|3s-4t|}{5}$

　　而 $(-s,-t)$ 到 $3x-4y=0$ 之距離

　　$=\dfrac{|-3s+4t|}{5}=\dfrac{|3s-4t|}{5}$ 故必過 $(-s,-t)$　　正確

(5) $(0,0)$ 在 $3x-4y=0$ 上 $\Rightarrow |\overrightarrow{OP}|=|\overrightarrow{OQ}|$

$\Rightarrow \overrightarrow{OP}+\overrightarrow{OQ}$ 方向與 L 一致，又 $\overrightarrow{PQ} \perp L$

$\therefore \overrightarrow{PQ} \cdot (\overrightarrow{OP}+\overrightarrow{OQ})=0$　　故選 (1)(2)(4)(5)

8. 【答案】(1)(5)

【解析】$\begin{pmatrix} 1 & 2 & 3 & 7 \\ 0 & 1 & 1 & 2 \\ 0 & 0 & 1 & 1 \end{pmatrix}=\begin{pmatrix} 1 & 2 & 0 & 4 \\ 0 & 1 & 0 & 1 \\ 0 & 0 & 1 & 1 \end{pmatrix}=\begin{pmatrix} 1 & 0 & 0 & 2 \\ 0 & 1 & 0 & 1 \\ 0 & 0 & 1 & 1 \end{pmatrix}$

$x=2$，$y=1$，$z=1$ 代入每個答案驗證 (注意係數)

(1) 正確

(2) 錯誤，原方程式裡至少仍有 $(0,0,0)$ 的解，又

　　$(2,1,1)$ 又爲另解

　　故此矩陣有無限多組解，無法化爲單一解形式

(3) 錯誤，兩平面相同必無限多組解

(4) 錯誤，(a) 代入即可　(b)二平面平行⇒ 必無解

(5) 成立

故選 (1)(5)

9. 【答案】(1)(2)(4)

【解析】(1) ∵距 xy 平面之高均爲 1，故在同一平面且平行 xy 平面（xy 平面 $z = 0$，ABC 所在爲 $z = 1$）

(2) 是，∵兩兩相切，故 $\overline{AB} = \overline{BC} = \overline{CA} = 2r = 2$（$r$ 爲球半徑）

(3) $\triangle PAB$ 三邊長均爲 2

(4) 即 $\triangle PAB$ 中，P 對 $\overline{AB}$ 作垂線之距離（$\overline{AB}$ 的高）：

$$\frac{\sqrt{3}}{2} \times 2 = \sqrt{3}$$

(5) 如右圖

$$\overline{PA} = \overline{PB} = \overline{PC} = \overline{AB} = \overline{BC} = \overline{CA} = 2$$

$$\therefore \overline{PH} = \sqrt{3}$$

$$\overline{GH} = \frac{\sqrt{3}}{3}（G 爲 ABC 之重心）$$

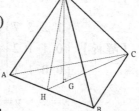

$$\therefore \overline{PG} = \sqrt{3 - \frac{1}{3}} = \frac{2\sqrt{6}}{3}$$

而平面 ABC 至 xy 平面距離爲 1

$$\therefore P 到 xy 平面距離爲 1 + \frac{2\sqrt{6}}{3}$$

故選 (1)(2)(4)

10. 【答案】 (1)(2)(4)(5)

【解析】 (1) $f(3) = a^3 = 6$ $\therefore \log_a 6 = 3$

$\Rightarrow \log_a 36 = 2\log_a 6 = 6$ 　　正確

(2) $\dfrac{f(238)}{f(219)} = \dfrac{a^{238}}{a^{219}} = a^{19}$, $\dfrac{f(38)}{f(19)} = \dfrac{a^{38}}{a^{19}} = a^{19}$ $\therefore$ 等式成立

(3) $g(238) - g(219) = \log_a 238 - \log_a 219 = \log_a \dfrac{238}{219}$

$g(38) - g(19) = \log_a \dfrac{38}{19}$ 　　 $\because \dfrac{238}{219} \ne \dfrac{38}{19} = 2$

$\therefore$ 等式不成立

(4) $\because a > 1$ 　　 $\therefore g(x) = \log_a x$ 為「嚴格遞增函數」

$\therefore m = \dfrac{g_P - g_Q}{x_P - x_Q} > 0$（若 $x_P > x_Q$ 則 $g_P > g_Q$；

若 $x_P < x_Q$ 則 $g_P < g_Q$） 　　 $\Rightarrow$ 斜率必正

(5) $y = 5x$ 與 $y = \dfrac{1}{5}x$ 跟 $y = f(x)$ 與 $y = g(x)$ 對稱於 $x = y$

$\therefore$ 若 $y = 5x$ 與 $y = f(x)$ 有 2 個交點

則對稱後的 $y = \dfrac{1}{5}x$ 與 $y = g(x)$ 還是有 2 個交點

故選 (1)(2)(4)(5)

11. 【答案】 (2)(4)

【解析】 此多項式即為 $f(x) = (x-1)(x-2)(x-5) + x$

(1) $x \le 0 \rightarrow (x-1)(x-2)(x-5) < 0$,

$x \le 0 \rightarrow f(x)$ 恆 < 0 　　 $\therefore$ 無實根

(2) $f(0) = -10 < 0$, $f(1) = 1 > 0$, $f(2) = 2 > 0$,

$$f(3) = -1 < 0，f(4) = -2 < 0，f(5) = 5 > 0$$

∴在 (0,1) (2,3) (4,5) 有實根

(3) $x > 0 \rightarrow (x-1)(x-2)(x-5) > 0$，

　　$x > 0 \rightarrow f(x)$ 恆 > 0　　∴ 無實根

可得實根在 (0,1) (2,3) (4,5) 三個區間

故僅 (2)(4) 符合　　故選 (2)(4)

第二部份：選填題

A. 【答案】 ⑫ 1　⑬ 4

　　【解析】 $2\log_x 2 - \log_2 x = 1$　　∵ $\log_x 2 = \dfrac{1}{\log_2 x}$

　　　　代入 $\Rightarrow 2 \times \dfrac{1}{\log_2 x} - \log_2 x = 1$

　　　　令 $t = \log_2 x < 0$（∵ $0 < x < 1$）

　　　　則 $\dfrac{2}{t} - t = 1$　　$\Rightarrow -t^2 + 2 = t$　　$\Rightarrow t^2 + t - 2 = 0$

　　　　$t = 1$（不合）或 -2　　$\log_2 x = -2 \rightarrow x = 2^{-2} = \dfrac{1}{4}$

B. 【答案】 ⑭ －　⑮ 1　⑯ 1　⑰ 2

　　【解析】 如右圖

　　　　$\overrightarrow{PA} = \overrightarrow{PC} + \overrightarrow{CA}$ ……(1)

　　　　$\overrightarrow{PQ} = \overrightarrow{PC} + \overrightarrow{CQ} = \overrightarrow{PC} + \dfrac{1}{3}\overrightarrow{CA}$ ……(2)

　　　　$3 \times (2) - (1)$

　　　　$\Rightarrow \overrightarrow{BC} = 2\overrightarrow{PC} = 3\overrightarrow{PQ} - \overrightarrow{PA} = (3,15) - (4,3) = (-1,12)$

C. 【答案】⑱ 7　⑲ 9

【解析】$\dfrac{76 \times 15 - 92 - 45 - 55}{15 - 3} = \dfrac{76 \times 15 - 192}{12} = 95 - 16 = 79$

D. 【答案】⑳ 1　㉑ 6　㉒ 0　㉓ 0

【解析】∵ a_{13} 為等差中項

∴ $64 \times 25 = 1600$

E. 【答案】㉔ 1　㉕ 2　㉖ 1　㉗ 3　㉘ −　㉙ 5　㉚ 1　㉛ 3

【解析】如右圖

∵ ∠APB 為直角

∴ $\overline{AB}$ 為直徑

⇒ 通過原點且原點為 $\overline{AB}$ 中點

(法一) 對稱的概念 ⇒ $B\left(\dfrac{12}{13}, \dfrac{-5}{13}\right)$

(法二) 原點為中點 $\dfrac{A+B}{2} = (0,0)$

∴ $B = -A = \left(\dfrac{12}{13}, \dfrac{-5}{13}\right)$

(法三) $\overrightarrow{AO} = \overrightarrow{OB} = \left(\dfrac{12}{13}, \dfrac{-5}{13}\right) = B - O$

∴ $B = \left(\dfrac{12}{13}, \dfrac{-5}{13}\right)$

F.　【答案】　㉜ 2　㉝ 5

　　【解析】　$4 \times 3 \times 3$　—　$1 \times 3 \times 1$　—　$3 \times 1 \times 3$　+　$1 \times 1 \times 1$

　　　　　　　（全部）　　（紅帽灰鞋）　（白衣非藍帽）　（紅帽白衣灰鞋）

　　　　　　$= 36 - 3 - 9 + 1 = 25$

G.　【答案】　㉞ 8　㉟ 7　㊱ 1　㊲ 4

　　【解析】　(法一) 厲害同學的解法

$$11 - \frac{67}{14} = \frac{87}{14}$$

　　　　　　(法二) 設 n 號有 a_n 顆，則

　　　甲：$\dfrac{1 \times a_1 + 2 \times a_2 + 3 \times a_3 + \cdots + 10 \times a_{10}}{a_1 + a_2 + a_3 + \cdots + a_{10}} = \dfrac{67}{14}$

　　　而乙：$\dfrac{(11-1) \times a_1 + (11-2) \times a_2 + \cdots + (11-10) \times a_{10}}{a_1 + a_2 + a_3 + \cdots + a_{10}}$

$$= \frac{11(a_1 + a_2 + \cdots + a_{10}) - (1 \times a_1 + 2 \times a_2 + \cdots + 10 \times a_{10})}{a_1 + a_2 + a_3 + \cdots + a_{10}}$$

$$= 11 - \frac{1 \times a_1 + 2 \times a_2 + 3 \times a_3 + \cdots + 10 \times a_{10}}{a_1 + a_2 + a_3 + \cdots + a_{10}}$$

$$= 11 - \frac{67}{14} = \frac{87}{14}$$

H. 【答案】 ㊳ 1　㊴ 2

【解析】如右圖

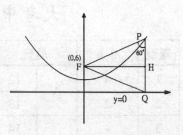

由定義得知 $\overline{PF} = \overline{PQ}$，

連接 $\overline{FQ}$

可知 $\triangle FPQ$ 為正三角形

（頂角 $60°$ 之等腰三角）

由 F 作 $\overline{PQ}$ 之垂線交於 H

則 H 為 $\overline{PQ}$ 之中點

而 H 之 y 座標為 6　 $\therefore P$ 之 y 座標為 $b = 12$

I. 【答案】 ㊵ 5　㊶ 3

【解析】 $\overline{BC} = \sqrt{9 + 25 - 2 \times 3 \times 5 \times -\dfrac{1}{2}} = 7$

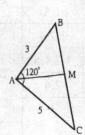

$\therefore \overline{BM} = \dfrac{7}{2}$

$2 \times [\overline{AM}^2 + (\dfrac{7}{2})^2] = 3^2 + 5^2 = 34$ （中線定理）

$\Rightarrow \overline{AM}^2 + \dfrac{49}{4} = 17 \qquad \Rightarrow \overline{AM} = \dfrac{\sqrt{19}}{2}$

$\cos \angle BAM = \dfrac{3^2 + (\dfrac{\sqrt{19}}{2})^2 - (\dfrac{7}{2})^2}{2 \times \dfrac{\sqrt{19}}{2} \times 3} = \dfrac{1}{2\sqrt{19}}$

$\tan \angle BAM = 5\sqrt{3}$

九十六年度學科能力測驗（數學考科）
大考中心公佈答案

題號	答案	題號		答案	題號		答案
1	4	A	12	1	F	32	2
2	2		13	4		33	5
3	4	B	14	—		34	8
4	1		15	1	G	35	7
5	3		16	1		36	1
6	1,3,5		17	2		37	4
7	1,2,4,5	C	18	7	H	38	1
8	1,5		19	9		39	2
9	1,2,4	D	20	1	I	40	5
10	1,2,4,5		21	6		41	3
11	2,4		22	0			
			23	0			
		E	24	1			
			25	2			
			26	1			
			27	3			
			28	—			
			29	5			
			30	1			
			31	3			

九十五年大學入學學科能力測驗試題
數學考科

第一部分：選擇題（佔55分）

壹、單選題（佔25分）

說明：第1至5題，每題選出最適當的一個選項，標示在答案卡之「解答欄」，每題答對得5分，答錯不倒扣。

1. 設一元二次整係數方程式 $ax^2 + bx + c = 0$ 有一根為 $4+3i$。若將此方程式的兩根與原點在複數平面上標出，則此三點所圍成的三角形面積為
   (1) 5　　　(2) 6　　　(3) 12　　　(4) 16　　　(5) 24

2. 在右圖的棋盤方格中，隨機任意取兩個格子。選出的兩個格子不在同行（有無同列無所謂）的機率為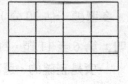
   (1) $\dfrac{1}{20}$　　　(2) $\dfrac{1}{4}$　　　(3) $\dfrac{3}{4}$

   (4) $\dfrac{3}{5}$　　　(5) $\dfrac{4}{5}$

3. 右圖是由三個直角三角形堆疊而成的圖形，且 $\overline{OD}=8$。
   問：直角三角形 OAB 的高 $\overline{AB}$ 為何？
   (1) 1　　　(2) $\sqrt{6}-\sqrt{2}$
   (3) $\sqrt{7}-1$　　　(4) $\sqrt{3}$
   (5) 2

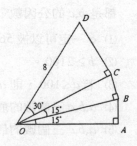

4. 下列哪一個數值最接近 $\sqrt{2}$ ？

   (1) $\sqrt{3}\cos 44^\circ + \sin 44^\circ$

   (2) $\sqrt{3}\cos 54^\circ + \sin 54^\circ$

   (3) $\sqrt{3}\cos 64^\circ + \sin 64^\circ$

   (4) $\sqrt{3}\cos 74^\circ + \sin 74^\circ$

   (5) $\sqrt{3}\cos 84^\circ + \sin 84^\circ$

5. 在養分充足的情況下，細菌的數量會以指數函數的方式成長，假設細菌 A 的數量每兩個小時可以成長為兩倍，細菌 B 的數量每三個小時可以成長為三倍。若養分充足且一開始兩種細菌的數量相等，則大約幾小時後細菌 B 的數量除以細菌 A 的數量最接近 10 ？

   (1) 24 小時。   (2) 48 小時。   (3) 69 小時。

   (4) 96 小時。   (5) 117 小時。

貳、多選題（佔 30 分）

說明：第 6 至 11 題，每題的五個選項各自獨立，其中至少有一個選項是正確的，選出正確選項標示在答案卡之「解答欄」。每題皆不倒扣，五個選項全部答對者得 5 分，只錯一個選項可得 2.5 分，錯兩個或兩個以上選項不給分。

6. 假設 a,b,c 是三個正整數。若 25 是 a,b 的最大公因數，且 3,4,14 都是 b,c 的公因數，則下列何者正確？

   (1) c 一定可以被 56 整除。

   (2) $b \geq 2100$。

   (3) 若 $a \leq 100$，則 $a = 25$。

   (4) a,b,c 三個數的最大公因數是 25 的因數。

   (5) a,b,c 三個數的最小公倍數大於或等於 $25 \times 3 \times 4 \times 14$。

7. 考慮坐標平面上所有滿足 $\sqrt{(x-2)^2+y^2}+\sqrt{(x-2)^2+(y+4)^2}=10$
   的點 (x,y) 所成的圖形，下列敘述何者正確？

   (1) 此圖形為一橢圓。

   (2) 此圖形為一雙曲線。

   (3) 此圖形的中心在 $(2,-2)$。

   (4) 此圖形對稱於 $x-2=0$。

   (5) 此圖形有一頂點 $(2,3)$。

8. 假設實數 a_1, a_2, a_3, a_4 是一個等差數列，且滿足 $0<a_1<2$ 及
   $a_3=4$。若定義 $b_n=2^{a_n}$，則以下哪些選項是對的？

   (1) b_1, b_2, b_3, b_4 是一個等比數列。

   (2) $b_1<b_2$。

   (3) $b_2>4$。

   (4) $b_4>32$。

   (5) $b_2 \times b_4=256$。

9. 學生練習計算三次多項式 $f(x)$ 除以一次多項式 $g(x)$ 的餘式。已
   知 $f(x)$ 的三次項係數為 3，一次項係數為 2。甲生在計算時把
   $f(x)$ 的三次項係數錯看成 2（其它係數沒看錯），乙生在計算時
   把 $f(x)$ 的一次項係數錯看成 -2（其它係數沒看錯）。而甲生和
   乙生算出來的餘式剛好一樣。試問 $g(x)$ 可能等於以下哪些一次
   式？

   (1) x　　　　(2) $x-1$　　　　(3) $x-2$　　　　(4) $x+1$　　　　(5) $x+2$

10. 下圖是根據 100 名婦女的體重所作出的直方圖（圖中百分比數字代表各體重區間的相對次數，其中各區間不包含左端點而包含右端點）。該 100 名婦女體重的平均數為 55 公斤，標準差為 12.5 公斤。曲線 N 代表一常態分佈，其平均數與標準差與樣本值相同。在此樣本中，若定義「體重過重」的標準為體重超過樣本平均數 2 個標準差以上（即體重超過 80 公斤以上），則下列敘述哪些正確？

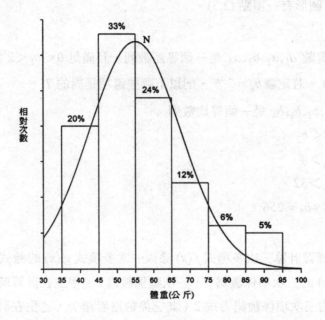

(1) 曲線 N（常態分佈）中，在 55 公斤以上所佔的比例約為 50%。
(2) 曲線 N（常態分佈）中，在 80 公斤以上所佔的比例約為 2.5%。
(3) 該樣本中，體重的中位數大於 55 公斤。
(4) 該樣本中，體重的第一四分位數大於 45 公斤。
(5) 該樣本中，「體重過重」（體重超過 80 公斤以上）的比例大於或等於 5%。

11. 將正整數18分解成兩個正整數的乘積有

$$1 \times 18, 2 \times 9, 3 \times 6$$

三種，又 3×6 是這三種分解中，兩數的差最小的，我們稱 3×6 為 18 的最佳分解。當 $p \times q(p \leq q)$ 是正整數 n 的最佳分解時，

我們規定函數 $F(n) = \dfrac{p}{q}$，例如 $F(18) = \dfrac{3}{6} = \dfrac{1}{2}$。

下列有關函數 $F(n)$ 的敘述，何者正確？

(1) $F(4) = 1$。　　　　　　(2) $F(24) = \dfrac{3}{8}$。

(3) $F(27) = \dfrac{1}{3}$。　　　(4) 若 n 是一個質數，則 $F(n) = \dfrac{1}{n}$。

(5) 若 n 是一個完全平方數，則 $F(n) = 1$。

第二部分：選填題（佔 45 分）

說明：1. 第 A 至 I 題，將答案劃記在答案卡之「解答欄」所標示的列號（12~32）。

　　　2. 每題完全答對給 5 分，答錯不倒扣，未完全答對不給分。

A. 抽樣調查某地區 1000 個有兩個小孩的家庭，得到如下數據，其中（男，女）代表第一個小孩是男孩而第二個小孩是女生的家庭，餘類推。

家庭別	家庭數
（男，男）	261
（男，女）	249
（女，男）	255
（女，女）	235

由此數據可估計該地區有兩個小孩家庭的男、女孩性別比約為

　⑫ ⑬ ⑭　：100（四捨五入至整數位）。

B. 下圖為一正立方體，若 M 在線段
$\overline{AB}$ 上，$\overline{BM} = 2\overline{AM}$，$N$ 為線段
$\overline{BC}$ 之中點，則

$$\cos\angle MON = \frac{⑰}{⑮⑯}\sqrt{10} \text{。}$$

（分數要化成最簡分數）

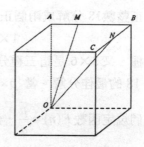

C. 給定平面上三點$(-6, -2),(2, -1),(1, 2)$。若有第四點和此三點形成
一菱形（四邊長皆相等），則第四點的坐標為（ ⑱,⑲ ）。

D. 如圖所示，$ABCD$ 為圓內接四邊形：
若 $\angle DBC = 30^{\circ}$，$\angle ABD = 45^{\circ}$，
$\overline{CD} = 6$，則線段 $\overline{AD} = \sqrt{⑳㉑}$。

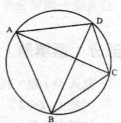

E. 新新鞋店為與同業進行促銷戰，推出
「第二雙不用錢---買一送一」的活動。
該鞋店共有八款鞋可供選擇，其價格如下：

款式	甲	乙	丙	丁	戊	己	庚	辛
價格	670	670	700	700	700	800	800	800

規定所送的鞋之價格一定少於所買的價格（例如：買一個「丁」
款鞋，可送甲、乙兩款鞋之一）。若有一位新新鞋店的顧客買一
送一，則該顧客所帶走的兩雙鞋，其搭配方法一共有 ㉒㉓
種。

F. 某地共有 9 個電視頻道，將其分配給 3 個新聞台、4 個綜藝台及 2 個體育台共三種類型。若同類型電視台的頻道要相鄰，而且前兩個頻道保留給體育台，則頻道的分配方式共有 ㉔ ㉕ ㉖ 種。

G. 用黑、白兩種顏色的正方形地磚依照如下的規律拼成若干圖形：

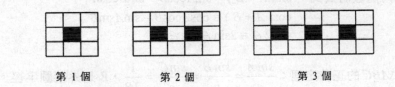

第 1 個　　　　　第 2 個　　　　　第 3 個

拼第 95 個圖需用到 ㉗ ㉘ ㉙ 塊白色地磚。

H. 在三角形 ABC 中，若 D 點在 $\overline{BC}$ 邊上，且 $\overline{AB}=7$，$\overline{AC}=13$，$\overline{BD}=7$，$\overline{CD}=8$，則 $\overline{AD}=$ ㉚ 。

I. 設 $A(0,0)$, $B(10,0)$, $C(10,6)$, $D(0,6)$ 為坐標平面上的四個點。如果直線 $y=m(x-7)+4$ 將四邊形 $ABCD$ 分成面積相等的兩塊，那麼 $m=\dfrac{㉜}{㉛}$ （化成最簡分數）

參考公式及可能用到的數值

1. 一元二次方程式 $ax^2+bx+c=0$ 的公式解：$x=\dfrac{-b\pm\sqrt{b^2-4ac}}{2a}$

2. 平面上兩點 $P_1(x_1,y_1)$，$P_2(x_2,y_2)$ 間的距離為

$$\overline{P_1P_2}=\sqrt{(x_2-x_1)^2+(y_2-y_1)^2}$$

3. 通過 (x_1, y_1) 與 (x_2, y_2) 的直線斜率 $m = \dfrac{y_2 - y_1}{x_2 - x_1}$, $x_2 \neq x_1$.

4. 等比數列 $\langle ar^{k-1} \rangle$ 的前 n 項之和 $S_n = \dfrac{a \cdot (1 - r^n)}{1 - r}$, $r \neq 1$.

5. 三角函數的公式： $\sin(A + B) = \sin A \cos B + \sin B \cos A$
$$\cos(A + B) = \cos A \cos B - \sin A \sin B$$
$$\sin 2\theta = 2\sin\theta\cos\theta$$

6. $\triangle ABC$ 的正弦定理： $\dfrac{\sin A}{a} = \dfrac{\sin B}{b} = \dfrac{\sin C}{c} = \dfrac{1}{2R}$ ，R 是外接圓半徑。

   $\triangle ABC$ 的餘弦定理： $c^2 = a^2 + b^2 - 2ab\cos C$

7. 棣美弗定理：設 $z = r(\cos\theta + i\sin\theta)$ ，則 $z^n = r^n(\cos n\theta + i\sin n\theta)$ ，
   n 為一正整數

8. 算術平均數： $M(= \overline{X}) = \dfrac{1}{n}(x_1 + x_2 + \cdots + x_n) = \dfrac{1}{n}\sum\limits_{i=1}^{n} x_i$

   （樣本）標準差： $S = \sqrt{\dfrac{1}{n-1}\sum\limits_{i=1}^{n}(x_i - \overline{X})^2} = \sqrt{\dfrac{1}{n-1}\left(\left(\sum\limits_{i=1}^{n}x_i^2\right) - n\overline{X}^2\right)}$

9. 參考數值： $\log 2 \approx 0.3010$ ； $\log 3 \approx 0.4771$ ；
$$\sin 15^o = \frac{\sqrt{6} - \sqrt{2}}{4}; \quad \cos 15^o = \frac{\sqrt{6} + \sqrt{2}}{4}$$

10. 常態分佈：常態分佈的資料對稱於平均數 μ ，且當標準差為 S 時，該資料大約有 68% 落在區間（ $\mu - S$, $\mu + S$ ）內，約有 95% 落在區間（ $\mu - 2S$, $\mu + 2S$ ）內，約有 99.7% 落在區間（ $\mu - 3S$, $\mu + 3S$ ）內。

95年度學科能力測驗數學科試題詳解

第一部分：選擇題

壹、單選擇

1. 【答案】(3)

【解析】$ax^2 + bx + c = 0$ 為整係數方程式

有一根 $4+3i$，必有另一根 $4-3i$

$\triangle$ 面積 $= \dfrac{1}{2} \times 8 \times 3 = 12$

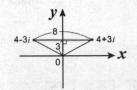

2. 【答案】(5)

【解析】$P = \dfrac{C_2^4 \times C_1^4 \times C_1^4}{C_2^{16}} = \dfrac{4}{5}$

C_2^4：先選 2 行

C_1^4：每行中確定那 1 列。

3. 【答案】(4)

【解析】$\overline{CO} = 8 \cdot \cos 30^\circ = 4\sqrt{3}$

$\overline{BO} = 4\sqrt{3} \cdot \cos 15^\circ$

$\overline{AB} = \overline{BO} \times \sin 15^\circ = 4\sqrt{3} \times \cos 15^\circ \times \sin 15^\circ$

$\qquad = 4\sqrt{3} \times \dfrac{\sqrt{6}-\sqrt{2}}{4} \times \dfrac{\sqrt{6}+\sqrt{2}}{4}$

$\qquad = \sqrt{3}$

4. 【答案】(4)

【解析】$\sqrt{3}\cos\theta+\sin\theta$

$$= 2\left(\frac{\sqrt{3}}{2}\cos\theta+\frac{1}{2}\sin\theta\right)$$

$$= 2(\sin 60^\circ \cdot \cos\theta + \cos 60^\circ \sin\theta)$$

$$= 2\times\sin(60^\circ+\theta) \qquad \theta=74^\circ$$

$$\Rightarrow 2\times\sin(60^\circ+74^\circ)=2\times\sin 134^\circ=2\times\sin 46^\circ$$

$$\fallingdotseq 2\times\sin 45^\circ=2\times\frac{\sqrt{2}}{2}=\sqrt{2}$$

5. 【答案】(5)

【解析】設原有 P，經過 x 小時

$$\frac{P\times 3^{\frac{x}{3}}}{P\times 2^{\frac{x}{2}}}=10$$

左右同取 log

$$\log\frac{3^{\frac{x}{3}}}{2^{\frac{x}{2}}}=\log 10$$

$$\Rightarrow \frac{x}{3}\log 3-\frac{x}{2}\log 2=1$$

$$\Rightarrow 2x\log 3-3x\log 2=6$$

$$\Rightarrow x(2\log 3-3\log 2)=6$$

$$\Rightarrow x(2\times 0.4771-3\times 0.3010)=6$$

$$\Rightarrow x\times 0.0512=6$$

$$\Rightarrow x\fallingdotseq 117$$

貳、多重選擇題

6. 【答案】(2)(3)(4)

   【解析】
   $$\begin{cases} a = 25h \\ b = 25k \end{cases} \quad (h,k) = 1$$

   $$\begin{cases} b = 25 \times 3 \times 4 \times 7m = 2100m \\ c = 3 \times 4 \times 7n = 84n \end{cases}$$

   (1) 不一定

   (2) $b = 2100m \geq 2100$

   (3) 若 $a \leq 100$，$\Rightarrow h = 1$　（2,3,4 不合）

   　　$a = 25$

   (4) $(a,b) = 25$　　$\Rightarrow (a,b,c)|25$

   (5) $[a,b,c] \geq 25 \times 3 \times 4 \times 7$

7. 【答案】(1)(3)(4)(5)

   【解析】2 焦點 $(2,0)$，$(2,-4)$

   　　　　中心 $(2,-2)$

   　　　　$2a = 10 \quad \Rightarrow a = 5$

   　　　　$c = 2$，　　$\Rightarrow b^2 + 2^2 = 5^2 \quad \Rightarrow b = \sqrt{21}$

   $$\frac{(x-2)^2}{21} + \frac{(y+2)^2}{25} = 1$$

   　　　　(1) 橢圓

   　　　　(2) x

   　　　　(3) 中心 $(2,-2)$

   　　　　(4) 對稱軸 $x = 2$ 或 $y = -2$

   　　　　(5) 長軸頂點 $(2,-2+5) = (2,3)$ 或 $(2,-2-5) = (2,-7)$

8. 【答案】(1)(2)(3)(4)(5)

　　【解析】(1) $\dfrac{b_n}{b_{n-1}} = \dfrac{2^{a_n}}{2^{a_{n-1}}} = 2^{a_n - a_{n-1}} = 2^d$ （公比）

　　　　　(2) $a_1 < a_2 < a_3 < a_4$

　　　　　　　$\Rightarrow 2^{a_1} < 2^{a_2} < 2^{a_3} < 2^{a_4}$

　　　　　　　$\Rightarrow b_1 < b_2 < b_3 < b_4$

　　　　　(3) $a_2 > 2$　　$b_2 = 2^{a_2} > 2^2 = 4$

　　　　　(4) 公差 $d = \dfrac{a_3 - a_1}{2}$　　$\Rightarrow 2 < a_3 - a_1 < 4$

　　　　　　　　　　　　　　　　　$\Rightarrow 1 < \dfrac{a_3 - a_1}{2} < 2$

　　　　　　　　　　　　　　　　　$\Rightarrow 1 < d < 2$

　　　　　　　$\Rightarrow a_4 > 4 + 1 = 5$　$\Rightarrow b_4 = 2^{a_4} > 2^5 = 32$

　　　　　(5) $b_2 \times b_4 = 2^{a_2} \times 2^{a_4} = 2^{a_2 + a_4} = 2^{2a_3} = 2^{2 \times 4} = 256$

9. 【答案】(1)(3)(5)

　　【解析】設 $f(x) = 3x^3 + ax^2 + 2x + b$

　　　　　甲 $f_1(x) = 2x^3 + ax^2 + 2x + b$

　　　　　乙 $f_2(x) = 3x^3 + ax^2 - 2x + b$

　　　　　$\begin{cases} f_1(x) = g(x)\, Q_1(x) + r_1 \\ f_2(x) = g(x)\, Q_2(x) + r_2 \end{cases}$

　　　　　$\Rightarrow f_1(x) - f_2(x) = g(x)[Q_1(x) - Q_2(x)]$

　　　　　$g(x)$ 為 $f_1(x) - f_2(x)$ 的因式

　　　　　$f_1(x) - f_2(x) = -x^3 + 4x = -x(x+2)(x-2)$

　　　　　$g(x) = x$ 或 $(x+2)$ 或 $(x-2)$

10. 【答案】 (1)(2)(4)(5)

　　【解析】 (1) 55 公斤為平均值，故 55 公斤以上佔 50%

　　　　　　(2) 因為 $(\mu - 2S, \mu + 2S) = (30, 80)$ 佔 95%

　　　　　　　　 80% 以上佔 $\dfrac{1}{2} \times 5\% = 2.5\%$

　　　　　　(3) 20% + 33% = 53% ＞ 50%

　　　　　　　　 ⇒ 中位數＜55 公斤

　　　　　　(4) 20% 為 45 公斤 ⇒ 25% ＞ 20%

　　　　　　　　　　　　　　 ⇒ 第一四分位數＞45 公斤

　　　　　　(5) 85 公斤以上佔 5% ⇒ 80 公斤以上＞5%

11. 【答案】 (1)(3)(4)(5)

　　【解析】 (1) $4 = 2 \times 2$ 　　　　 $\Rightarrow F(4) = \dfrac{2}{2} = 1$

　　　　　　(2) $24 = 4 \times 6$ 　　　 $\Rightarrow F(24) = \dfrac{4}{6} = \dfrac{2}{3}$

　　　　　　(3) $27 = 3 \times 9$ 　　　 $\Rightarrow F(27) = \dfrac{3}{9} = \dfrac{1}{3}$

　　　　　　(4) $n = 1 \times n$ 　　　 $\Rightarrow F(n) = \dfrac{1}{n}$

　　　　　　(5) $n = a^2 = a \times a$ $\Rightarrow F(n) = \dfrac{a}{a} = 1$

第二部份：選填題

A. 【答案】 ⑫ 1　 ⑬ 0　 ⑭ 5

　　【解析】 男生：261 × 2 + 249 + 255 = 1026

　　　　　　女生：2000 − 1026 = 974

　　　　　　1026 : 974 ≒ 1.05 = 105 : 100

B. 【答案】 ⑮ 1　⑯ 5　⑰ 4

【解析】 設 $0(0,0,0)$，$B(0,3,3)$，$M(0,1,3)$

$C(3,3,3)$，$N(\frac{3}{2},3,3)$

$\overrightarrow{OM}=(0,1,3)$

$\overrightarrow{ON}=(\frac{3}{2},3,3)$

$cos\angle MON = \dfrac{\overrightarrow{OM}\cdot\overrightarrow{ON}}{|\overrightarrow{OM}|\,|\overrightarrow{ON}|}=\dfrac{3+9}{\sqrt{1^2+3^2}\cdot\sqrt{(\frac{3}{2})^2+3^2+3^2}}$

$=\dfrac{12}{\sqrt{10}\times\dfrac{9}{2}}=\dfrac{4}{15}\sqrt{10}$

C. 【答案】 ⑱ 9　⑲ 3

【解析】 設第四點 (x,y)

$\Rightarrow \begin{cases} \dfrac{-6+x}{2}=\dfrac{1+2}{2} \\[2mm] \dfrac{-2+y}{2}=\dfrac{2+(-1)}{2} \end{cases} \Rightarrow \begin{cases} x=9 \\ y=3 \end{cases}$　(9,3)

D. 【答案】 ⑳ 7　㉑ 2

【解析】 $\dfrac{6}{\sin 30°}=\dfrac{\overline{AD}}{\sin 45°} \Rightarrow \overline{AD}=\dfrac{6\sin 45°}{\sin 30°}$

$=\dfrac{6\times\dfrac{\sqrt{2}}{2}}{\dfrac{1}{2}}=6\sqrt{2}=\sqrt{72}$

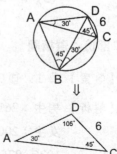

E. 【答案】 ㉒ 2　㉓ 1

　　【解析】選丙，丁，戊　可再選甲，乙　$\Rightarrow C_1^3 \times C_1^2 = 6$

　　　　　　選己，庚，辛　可再選甲，乙，丙，丁，戊　$\Rightarrow C_1^3 \times C_1^5 = 15$

　　　　　　$6 + 15 = 21$

F. 【答案】 ㉔ 5　㉕ 7　㉖ 6

　　【解析】(體育)　(新聞)　(綜藝)

　　　　　　2 台　　3 台　　4 台

　　　　　　$2! \times 3! \times 4! \times 2! = 576$（新聞與綜藝互換）

G. 【答案】 ㉗ 4　㉘ 7　㉙ 8

　　【解析】$8 + \underbrace{5 + 5 + \cdots\cdots + 5}_{94 個} = 8 + 5 \times 94 = 478$

H. 【答案】 ㉚ 7

　　【解析】$\cos B = \dfrac{7^2 + 15^2 - 13^2}{2 \times 7 \times 15} = \dfrac{1}{2}$

　　　　　　$\angle B = 60°$　　$\Rightarrow \overline{AD} = 7$

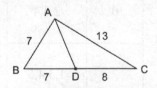

I. 【答案】 ㉛ 2　㉜ 1

　　【解析】$y = m(x - 7) + 4$　恆過 $(7,4)$

　　　　　　m 為 $(7,4)$ 與中心 $(5,3)$

　　　　　　所成斜率

　　　　　　$m = \dfrac{4 - 3}{7 - 5} = \dfrac{1}{2}$

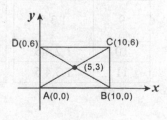

九十五年度學科能力測驗（數學考科）
大考中心公佈答案

題　號	答　　案	題	號	答　　案
1	3	A	⑫	1
			⑬	0
			⑭	5
2	5	B	⑮	1
			⑯	5
			⑰	4
3	4	C	⑱	9
			⑲	3
4	4	D	⑳	7
			㉑	2
5	5	E	㉒	2
			㉓	1
6	2,3,4	F	㉔	5
			㉕	7
			㉖	6
7	1,3,4,5	G	㉗	4
			㉘	7
			㉙	8
8	1,2,3,4,5	H	㉚	7
9	1,3,5	I	㉛	2
			㉜	1
10	1,2,4,5			
11	1,3,4,5			

九十四年大學入學學科能力測驗試題
數學考科

第一部分：選擇題

壹、單選題

說明：第 1 至 5 題，每題選出最適當的一個選項，劃記在答案卡之「解答欄」，每題答對得 5 分，答錯不倒扣。

1. 試問整數 43659 共有多少個不同的質因數？

　(1) 1 個　　　(2) 2 個　　　(3) 3 個　　　(4) 4 個　　　(5) 5 個

2. 利用公式 $1^3 + 2^3 + \cdots + n^3 = \left(\dfrac{n(n+1)}{2}\right)^2$，可計算出 $(11)^3 + (12)^3 + \cdots + (20)^3$ 之值為

　(1) 41075　　(2) 41095　　(3) 41115　　(4) 41135　　(5) 41155

3. 台北銀行最早發行的樂透彩（俗稱小樂透）的玩法是「42選6」：購買者從 01～42 中任選六個號碼，當這六個號碼與開出的六個號碼完全相同(不計次序)時即得頭獎；台北銀行曾考慮改發行「39選5」的小小樂透：購買者從 01～39 中任選五個號碼，如果這五個號碼與開出的五個號碼完全相同（不計次序）則得頭獎。假設原來的小樂透中頭獎的機率是 R，而曾考慮發行的小小樂透中頭獎的機率是 r。試問比值 $\dfrac{r}{R}$ 最接近下列哪個選項？

　(1) 3　　　　(2) 5　　　　(3) 7　　　　(4) 9　　　　(5) 11

4. 設 a, b 爲正實數，已知 $\log_7 a = 11$ ， $\log_7 b = 13$ ；試問 $\log_7(a+b)$ 之值最接近下列哪個選項？

   (1) 12　　　　(2) 13　　　　(3) 14　　　　(4) 23　　　　(5) 24

5. 某校高一第一次段考數學成績不太理想，多數同學成績偏低；考慮到可能是同學們適應不良所致，數學老師決定將每人的原始成績取平方根後再乘以 10 作爲正式紀錄的成績。今隨機抽選 100 位同學，發現調整後的成績其平均爲 65 分，標準差爲 15 分；試問這 100 位同學未調整前的成績之平均 M 介於哪兩個連續正整數之間？（第 7 頁附有標準差公式）

   (1) $40 \leq M < 41$　　　(2) $41 \leq M < 42$　　　(3) $42 \leq M < 43$

   (4) $43 \leq M < 44$　　　(5) $44 \leq M < 45$

貳、多選題

說明：第 6 至 11 題，每題至少有一個選項是正確的，選出正確選項，劃記在答案卡之「解答欄」。每題答對得 5 分，答錯不倒扣。未答者不給分。只錯一個可獲 2.5 分，錯兩個或兩個以上不給分。

6. 如右圖所示，兩射線 OA 與 OB 交於 O 點，試問下列選項中哪些向量的終點會落在陰影區域內？

   (1) $\overrightarrow{OA} + 2\overrightarrow{OB}$　　　(2) $\dfrac{3}{4}\overrightarrow{OA} + \dfrac{1}{3}\overrightarrow{OB}$

   (3) $\dfrac{3}{4}\overrightarrow{OA} - \dfrac{1}{3}\overrightarrow{OB}$　　　(4) $\dfrac{3}{4}\overrightarrow{OA} + \dfrac{1}{5}\overrightarrow{OB}$

   (5) $\dfrac{3}{4}\overrightarrow{OA} + \dfrac{1}{5}\overrightarrow{OB}$

7. 如右圖所示，坐標平面上一鳶形 $ABCD$，其中 A,C 在 y- 軸上，
   B,D 在 x- 軸上，且 $\overline{AB} = \overline{AD} = 2$，$\overline{BC} = \overline{CD} = 4$，$\overline{AC} = 5$。令 m_{AB}、
   m_{BC}、m_{CD}、m_{DA} 分別表直線 AB、BC、CD、DA 之斜率。試問以
   下哪些敘述成立？

   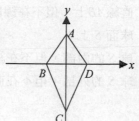

   (1) 此四數值中以 m_{AB} 為最大

   (2) 此四數值中以 m_{BC} 為最小

   (3) $m_{BC} = -m_{CD}$

   (4) $m_{AB} \times m_{BC} = -1$

   (5) $m_{CD} + m_{DA} > 0$

8. 假設坐標空間中三相異平面 E_1、E_2、E_3 皆通過 $(-1,2,0)$ 與 $(3,0,2)$
   兩點，試問以下哪些點也同時在此三平面上？

   (1) $(2,2,2)$　　　　　　(2) $(1,1,1)$

   (3) $(4,-2,2)$　　　　　 (4) $(-2,4,0)$

   (5) $(-5, -4, -2)$

9. 若 $0 < \theta < \dfrac{\pi}{4}$，試問以下哪些選項恆成立？

   (1) $sin\theta < cos\theta$　　　　(2) $tan\theta < sin\theta$

   (3) $cos\theta < tan\theta$　　　　(4) $sin2\theta < cos2\theta$

   (5) $tan\dfrac{\theta}{2} < \dfrac{1}{2}tan\theta$

10. 設 F_1 與 F_2 為坐標平面上雙曲線 $\Gamma : \dfrac{x^2}{9} - \dfrac{y^2}{16} = 1$ 的兩個焦點，P 為

    Γ 上一點，使得此三點構成一等腰三角形。試問以下哪些值可能
    是這些等腰三角形的週長？

    (1) 20　　　　(2) 24　　　　(3) 28　　　　(4) 32　　　　(5) 36

11. 設 S 為空間中一球面，$\overline{AB}$ 為其一直徑，且 $\overline{AB}=10$。若 P 為空間中一點，使得 $\overline{PA}+\overline{PB}=14$，則 P 點的位置可能落在哪裡？

　(1) 線段 $\overline{AB}$ 上；

　(2) 直線 AB 上，但不在線段 $\overline{AB}$ 上；

　(3) 球面 S 上；

　(4) 球 S 的內部，但不在線段 $\overline{AB}$ 上；

　(5) 球 S 的外部，但不在直線 AB 上。

第二部分：填充題

說明：1. 第 A 至 I 題，將答案劃記在答案卡之「解答欄」所標示的列號（12–34）。

　　　2. 每題完全答對得 5 分，答錯不倒扣，未完全答對不給分。

A. 若多項式 x^2+x+2 能整除 $x^5+x^4+x^3+px^2+2x+q$，
則 $p=\underline{\quad ⑫ \quad}$，$q=\underline{\quad ⑬ \quad}$。

B. 在坐標平面上，正方形 $ABCD$ 的四個頂點坐標分別為 $A(0,1),$ $B(0,0), C(1,0), D(1,1)$。設 P 為正方形 $ABCD$ 內部的一點，若 $\triangle PDA$ 與 $\triangle PBC$ 的面積比為 $1:2$，且 $\triangle PAB$ 與 $\triangle PCD$ 的面積比為 $2:3$，則 P 點的坐標為 $\left(\dfrac{⑭}{⑮},\dfrac{⑯}{⑰}\right)$。（化成最簡分數）

C. 在數線上有一個運動物體從原點出發，在此數線上跳動，每次向正方向或負方向跳 1 個單位，跳動過程可重複經過任何一點。若經過 6 次跳動後運動物體落在點+4 處，則此運動物體共有 $\underline{\quad ⑱ \quad}$ 種不同的跳動方法。

D. 設複數 $z = 1-i$ ；若 $1+z+z^2+\cdots+z^9 = a+bi$ ，其中 a, b 為實數，
則 $a = $ ___⑲⑳___ ， $b = $ ___㉑㉒___ 。

E. 設 O 為坐標平面上的原點， P 點坐標為 $(2, 1)$ ；若 A、B 分別是
正 x- 軸及正 y- 軸上的點，使得 $\overrightarrow{PA} \perp \overrightarrow{PB}$ ，則 $\triangle OAB$ 面積的最大

可能值為 ___$\dfrac{㉓㉔}{㉕㉖}$___ 。（化成最簡分數）

F. 如右圖所示，在 $\triangle ABC$ 中，
$\angle BAC$ 的平分線 AD 交對
邊 $\overline{BD}$ 於 D ；已知 $\overline{BD} = 3$ ，
$\overline{DC} = 6$ ，且 $\overline{AB} = \overline{AD}$ ，則

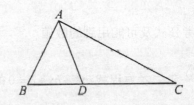

$cos \angle BAD$ 之值為 ___$\dfrac{㉗}{㉘}$___ 。（化成最簡分數）

G. 在坐標平面上，過 $F(1,0)$ 的直線交拋物線 $\Gamma : y^2 = 4x$ 於 P、Q
兩點，其中 P 在上半平面，且知 $2\overline{PF} = 3\overline{QF}$ ，則 P 點的 x- 坐

標為 ___$\dfrac{㉙}{㉚}$___ 。（化成最簡分數）

H. 設 x 為一正實數且滿足 $x \cdot 3^x = 3^{18}$ ；若 x 落在連續正整數 k 與
$k+1$ 之間，則 $k = $ ___㉛㉜___ 。

I. 如右圖所示，$ABCD$-$EFGH$ 為邊長等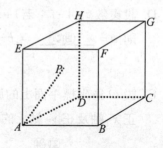
於 1 之正立方體。若 P 點在立方體之
內部且滿足 $\overrightarrow{AP} = \dfrac{3}{4}\overrightarrow{AB} + \dfrac{1}{2}\overrightarrow{AD} + \dfrac{2}{3}\overrightarrow{AE}$，
則 P 點至直線 AB 之距離為 $\dfrac{\text{㉝}}{\text{㉞}}$ 。

（化成最簡分數）

參考公式及可能用到的數值

1. 一元二次方程式 $ax^2 + bx + c = 0$ 的公式解：$x = \dfrac{-b \pm \sqrt{b^2 - 4ac}}{2a}$

2. 平面上兩點 $P_1(x_1, y_1)$，$P_2(x_2, y_2)$ 間的距離為

$$\overline{P_1P_2} = \sqrt{(x_2 - x_1)^2 + (y_2 - y_1)^2}$$

3. 通過 (x_1, y_1) 與 (x_2, y_2) 的直線斜率 $m = \dfrac{y_2 - y_1}{x_2 - x_1}$，$x_2 \neq x_1$.

4. 等比數列 $\left\langle ar^{k-1} \right\rangle$ 的前 n 項之和 $S_n = \dfrac{a \cdot (1 - r^n)}{1 - r}$，$r \neq 1$.

5. 三角函數的和角公式：$sin(A + B) = sinA cosB + sinB cosA$

$$tan(\theta_1 + \theta_2) = \dfrac{tan\theta_1 + tan\theta_2}{1 - tan\theta_1 tan\theta_2}$$

6. $\triangle ABC$ 的正弦定理：$\dfrac{sin\,A}{a} = \dfrac{sin\,B}{b} = \dfrac{sin\,C}{c}$

$\triangle ABC$ 的餘弦定理：$c^2 = a^2 + b^2 - 2ab\,cos\,C$

7. 棣美弗定理：設 $z = r\,(cos\,\theta + i\,sin\,\theta)$，則 $z^n = r^n\,(cos\,n\theta + i\,sin\,n\theta)$，$n$ 為一正整數

8. 算術平均數 $M(=\overline{X}) = \dfrac{1}{n}(x_1 + x_2 + \cdots + x_n) = \dfrac{1}{n}\sum\limits_{i=1}^{n} x_i$

（樣本）標準差：$S = \sqrt{\dfrac{1}{n-1}\sum\limits_{i=1}^{n}(x_i - \overline{X})^2} = \sqrt{\dfrac{1}{n-1}((\sum\limits_{i=1}^{n}x_i^2) - n\overline{X}^2)}$

9. 參考數值：

$\sqrt{2} \approx 1.414$；$\sqrt{3} \approx 1.732$；$\sqrt{5} \approx 2.236$；$\sqrt{6} \approx 2.449$；$\pi \approx 3.142$

10. 對數值：$\log_{10} 2 \approx 0.3010$，$\log_{10} 3 \approx 0.4771$，$\log_{10} 5 \approx 0.6990$，$\log_{10} 7 \approx 0.8451$

94年度學科能力測驗數學科試題詳解

第一部分：選擇題

壹、單一選擇題

1. 【答案】 (3)（出自第一冊第二章：數與坐標系）

   【解析】 $43659 = 3^4 \times 7^2 \times 11$

   故有 3 個質因數

2. 【答案】 (1)（出自第一冊第三章：數列與級數）

   【解析】 $11^3 + 12^3 + \cdots\cdots + 20^3$

   $$= \frac{20^2 \cdot 21^2}{4} - \frac{10^2 \cdot 11^2}{4} = 44100 - 3025 = 41075$$

3. 【答案】 (4)（出自第四冊第三章：機率與統計）

   【解析】 $\dfrac{r}{R} = \dfrac{\dfrac{1}{C_5^{39}}}{\dfrac{1}{C_6^{42}}} = \dfrac{\dfrac{1 \cdot 2 \cdot 3 \cdot 4 \cdot 5}{39 \cdot 38 \cdot 37 \cdot 36 \cdot 35}}{\dfrac{1 \cdot 2 \cdot 3 \cdot 4 \cdot 5 \cdot 6}{42 \cdot 41 \cdot 40 \cdot 39 \cdot 38 \cdot 37}} = \dfrac{42 \cdot 41 \cdot 40}{6 \cdot 36 \cdot 35} = \dfrac{82}{9} \fallingdotseq 9$

4. 【答案】 (2)（出自第二冊第一章：指數與對數）

   【解析】 $7^{11} = a$，$7^{13} = b$

   $7^x = a + b = 7^{11} + 7^{13} = 7^{11}(1 + 7^2)$

   $= 7^{11} \cdot 50 \fallingdotseq 7^{11} \cdot 7^2 = 7^{13}$

   $x \fallingdotseq 13$

5. 【答案】(5)

【解析】 $\overline{X'} = 65$，$S' = \sqrt{\dfrac{1}{99}(\sum\limits_{i=1}^{100} x_i'^2 - 100\overline{X'}^2)}$

$$\therefore 15 = \sqrt{\dfrac{1}{99}(\sum\limits_{i=1}^{100}(10\sqrt{x_i}^2) - 100 \cdot 65^2)}$$

$$225 = \dfrac{1}{99}(\sum\limits_{i=1}^{100}100x_i - 422500)$$

$$\therefore 100\sum\limits_{i=1}^{100} x_i = 422500 + 225 \cdot 99$$

$$= 422500 + 22275 = 444775$$

$$\therefore M = \dfrac{1}{100}\sum\limits_{i=1}^{100} x_i = 44.4775 \qquad \therefore 44 \leqq M < 45$$

貳、多重選擇題

6. 【答案】(1)(2)

【解析】 $\overrightarrow{OP} = \alpha\overrightarrow{OA} + \beta\overrightarrow{OB}$ 斜線部份

滿足 $\begin{cases} \alpha > 0 \\ \beta > 0 \\ \alpha + \beta > 1 \end{cases}$

滿足者有 (1)(2)

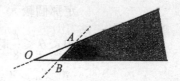

7. 【答案】(2)(3)(5)

【解析】(1) 斜率以 $\overline{CD}$ 最大

(4) $\overline{AB}$ 與 $\overline{BC}$ 不垂直

$\therefore m_{AB} \times m_{BC} \neq -1$

(5) $\overline{CD}$ 比 $\overline{DA}$ 更陡，故 $|m_{CD}| > |m_{DA}|$

雖然 $m_{DA} < 0$，但 $m_{CD} + m_{DA} > 0$

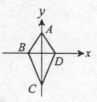

8. 【答案】(2)

【解析】 在此三平面上的點必在過

$A(-1, 2, 0)$ 與 $B(3, 0, 2)$ 之直線上

$\therefore \overrightarrow{AB} = (4, -2, 2) \approx (2, -1, 1)$

$\therefore \overleftrightarrow{AB}$ 之方程式為 $\begin{cases} x = -1 + 2t \\ y = 2 - t \\ z = 0 + t \end{cases}$

$t = 1$ 時為 $(1, 1, 1)$ 其他代入均不合

9. 【答案】(1)(5)

【解析】 (2) $\tan\theta > \sin\theta$ 恆成立

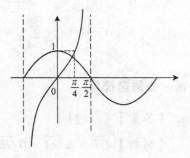

(3) $0 < x < \dfrac{\pi}{4}$ 間圖形交叉

故 $\cos\theta$ 與 $\tan\theta$，不一

定那個較大

(4) $0 < \theta < \dfrac{\pi}{8}$ 時 $\sin 2\theta < \cos 2\theta$

$\dfrac{\pi}{8} < \theta < \dfrac{\pi}{4}$ 時 $\sin 2\theta > \cos 2\theta$

(5) $\dfrac{1}{2}\tan\theta = \dfrac{1}{2} \cdot \dfrac{2\tan\dfrac{\theta}{2}}{1 - \tan^2\dfrac{\theta}{2}} = \dfrac{\tan\dfrac{\theta}{2}}{1 - \tan^2\dfrac{\theta}{2}} > \tan\dfrac{\theta}{2}$

$\left(\because 0 < \theta < \dfrac{\pi}{4} \quad \therefore 0 < \tan\dfrac{\theta}{2} < 1 \right.$

故 $1 - \tan^2\dfrac{\theta}{2} < 1$)

10. 【答案】 $(2)(5)$

　　【解析】 $c^2 = 9 + 16 = 25$

　　　　　　$\therefore c = 5$

　　　　　　$\left| \overline{PF_1} - \overline{PF_2} \right| = 6$

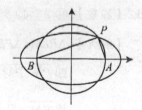

　　　　　　但 $\triangle PF_1F_2$ 為等腰

　　　　　　① 若 $\overline{PF_2} = 10$

　　　　　　　　$\therefore \left| \overline{PF_1} - 10 \right| = 6$

　　　　　　　　$\therefore \overline{PF_1} = 4$ 或 $\overline{PF_1} = 16$

　　　　　　此時周長為 $10 + 10 + 4 = 24$ 或 $10 + 10 + 16 = 36$

　　　　　　② 若 $\overline{PF_1} = 10$　　同理周長為 24 或 36

11. 【答案】 $(2)(3)(4)(5)$

　　【解析】 $\overline{PA} + \overline{PB} = 14$ 為一橢圓面

　　　　　　$2a = 14$　$\therefore a = 7$

　　　　　　$2c = 10$　$\therefore c = 5$

　　　　　　$c^2 = a^2 - b^2$　$\therefore 25 = 49 - b^2$

　　　　　　$b = \sqrt{24} < 5$

　　　　　　(1) $\overline{PA} + \overline{PB} = 14 > 10$

　　　　　　　　故 P 不在線段 $\overline{AB}$ 上

　　　　　　(2) P 繞到長軸頂點時即在直線 AB 上，但不在 $\overline{AB}$ 上

　　　　　　(3) 短軸半長 $b < 5$，橢圓面與球面相交

　　　　　　　　$\therefore P$ 可能在球面上

　　　　　　(4)(5) 如圖 P 可能在球面之內部或外部，但不在 $\overline{AB}$ 上

第二部份：填充題

A. 【答案】 ⑫ 3　　⑬ 8

　　【解析】

$$
\begin{array}{r}
1+0-1+4 \\
1+1+2\,\overline{)\,1+1+1+p+2+q} \\
\underline{1+1+2} \\
-1+p+2 \\
\underline{-1-1-2} \\
(p+1)+4+q \\
\underline{4+4+8} \\
0
\end{array}
$$

$p+1-4=0$

$\therefore p=3 \qquad \therefore q=8$

B. 【答案】 ⑭ 2　　⑮ 5　　⑯ 2　　⑰ 3

　　【解析】 $\triangle PDA : \triangle PBC = 1 : 2$

即 $\overline{PN} : \overline{PM} = 1 : 2$

故 $\overline{PM} = \dfrac{2}{3}$

$\triangle PAB : \triangle PCD = 2 : 3$

即 $\overline{PR} : \overline{PS} = 2 : 3$

故 $\overline{PR} = \dfrac{2}{5}$

$\therefore P(\dfrac{2}{5}, \dfrac{2}{3})$

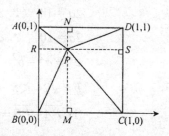

C. 【答案】⑱ 6

【解析】

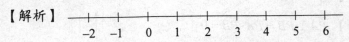

跳 6 次要到 $+4$ 處

必須為 $+1+1+1+1+1-1$

即 5 個 $+1$ 與 1 個 -1 之排列

故有 $\dfrac{6!}{5!\ 1!}=6$ 種

D. 【答案】⑲ 3　⑳ 2　㉑ $-$　㉒ 1

【解析】 $z=1-i=\sqrt{2}\left(cos\dfrac{\pi}{4}-i\,sin\dfrac{\pi}{4}\right)$

$1+z+z^2+\cdots+z^9=\dfrac{1(1-z^{10})}{1-z}$

$z^{10}=(\sqrt{2})^{10}\left(cos\dfrac{10\pi}{4}-i\,sin\dfrac{10\pi}{4}\right)$

$=32\left(cos\dfrac{\pi}{2}-i\,sin\dfrac{\pi}{2}\right)=-32i$

$\therefore$ 原式 $=\dfrac{1+32i}{1-(1-i)}=\dfrac{1+32i}{i}=32-i$

E. 【答案】 ㉓ 2　㉔ 5　㉕ 1　㉖ 6

　　【解析】 $\overrightarrow{PA} \perp \overrightarrow{PB} = \overrightarrow{PA} \cdot \overrightarrow{PB} = 0$

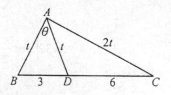

$$(x-2,\ 0-1) \cdot (0-2,\ y-1) = 0$$

$$\therefore\ -2(x-2) - (y-1) = 0$$

$$\therefore\ 2x + y = 5$$

$$\Delta OAB = \frac{1}{2}xy$$

$$\therefore\ \frac{2x+y}{2} \geqq \sqrt{2x \cdot y} \quad \Rightarrow \quad \sqrt{2xy} \leqq \frac{5}{2}$$

$$\therefore\ 2xy \leqq \frac{25}{4} \Rightarrow xy \leqq \frac{25}{8}$$

$$\Rightarrow \Delta OAB = \frac{1}{2}xy \leqq \frac{1}{2} \cdot \frac{25}{8} = \frac{25}{16} \qquad \therefore\ M = \frac{25}{16}$$

F. 【答案】 ㉗ 3　㉘ 4

　　【解析】 $\overline{AD}$ 分角線：$\overline{AB} : \overline{AC} = \overline{BD} : \overline{DC} = 1 : 2$

　　　　 $\therefore\ 令\ \overline{AB} = t\ ,\ \overline{AD} = t\ ,\ \overline{AC} = 2t$

$$\cos B = \frac{t^2 + 3^2 - t^2}{2 \cdot 3 \cdot t}$$

$$= \frac{t^2 + 9^2 - (2t)^2}{2 \cdot 9 \cdot t}$$

$$9(t^2 + 3^2 + t^2) = 3(t^2 + 9^2 - 4t^2)$$

$$27 = -3t^2 + 81 \qquad \therefore\ 3t^2 = 54 \qquad \Rightarrow t = 3\sqrt{2}$$

令 $\angle BAD = \theta$

$$\therefore\ \cos\theta = \frac{(3\sqrt{2})^2 + (3\sqrt{2})^2 - 3^2}{2(3\sqrt{2})\ (3\sqrt{2})} = \frac{18 + 18 - 9}{36} = \frac{3}{4}$$

G. 【答案】 ㉙ 3 　㉚ 2

【解析】 $y^2 = 4x$

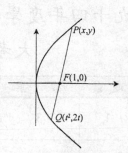

∴ $4c = 4 \Rightarrow c = 1$

∴ $F(1, 0)$ 爲焦點

$2\overline{PF} = 3\overline{QF}$

∴ $\overline{PF} : \overline{QF} = 3 : 2$

∴ $(x-1, y-0) = \dfrac{3}{2}(1-t^2, 0-2t) = \left(\dfrac{3}{2} - \dfrac{3}{2}t^2, \ -3t\right)$

代入 $(-3t)^2 = 4\left(\dfrac{5}{2} - \dfrac{3}{2}t^2\right)$

∴ $9t^2 = 10 - t^2 \Rightarrow 15t^2 = 10 \Rightarrow t^2 = \dfrac{2}{3}$

∴ $x - 1 = \dfrac{3}{2} - \dfrac{3}{2} \cdot \dfrac{2}{3} = \dfrac{1}{2}$　　故 $x = \dfrac{3}{2}$

H. 【答案】 ㉛ 1 　㉜ 5

【解析】 $15 \cdot 3^{15} < 3^{18}$　　但 $16 \cdot 3^{16} > 3^{18}$　　故 $k = 15$

I. 【答案】 ㉝ 5 　㉞ 6

【解析】 $\overrightarrow{AH} = \left(\dfrac{\overrightarrow{AP} \cdot \overrightarrow{AB}}{|\overrightarrow{AB}|^2}\right)\overrightarrow{AB}$

$= \dfrac{\left(\dfrac{3}{4}, \dfrac{1}{2}, \dfrac{2}{3}\right) \cdot (1,0,0)}{1}(1,0,0) = \left(\dfrac{3}{4}, 0, 0\right)$

∴ $\overline{PH} = \sqrt{\overline{AP}^2 - \overline{AH}^2} = \sqrt{\dfrac{9}{16} + \dfrac{1}{4} + \dfrac{4}{9} - \dfrac{9}{16}} = \dfrac{5}{6}$

九十四年度學科能力測驗（數學考科）
大考中心公佈答案

題 號	答　案	題	號	答　案
1	3	A	⑫	3
			⑬	8
2	1	B	⑭	2
			⑮	5
			⑯	2
			⑰	3
3	4	C	⑱	6
4	2	D	⑲	3
			⑳	2
			㉑	－
			㉒	1
5	5	E	㉓	2
			㉔	5
			㉕	1
			㉖	6
6	1,2	F	㉗	3
			㉘	4
7	2,3,5	G	㉙	3
			㉚	2
8	2	H	㉛	1
			㉜	5
9	1,5	I	㉝	5
			㉞	6
10	2,5			
11	2,3,4,5			

九十三年大學入學學科能力測驗試題
數學考科

第一部分：選擇題

壹、單一選擇題

說明：第 1 至 6 題，每題選出最適當的一個選項，劃記在答案卡之「解答欄」，每題答對得 5 分，答錯不倒扣。

1. 已知一等差數列共有十項，且知其奇數項之和為 15，偶數項之和為 30，則下列哪一選項為此數列之公差？

   (1) 1　　　(2) 2　　　(3) 3　　　(4) 4　　　(5) 5

2. 下列選項中的數，何者最大？　　[其中 $n! = n \times (n-1) \times \cdots \times 2 \times 1$]

   (1) 100^{10}　　(2) 10^{100}　　(3) 50^{50}　　(4) $50!$　　(5) $\dfrac{100!}{50!}$

3. 右圖陰影部分所示為複數平面上區域

   $A = \{ z : z = r(\cos\theta + i\sin\theta),\ 0 \le r \le 1,\ \dfrac{3\pi}{4} \le \theta \le \dfrac{5\pi}{4} \}$

   之略圖。令 $D = \{ w : w = z^3,\ z \in A \}$，
   試問下列選項中之略圖，何者之陰影
   部分與區域 D 最接近？

   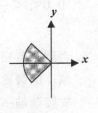

   (1)　　　　　　　(2)　　　　　　　(3)

   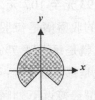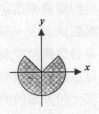

(4)　　　　　　　　(5)

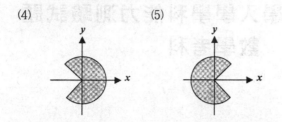

4. 在坐標空間中給定兩點 $A(1,2,3)$ 與 $B(7,6,5)$。令 S 為 xy- 平面上所有使得向量 $\overrightarrow{PA}$ 垂直於向量 $\overrightarrow{PB}$ 的 P 點所成的集合，則
   (1) S 為空集合　　(2) S 恰含一點　　(3) S 恰含兩點
   (4) S 為一線段　　(5) S 為一圓

5. 設 $\triangle ABC$ 為平面上的一個三角形，P 為平面上一點且 $\overrightarrow{AP} = \dfrac{1}{3}\overrightarrow{AB} + t\overrightarrow{AC}$，其中 t 為一實數。
   試問下列哪一選項為 t 的最大範圍，使得 P 落在 $\triangle ABC$ 的內部？
   (1) $0 < t < \dfrac{1}{4}$　　(2) $0 < t < \dfrac{1}{3}$　　(3) $0 < t < \dfrac{1}{2}$
   (4) $0 < t < \dfrac{2}{3}$　　(5) $0 < t < \dfrac{3}{4}$

6. 台灣證券交易市場規定股票成交價格只能在前一個交易日的收盤價（即最後一筆的成交價）的漲、跌 7% 範圍內變動。例如：某支股票前一個交易日的收盤價是每股 100 元，則今天該支股票每股的買賣價格必須在 93 元至 107 元之間。假設有某支股票的價格起伏很大，某一天的收盤價是每股 40 元，次日起連續五個交易日以跌停板收盤(也就是每天跌 7%)，緊接著卻連續五個交易日以漲停板收盤(也就是每天漲 7%)。請問經過這十個交易日後，該支股票每股的收盤價最接近下列哪一個選項中的價格？
   (1) 39 元　　(2) 39.5 元　　(3) 40 元　　(4) 40.5 元　　(5) 41 元

貳、多重選擇題

說明：第 7 至 11 題，每題至少有一個選項是正確的，選出正確選項，劃記在答案卡之「解答欄」。每題答對得 5 分，答錯不倒扣。未答者不給分。只錯一個可獲 2.5 分，錯兩個或兩個以上不給分。

7. 中山高速公路重慶北路交流道南下入口匝道分成內、外兩線車道，路旁立有標誌「外側車道大客車專用」。請選出不違反此規定的選項：

  (1) 小型車行駛內側車道　　(2) 小型車行駛外側車道
  (3) 大客車行駛內側車道　　(4) 大客車行駛外側車道
  (5) 大貨車行駛外側車道

8. 在坐標平面上，下列哪些方程式的圖形可以放進一個夠大的圓裡面？

  (1) $3x = 2y^2$ 　　　　　　(2) $3x^2 + 2y^2 = 1$
  (3) $3x^2 - 2y^2 = 1$ 　　　　(4) $|x+y| = 1$
  (5) $|x| + |y| = 1$

9. 如右圖 $O\text{-}ABCD$ 爲一金字塔，底是邊長爲 1 之正方形，頂點 O 與 A、B、C、D 之距離均爲 2。試問下列哪些式子是正確的？

  (1) $\overline{OA} + \overline{OB} + \overline{OC} + \overline{OD} = \vec{0}$

  (2) $\overline{OA} + \overline{OB} - \overline{OC} - \overline{OD} = \vec{0}$

  (3) $\overline{OA} - \overline{OB} + \overline{OC} - \overline{OD} = \vec{0}$

  (4) $\overline{OA} \cdot \overline{OB} = \overline{OC} \cdot \overline{OD}$

  (5) $\overline{OA} \cdot \overline{OC} = 2$

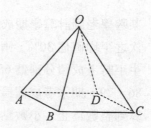

10. 從 1,2,…,10 這十個數中隨意取兩個，以 p 表示其和為偶數之機率，
　　q 表示其和為奇數之機率。試問下列哪些敘述是正確的？
　　⑴ $p+q=1$　　　　　　　⑵ $p=q$
　　⑶ $|p-q|\leq\dfrac{1}{10}$　　　　　⑷ $|p-q|\geq\dfrac{1}{20}$
　　⑸ $p\geq\dfrac{1}{2}$

11. 設 $f(x)$ 為三次實係數多項式，且知複數 $1+i$ 為 $f(x)=0$ 之一解。
　　試問下列哪些敘述是正確的？
　　⑴ $f(1-i)=0$
　　⑵ $f(2+i)\neq 0$
　　⑶ 沒有實數 x 滿足 $f(x)=x$
　　⑷ 沒有實數 x 滿足 $f(x^3)=0$
　　⑸ 若 $f(0)>0$ 且 $f(2)<0$，則 $f(4)<0$.

第二部分：填充題

說明：1. 第 A 至 I 題，將答案劃記在答案卡之「解答欄」所標示的
　　　　　列號（12–31）。
　　　2. 每題完全答對給 5 分，答錯不倒扣，未完全答對不給分。

A. 某數學老師計算學期成績的公式如下：五次平時考中取較好的三
　　次之平均值佔 30%，兩次期中考各佔 20%，期末考佔 30%。某
　　生平時考成績分別為 68、82、70、73、85，期中考成績分別為
　　86、79，期末考成績為 90，則該生學期成績為 ___⑫⑬___ 。（計
　　算到整數為止，小數點以後四捨五入）

B. 某電視台舉辦抽獎遊戲，現場準備的抽獎箱裡放置了四個分別標有 1000、800、600、0 元獎額的球。參加者自行從抽獎箱裡摸取一球（取後即放回），主辦單位即贈送與此球上數字等額的獎金，並規定抽取到 0 元的人可以再摸一次，但是所得獎金折半（若再摸到 0 就沒有第三次機會）；則一個參加者可得獎金的期望值是 ____⑭⑮⑯____ 元。（計算到整數為止，小數點以後四捨五入）

C. 設 a, b, c 為正整數，若 $a\log_{520}2 + b\log_{520}5 + c\log_{520}13 = 3$，則 $a + b + c =$ ____⑰⑱____ 。

D. 設 $\triangle ABC$ 為一等腰直角三角形，$\angle BAC = 90^{\circ}$。若 P、Q 為斜邊 $\overline{BC}$ 的三等分點，則 $\tan\angle PAQ = \dfrac{⑲}{⑳}$ 。（化成最簡分數）

E. 某高中招收高一新生共有男生 1008 人、女生 924 人報到。學校想將他們依男女合班的原則平均分班，且要求各班有同樣多的男生，也有同樣多的女生；考量教學效益，並限制各班總人數在 40 與 50 人之間，則共分成 ____㉑㉒____ 班。

F. 在坐標空間中，平面 $x - 2y + z = 0$ 上有一以點 $P(1,1,1)$ 為圓心的圓 Γ，而 $Q(-9, 9, 27)$ 為圓 Γ 上一點。若過 Q 與圓 Γ 相切的直線之一方向向量為 $(a, b, 1)$，則 $a =$ ____㉓____ ，$b =$ ____㉔____ 。

G. 設 $270^{\circ} < A < 360^{\circ}$ 且 $\sqrt{3}\sin A + \cos A = 2\sin 2004^{\circ}$. 若 $A = m^{\circ}$，則 $m =$ ____㉕㉖㉗____ 。

H. 坐標平面上的圓 $C:(x-7)^2+(y-8)^2=9$ 上有 ㉘㉙ 個點與原點的距離正好是整數值。

I. 在坐標平面上，設直線 $L:y=x+2$ 與拋物線 $\Gamma:x^2=4y$ 相交於 P、Q 兩點。若 F 表拋物線 Γ 的焦點，則 $\overline{PF}+\overline{QF}=$ ㉚㉛ 。

參考公式及可能用到的數值

1. 一元二次方程式 $ax^2+bx+c=0$ 的公式解：$x=\dfrac{-b\pm\sqrt{b^2-4ac}}{2a}$

2. 平面上兩點 $P_1(x_1,y_1)$，$P_2(x_2,y_2)$ 間的距離為

$$\overline{P_1P_2}=\sqrt{(x_2-x_1)^2+(y_2-y_1)^2}$$

3. 通過 (x_1,y_1) 與 (x_2,y_2) 的直線斜率 $m=\dfrac{y_2-y_1}{x_2-x_1}$，$x_2\neq x_1$.

4. 三角函數的和角公式：$\sin(A+B)=\sin A\cos B+\cos A\sin B$

$$\tan(\theta_1+\theta_2)=\dfrac{\tan\theta_1+\tan\theta_2}{1-\tan\theta_1\tan\theta_2}$$

5. $\triangle ABC$ 的餘弦定理：$c^2=a^2+b^2-2ab\cos C$

6. 棣美弗定理：設 $z=r(\cos\theta+i\sin\theta)$，則 $z^n=r^n(\cos n\theta+i\sin n\theta)$，$n$ 為一正整數

7. 算術平均數　$M(=\overline{X}) = \dfrac{1}{n}(x_1 + x_2 + \cdots + x_n) = \dfrac{1}{n}\sum\limits_{i=1}^{n} x_i$

8. 參考數值：

$\sqrt{2} \approx 1.414$；$\sqrt{3} \approx 1.732$；$\sqrt{5} \approx 2.236$；$\sqrt{6} \approx 2.449$；$\pi \approx 3.142$

9. 對數值：

$\log_{10} 2 \approx 0.3010$，$\log_{10} 3 \approx 0.4771$，$\log_{10} 5 \approx 0.6990$，$\log_{10} 7 \approx 0.8451$

常用對數表 $\log_{10} N$

N	0	1	2	3	4	5	6	7	8	9	表 1	尾 2	差 3	4	5	6	7	8	9
10	0000	0043	0086	0128	0170	0212	0253	0294	0334	0374	4	8	12	17	21	25	29	33	37
11	0414	0453	0492	0531	0569	0607	0645	0682	0719	0755	4	8	11	15	19	23	26	30	34
12	0792	0828	0864	0899	0934	0969	1004	1038	1072	1106	3	7	10	14	17	21	24	28	31
13	1139	1173	1206	1239	1271	1303	1335	1367	1399	1430	3	6	10	13	16	19	23	26	29
14	1461	1492	1523	1553	1584	1614	1644	1673	1703	1732	3	6	9	12	15	18	21	24	27
...																			
91	9590	9595	9600	9605	9609	9614	9619	9624	9628	9633	0	1	1	2	2	3	3	4	4
92	9638	9643	9647	9652	9657	9661	9666	9671	9675	9680	0	1	1	2	2	3	3	4	4
93	9685	9689	9694	9699	9703	9708	9713	9717	9722	9727	0	1	1	2	2	3	3	4	4
94	9731	9736	9741	9745	9750	9754	9759	9763	9768	9773	0	1	1	2	2	3	3	4	4
95	9777	9782	9786	9791	9795	9800	9805	9809	9814	9818	0	1	1	2	2	3	3	4	4
96	9823	9827	9832	9836	9841	9845	9850	9854	9859	9863	0	1	1	2	2	3	3	4	4
97	9868	9872	9877	9881	9886	9890	9894	9899	9903	9908	0	1	1	2	2	3	3	4	4
98	9912	9917	9921	9926	9930	9934	9939	9943	9948	9952	0	1	1	2	2	3	3	4	4

註 1. 表中所給的對數值爲小數點後的值。

2. 表中最左欄的數字表示 N 的個位數及小數點後第一位，
最上一列的數字表示 N 的小數點後第二位。

93年度學科能力測驗數學科試題詳解

第一部分：選擇題
壹、單一選擇題

1. 【答案】(3)（出自第一冊第三章：數列與級數）

【解析】
$$a_2 - a_1 = d$$
$$a_4 - a_3 = d$$
$$a_6 - a_5 = d$$
$$a_8 - a_7 = d$$
$$+) \ a_{10} - a_9 = d$$
$$\overline{\rule{4cm}{0.4pt}}$$
$$S_偶 - S_奇 = 5d$$
$$30 - 15 = 5d \qquad \therefore d = 3$$

2. 【答案】(2)（出自第四冊第二章：排列組合；第二冊第一章：指數與對數）

【解析】
(1) $100^{10} = 10^{20}$

(2) $10^{100} = (10^2)^{50} = 100^{50}$

(4) $50! = 1 \times 2 \times \cdots \times 50$

(5) $\dfrac{100!}{50!} = 51 \times 52 \times 53 \times \cdots \times 100$ $\qquad \therefore$ 選 (2)

3. 【答案】(5)（出自第二冊第三章：三角函數的性質）

【解析】 $Z^3 = r^3(\cos 3\theta + i \sin 3\theta)$

$\because 0 < r < 1 \Rightarrow 0 < r^3 < 1$

$\dfrac{3\pi}{4} < \theta < \dfrac{5\pi}{4}$

$\dfrac{9\pi}{4} < 3\theta < \dfrac{15\pi}{4} \qquad \therefore$ 選 (5)

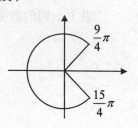

4. 【答案】(1)

　　【解析】∵ 直徑所對之圓周角必爲直角

　　　　　　∴ P 必在以 $\overline{AB}$ 爲直徑的圓上

　　　　　　而 $\overline{AB}$ 爲空間中的線段

　　　　　　∴ 以 $\overline{AB}$ 爲直徑的圓形成一球

　　　　　　球：$(x-4)^2+(y-4)^2+(Z-4)^2=14$

　　　　　　但球心 $(4,4,4)$ 距 xy 平面 $4 > r = \sqrt{14}$

　　　　　　∴ 此球與 xy 平面無交集，選 (1)

5. 【答案】(4)

　　【解析】$\overrightarrow{AP}$ 必可表成 $\alpha\overrightarrow{AB}+\beta\overrightarrow{AC}$

　　　　　　$\alpha+\beta=1 \Leftrightarrow B,P,C$ 三點共線

　　　　　　$\dfrac{1}{3}+t=1 \Rightarrow t=\dfrac{2}{3}$

　　　　　　且 $t < 0$ 時 P 落在外側　∴ $0 < t < \dfrac{2}{3}$

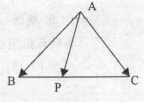

6. 【答案】(1)

　　【解析】令　$P=(1-7\%)^5(1+7\%)^5=0.93^5 \times 1.07^5$

　　　　　　$\log P = 5\log 0.93 + 5\log 1.07$

　　　　　　$\qquad\quad = 5\left(\log\dfrac{9.3}{10}+\log 1.07\right)$

　　　　　　查表　$=5(0.9685-1+0.0294)=-0.0105$

　　　　　　$\qquad\quad =-1+0.9895=\log\dfrac{1}{10}+\log 9.76=\log 0.976$

　　　　　　∴ $P=0.976$　　　$40 \times 0.976 \fallingdotseq 39$

貳、多重選擇題

7. 【答案】(1)(3)(4)

　　【解析】(3) 外側車道為大客車專用，但大客車仍可使用非專用
　　　　　　　車道。

8. 【答案】(2)(5)

　　【解析】封閉曲線：圓、橢圓、多邊形等。

　　　　　　開放曲線：拋物線、雙曲線、直線。

　　　　　　而 (1) 外　(2) 橢　(3) 雙

　　　　　　(4) $x + y = \pm 1$，兩平行線

　　　　　　(5) 菱形

　　　　　　而只有封閉曲線能置入某個夠大的圓

　　　　　　$\therefore$ 選 (2)(5)

9. 【答案】(3)(4)

　　【解析】視 $\overrightarrow{OA}$、$\overrightarrow{OB}$、$\overrightarrow{OC}$、$\overrightarrow{OD}$ 為四個力

　　　　　　(1) 合力向下

　　　　　　(2) 鉛直方向合力 $= \overrightarrow{0}$，但水平方向合力向左

　　　　　　(3) 鉛直方向合力 $= \overrightarrow{0}$，水平方向（俯視圖）

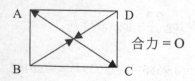

　　　　　　(4) $\because \triangle OAB \cong \triangle OCD$

　　　　　　$\therefore \overrightarrow{OA} \cdot \overrightarrow{OB} = \overrightarrow{OC} \cdot \overrightarrow{OD}$

(5)

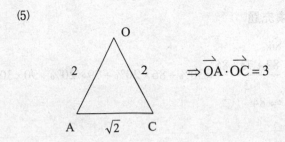

$$\Rightarrow \overrightarrow{OA} \cdot \overrightarrow{OC} = 3$$

∴ 選 (3) (4)

10. 【答案】(1)(4)

【解析】$p = \dfrac{C_2^5 + C_2^5}{C_2^{10}} = \dfrac{20}{45}$

$q = \dfrac{C_1^5 C_1^5}{C_2^{10}} = \dfrac{25}{45}$　　∴ 選 (1)(4)

11. 【答案】(1)(2)(5)

【解析】實係數方程式虛根成對

即 $f(z) = 0 \Leftrightarrow f(\bar{z}) = 0$

∴ 三根為 $1+i$，$1-i$，某實數 α

$2+i$ 不可能為根，∴ $f(2+i) \neq 0$

(3) $f_{(x)} - x = 0$ 亦為三次，∴ 必有實根

(4) α 為 $f(x) = 0$ 之實根 $\Rightarrow \sqrt[3]{2}$ 為 $f(x^3) = 0$ 之實根

∴ 選 (1)(2)(5)

第二部份：填充題

A. 【答案】 84

　　【解析】 $\dfrac{82+73+85}{3}\times 30\%+86\times 20\%+79\times 20\%+90\times 30\%$

　　　　　　$\fallingdotseq 84$

B. 【答案】 675

　　【解析】 $E(x)=\dfrac{(1000+800+600+0)}{4}+$

　　　　　　　　　　$\dfrac{1}{4}\times\left(\dfrac{500+400+300+0}{4}\right)=675$

C. 【答案】 15

　　【解析】 $\log_{520}(2^a\times 5^b\times 13^c)=\log_{520}520^3$

　　　　　　$520^3=(2^3\times 5\times 13)^3=2^9\times 5^3\times 13^3$

　　　　　　$\therefore a=9$，$b=3$，$c=3$

D. 【答案】 $\dfrac{3}{4}$

　　【解析】 令 $\overline{AB}=\overline{AC}=3\Rightarrow \overline{BC}=3\sqrt{2}$

　　　　　　$\Rightarrow \overline{BP}=\overline{PQ}=\overline{QC}=\sqrt{2}$

　　　　　　$\triangle ABP$ 中由餘弦定律得 $\overline{AP}=\sqrt{5}$

　　　　　　同理 $\overline{AQ}=\sqrt{5}$，

　　　　　　$\triangle APQ$ 中由餘弦定律

　　　　　　$\Rightarrow \cos\angle PAQ=\dfrac{4}{5}$

$$\Rightarrow \tan \angle PAQ = \frac{3}{4}$$

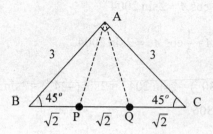

E. 【答案】42

　　【解析】

2	1008	924
2	504	462
3	252	231
7	84	77
	12	11

∴ 若班級數 = 最大公因數 $2^2 \times 3 \times 7$

⇒ 每班男生 12 人，女生 11 人，須加倍

∴ 所求班級數 = $2 \times 3 \times 7 = 42$ 班

F. 【答案】5；3

　　【解析】
$$\begin{cases} (a,b,1) \cdot \overrightarrow{PQ} = 0 \\ (a,b,1) \cdot (1,-2,1) = 0 \end{cases}$$

∴ $(a,b,1) : \overrightarrow{PQ} \times (1,-2,1)$

$\quad = (60 , 36 , 12)$

$\quad // (5 , 3 , 1)$

∴ $a = 5$，$b = 3$

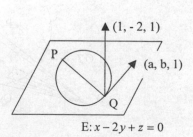

G. 【答案】 306°

　　【解析】 $\sqrt{3}\sin A + \cos A = 2\sin 2004^{\circ}$

　　　　　　$2\left(\dfrac{\sqrt{3}}{2}\sin A + \dfrac{1}{2}\cos A\right) = 2\sin 2004^{\circ}$

　　　　　　$2\sin(A + 30^{\circ}) = 2\sin 204^{\circ} = 2\sin(-24^{\circ}) = 2\sin 336^{\circ}$

　　　　　　$\therefore\ \angle A = 306^{\circ}$

H. 【答案】 12

　　【解析】 令圓上點 $= Q_i$，

　　　　　　圓心 $(\,7\,,\,8\,) = P$

　　　　　　原點 $= 0$

　　　　　　所求 $\overline{QO}$ 之

　　　　　　$\max = \overline{PO} + r = \sqrt{7^2 + 8^2} + 3 = 13\cdots\cdots$

　　　　　　$\min = \overline{PO} - r = \sqrt{7^2 + 8^2} - 3 = 7\cdots\cdots$

　　　　　　max 與 min 之間整數有 8,9,10,11,12,13 共六個

　　　　　　$\therefore$ 所求 $= 6 \times 2 = 12$

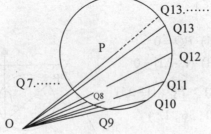

I. 【答案】10

　　【解析】拋：$\overline{PF} = d(p, \ell)$

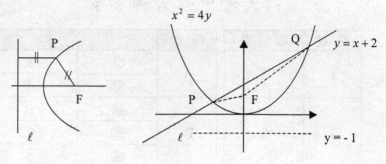

$$x^2 = 4y \Rightarrow F = (0,1) \text{，準線 } \ell : y = -1$$

$$\overline{PF} = d(p, \ell) \text{，} \overline{QF} = d(Q, \ell)$$

$$\overline{PF} + \overline{QF} = d(p, \ell) + d(Q, \ell)$$

$$= P, Q \text{兩點 } y \text{座標之和} +2$$

$$x = y - 2 \text{代回}；(y-2)^2 = 4y$$

$$y^2 - 8y + 4 = 0 \Rightarrow y = 4 \pm 2\sqrt{3}$$

所求 $= 8 + 2 = 10$

九十三年度學科能力測驗（數學考科）
大考中心公佈答案

題　號	答　　　案	題　號		答　　　案
1	3	A	⑫	8
			⑬	4
2	2	B	⑭	6
			⑮	7
			⑯	5
3	5	C	⑰	1
			⑱	5
4	1	D	⑲	3
			⑳	4
5	4	E	㉑	4
			㉒	2
6	1	F	㉓	5
			㉔	3
7	1,3,4	G	㉕	3
			㉖	0
			㉗	6
8	2,5	H	㉘	1
			㉙	2
9	3,4	I	㉚	1
10	1,4		㉛	0
11	1,2,5			

九十二年大學入學學科能力測驗試題
數學考科

第一部分：選擇題

壹、單一選擇題

說明：第 1 至 5 題，每題選出最適當的一個選項，標示在答案卡之「解答欄」，每題答對得 5 分，答錯不倒扣。

1. 試問有多少個正整數 n 使得 $\dfrac{1}{n} + \dfrac{2}{n} + \cdots + \dfrac{10}{n}$ 為整數？

　(1) 1 個　　　(2) 2 個　　　(3) 3 個　　　(4) 4 個　　　(5) 5 個

2. 若 $f(x) = x^3 - 2x^2 - x + 5$，則多項式 $g(x) = f(f(x))$ 除以 $(x-2)$ 所得的餘式為

　(1) 3　　　(2) 5　　　(3) 7　　　(4) 9　　　(5) 11

3. 若 $(4+3i)(\cos\theta + i\sin\theta)$ 為小於 0 的實數，則 θ 是第幾象限角？

　(1) 第一象限角　　　　　　(2) 第二象限角

　(3) 第三象限角　　　　　　(4) 第四象限角

　(5) 條件不足，無法判斷

4. 設 ABC 為坐標平面上一三角形，P 為平面上一點且

　$\overrightarrow{AP} = \dfrac{1}{5}\overrightarrow{AB} + \dfrac{2}{5}\overrightarrow{AC}$，則 $\dfrac{\triangle ABP \text{面積}}{\triangle ABC \text{面積}}$ 等於

　(1) $\dfrac{1}{5}$　　　(2) $\dfrac{1}{4}$　　　(3) $\dfrac{2}{5}$　　　(4) $\dfrac{1}{2}$　　　(5) $\dfrac{2}{3}$

5. 根據統計資料，在 A 小鎮當某件訊息發布後，t 小時之內聽到該訊息的人口是全鎮人口的 $100 \cdot (1 - 2^{-kt})\%$，其中 k 是某個大於 0 的常數。今有某訊息，假設在發布後 3 小時之內已經有 70% 的人口聽到該訊息。又設最快要 T 小時後，有 99% 的人口已聽到該訊息，則 T 最接近下列哪一個選項？

(1) 5 小時　　　　(2) $7\frac{1}{2}$ 小時　　　　(3) 9 小時

(4) $11\frac{1}{2}$ 小時　　　(5) 13 小時

貳、多重選擇題

說明：第 6 至 11 題，每題至少有一個選項是正確的，選出正確選項，標示在答案卡之「解答欄」。每題答對得 5 分，答錯不倒扣，未答者不給分。只錯一個可獲 2.5 分，錯兩個或兩個以上不給分。

6. 如右圖，兩直線 L_1、L_2 之方程式分別為 $L_1 : x + ay + b = 0$，$L_2 : x + cy + d = 0$；試問下列哪些選項是正確的？

(1) $a > 0$　　　　　(2) $b > 0$

(3) $c > 0$　　　　　(4) $d > 0$

(5) $a > c$

7. 如右圖，$ABCD\text{-}EFGH$ 為一平行六面體，J 為四邊形 $BCGF$ 的中心，如果 $\overrightarrow{AJ} = a\overrightarrow{AB} + b\overrightarrow{AD} + c\overrightarrow{AE}$，試問下列哪些選項是正確的？

(1) $\frac{1}{3} < b < \frac{2}{3}$　　　(2) $a + b + c = 2$

(3) $a = 1$　　　　　　(4) $a = 2c$

(5) $a = b$

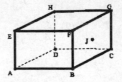

8. 以下各數何者為正？

   (1) $\sqrt{2} - \sqrt[3]{2}$　　　　(2) $\log_2 3 - 1$　　　　(3) $\log_3 2 - 1$

   (4) $\log_{\frac{1}{2}} 3$　　　　(5) $\log_{\frac{1}{3}} \frac{1}{2}$

9. 下列哪些函數的最小正週期為 π？

   (1) $\sin x + \cos x$　　　(2) $\sin x - \cos x$　　　(3) $|\sin x + \cos x|$

   (4) $|\sin x - \cos x|$　　　(5) $|\sin x| + |\cos x|$

10. 假設坐標平面上一非空集合 S 內的點 (x, y) 具有以下性質：「若 $x > 0$，則 $y > 0$」。試問下列哪些敘述對 S 內的點 (x, y) 必定成立？

    (1) 若 $x \le 0$，則 $y \le 0$；　　　　(2) 若 $y \le 0$，則 $x \le 0$；

    (3) 若 $y > 0$，則 $x > 0$；　　　　(4) 若 $x > 1$，則 $y > 0$；

    (5) 若 $y < 0$，則 $x \le 0$。

11. 設 $\pi_a : x - 4y + az = 10$（a 為常數）、$E_1 : x - 2y + z = 5$ 及 $E_2 : 2x - 5y + 4z = -3$ 為坐標空間中的三個平面。試問下列哪些敘述是正確的？

    (1) 存在實數 a 使得 π_a 與 E_1 平行；

    (2) 存在實數 a 使得 π_a 與 E_1 垂直；

    (3) 存在實數 a 使得 π_a，E_1，E_2 交於一點；

    (4) 存在實數 a 使得 π_a，E_1，E_2 交於一直線；

    (5) 存在實數 a 使得 π_a，E_1，E_2 沒有共同交點。

第二部分：填充題

說明：1. 第 A 至 I 題，將答案標示在答案卡之「解答欄」所標示的列
　　　　號（12-34）。

　　　2. 每題完全答對給 5 分，答錯不倒扣，未完全答對不給分。

A. 設 $a_1, a_2, \cdots, a_{50}$ 是從 $-1, 0, 1$ 這三個整數中取值的數列。若
$a_1 + a_2 + \cdots + a_{50} = 9$ 且 $(a_1+1)^2 + (a_2+1)^2 + \cdots + (a_{50}+1)^2 = 107$ ，
則 $a_1, a_2, \cdots, a_{50}$ 當中有幾項是 0 ？

答：＿＿⑫⑬＿＿ 項。

B. 金先生在提款時忘了帳號密碼，但他還記得密碼的四位數字中，
有兩個 3，一個 8，一個 9，於是他就用這四個數字隨意排成一個
四位數輸入提款機嘗試。請問他只試一次就成功的機率有多少？

答：$\dfrac{⑭}{⑮⑯}$ 。（化成最簡分數）

C. 設 $A(1,0)$ 與 $B(b,0)$ 為坐標平面上的兩點，其中 $b > 1$ 。若拋物線
$\Gamma : y^2 = 4x$ 上有一點 P 使得 $\triangle ABP$ 為一正三角形，則 $b = $ ＿＿⑰＿＿ 。

D. 設 P 為雙曲線 $\dfrac{x^2}{9} - \dfrac{y^2}{16} = 1$ 上的一點且位在第一象限。若 F_1、F_2
為此雙曲線的兩個焦點，且 $\overline{PF_1} : \overline{PF_2} = 1 : 3$ ，則 $\triangle F_1 P F_2$ 的周長
等於 ＿＿⑱⑲＿＿ 。

E. 在坐標空間中，通過 $O(0,0,0)$，$N(0,0,1)$，$P\left(\dfrac{1}{4}, \dfrac{\sqrt{11}}{4}, -\dfrac{1}{2}\right)$ 三點的平

面與球面 $S: x^2 + y^2 + z^2 = 1$ 相交於一個圓 C，則圓 C 的劣弧 NP 的

弧長等於 $\dfrac{\text{⑳}}{\text{㉑}}\pi$ 。（化成最簡分數）

（所謂劣弧 NP 是指圓 C 上由 N,P 兩點所連接的兩弧中較短的
那一段弧。）

F. 設 k 為一整數。若方程式 $kx^2 + 7x + 1 = 0$ 有兩個相異實根，且兩根
的乘積介於 $\dfrac{5}{71}$ 與 $\dfrac{6}{71}$ 之間，則 $k = \underline{\text{㉒㉓}}$ 。

G. 在只有皮尺沒有梯子的情形下，想要測出一拋物線形拱門的高度。
已知此拋物線以過最高點的鉛垂線為對稱軸。現甲、乙兩人以皮尺
測得拱門底部寬為 6 公尺，且距底部 $\dfrac{3}{2}$ 公尺高處其寬為 5 公尺。

利用這些數據可推算出拱門的高度為 $\dfrac{\text{㉔㉕}}{\text{㉖㉗}}$ 公尺。
（化成最簡分數）

H. 某次數學測驗共有 25 題單一選擇題，每題都有五個選項，每答對
一題可得 4 分，答錯倒扣 1 分。某生確定其中 16 題可答對；有 6
題他確定五個選項中有兩個選項不正確，因此這 6 題他就從剩下
的選項中分別猜選一個；另外 3 題只好亂猜，則他這次測驗得分
之期望值為 $\underline{\text{㉘㉙}}$ 分。（計算到整數為止，小數點以後四捨
五入。）

I. 根據統計資料，1 月份台北地區的平均氣溫是攝氏 16 度，標準差是攝氏 3.5 度。一般外國朋友比較習慣用華氏溫度來表示冷熱，已知當攝氏溫度為 x 時，華氏溫度為 $y = \dfrac{9}{5}x + 32$；若用華氏溫度表示，則 1 月份台北地區的平均氣溫是華氏 ㉚㉛.㉜ 度，標準差是華氏 ㉝.㉞ 度。（計算到小數點後第一位，以下四捨五入。）

參考公式及可能用到的數值

1. 一元二次方程式 $ax^2 + bx + c = 0$ 的公式解：$x = \dfrac{-b \pm \sqrt{b^2 - 4ac}}{2a}$

2. 通過 (x_1, y_1) 與 (x_2, y_2) 的直線斜率 $m = \dfrac{y_2 - y_1}{x_2 - x_1}$，$x_2 \neq x_1$.

3. 等比數列 $\langle ar^{n-1} \rangle$ 的前 n 項之和 $S_n = \dfrac{a \cdot (1 - r^n)}{1 - r}$，$r \neq 1$.

4. $\triangle ABC$ 的正弦及餘弦定理

   (1) $\dfrac{a}{\sin A} = \dfrac{b}{\sin B} = \dfrac{c}{\sin C} = 2R$，　R 為外接圓的半徑（正弦定理）

   (2) $c^2 = a^2 + b^2 - 2ab \cos C$　　（餘弦定理）

5. 統計公式：

   算術平均數　$M(= \overline{X}) = \dfrac{1}{n}(x_1 + x_2 + \cdots + x_n) = \dfrac{1}{n}\sum\limits_{i=1}^{n} x_i$

   標　準　差　$S = \sqrt{\dfrac{1}{n-1}\sum\limits_{i=1}^{n}(x_i - \overline{X})^2}$

6. 參考數值：

$\sqrt{2} \approx 1.414$; $\sqrt{3} \approx 1.732$; $\sqrt{5} \approx 2.236$; $\sqrt{6} \approx 2.449$; $\pi \approx 3.142$

7. 對數值：

$\log_{10} 2 \approx 0.3010$, $\log_{10} 3 \approx 0.4771$, $\log_{10} 5 \approx 0.6990$, $\log_{10} 7 \approx 0.8451$

92年度學科能力測驗數學科試題詳解

第一部分：選擇題

壹、單一選擇題

1. 【答案】 (4)（出自第一冊第二章：數與坐標系）

【解析】 原式 $= \dfrac{55}{n} \in Z$

$\Rightarrow n \mid 55 \quad \Rightarrow n = 1 \vee 5 \vee 11 \vee 55$ （ $\because n \in N$ ）

2. 【答案】 (5)（出自第一冊第四章：多項式）

【解析】 由餘式定理： $R = g(2) = f(f_{(2)})$

$$= f_{(3)}$$
$$= 11$$

3. 【答案】 (2)（出自第二冊第二章：三角函數）

【解析】 $\begin{cases} 實部 = 4\cos\theta - 3\sin\theta < 0 \cdots\cdots\cdots① \\ 虛部 = 3\cos\theta + 4\sin\theta = 0 \Rightarrow \tan\theta = \dfrac{-3}{4} \Rightarrow \theta \in \mathrm{II} \vee \mathrm{IV} \end{cases}$

但由 ① $4\cos\theta < 3\sin\theta$

而 $\theta \in \mathrm{II} \vee \mathrm{IV}$ 時 $\sin\theta$ 與 $\cos\theta$ 必異號

$\therefore \begin{cases} \sin\theta > 0 & \Rightarrow \theta \in \mathrm{II} \\ \cos\theta < 0 \end{cases}$

4. 【答案】(3)（出自第三冊第一章：平面向量）

【解析】如圖：由內分點公式得

$$\overrightarrow{AP} = \frac{1}{3}\overrightarrow{AB} + \frac{2}{3}\overrightarrow{AC}$$

令 $\overrightarrow{AP} = k\overrightarrow{AP'}$

$$\left(\frac{1}{5}\overrightarrow{AB} + \frac{2}{5}\overrightarrow{AC}\right) = k\left(\frac{1}{3}\overrightarrow{AB} + \frac{2}{3}\overrightarrow{AC}\right)$$

$$k = \frac{3}{5} \Rightarrow \frac{\triangle ABP}{\triangle ABP'} = \frac{3}{5} \Rightarrow \frac{\triangle ABP}{\frac{2}{3}\triangle ABC} = \frac{3}{5}$$

$$\Rightarrow \frac{\triangle ABP}{\triangle ABC} = \frac{2}{5}$$

5. 【答案】(4)（出自第二冊第一章：指對數）

【解析】$\begin{cases} 100(1 - 2^{-3k}) = 70 \\ 100(1 - 2^{-kt}) = 99 \end{cases}$ $\Rightarrow$ $\begin{cases} 2^{-3k} = 0.3 \\ 2^{-kt} = 0.01 \end{cases}$

$$\Rightarrow \begin{cases} -3k = \log_2 0.3 \\ -kt = \log_2 0.01 \end{cases} \Rightarrow \frac{T}{3} = \frac{\log_2 0.01}{\log_2 0.3} = \frac{-2\log_2 10}{\log_2 0.3}$$

$$= -2\log_{0.3} 10 = -2\frac{\log 10}{\log 0.3} = -2 \times \frac{1}{\log 3 - 1}$$

$$= -2 \times \frac{1}{-0.5229}$$

$$\therefore \frac{T}{3} \coloneqq 3.83 \quad \Rightarrow T \coloneqq 11.5$$

貳、多重選擇題

6. 【答案】(4)(5)（出自第一冊第二章：直線方程式）

　　【解析】 $L_1 : m_1 > c$，y 截距 < 0　$\Rightarrow a < 0$，$b < 0$

　　　　　　$L_2 : m_2 > 0$，y 截距 > 0　$\Rightarrow c < 0$，$a > 0$

　　　　　　且 $m_1 > m_2$　$\Rightarrow \dfrac{-1}{a} > \dfrac{-1}{c}$

　　　　　　　　　　　　$\Rightarrow \dfrac{1}{a} < \dfrac{1}{c}$

　　　　　　　　　　　　$\Rightarrow a > c$

7. 【答案】(1)(2)(3)(4)（出自第三冊第二章：空間向量）

　　【解析】 $\overrightarrow{AJ} = \overrightarrow{AB} + \overrightarrow{BJ}$

　　　　　　　　$= \overrightarrow{AB} + \dfrac{1}{2}(\overrightarrow{BC} + \overrightarrow{BF})$

　　　　　　　　$= \overrightarrow{AB} + \dfrac{1}{2}(\overrightarrow{AD} + \overrightarrow{AE})$

　　　　　　　　$= \overrightarrow{AB} + \dfrac{1}{2}\overrightarrow{AD} + \dfrac{1}{2}\overrightarrow{AE}$

8. 【答案】(1)(2)(5)（出自第二冊第一章：指對數）

　　【解析】 $\log_a b > 0 \Leftrightarrow (a-1)(b-1) > 0$

　　　　　　（a,b 同時 $>1 \vee$ 同時 $<1 \Leftrightarrow \log_a b > 0$）

　　　　　　$b > a > 1 \vee 0 < b < a < 1 \Rightarrow \log_a b > 1$

9. 【答案】(3)(4)（出自第二冊第一章：指對數）

　　【解析】⑴ 原式 $= \sqrt{2}\,\sin\left(x + \dfrac{\pi}{4}\right) \Rightarrow$ 週期 $= 2\pi$

　　　　　　⑵ 原式 $= \sqrt{2}\,\sin\left(x - \dfrac{\pi}{4}\right) \Rightarrow$ 週期 $= 2\pi$

　　　　　　⑶ 原式 $= \left|\sqrt{2}\,\sin\left(x + \dfrac{\pi}{4}\right)\right| \Rightarrow$ 週期 $= \pi$

　　　　　　⑷ 原式 $= \left|\sqrt{2}\,\sin\left(x - \dfrac{\pi}{4}\right)\right| \Rightarrow$ 週期 $= \pi$

　　　　　　或以上皆可使用最小公倍式法

　　　　　　⑸ $\left|\sin\left(x + \dfrac{\pi}{2}\right)\right| + \left|\cos\left(x + \dfrac{\pi}{2}\right)\right| = \left|-\cos x\right| + \left|-\sin x\right| =$ 原式

　　　　　　　　$\therefore$ 週期 $= \dfrac{\pi}{2}$

10. 【答案】(2)(4)(5)（出自第一冊第一章：邏輯）

　　【解析】$\because p \Rightarrow q \equiv \sim q \Rightarrow \sim p$

　　　　　　$\therefore x > 0 \Rightarrow y > 0 \equiv y \le 0 \Rightarrow x \le 0$

　　　　　　且充分條件可縮小範圍，必要條件可擴大範圍

　　　　　　$\therefore$ 選 (2)(4)(5)

11. 【答案】 (2)(3)(5)（出自第三冊第二、三章）

　　【解析】 (2) $(1,-4,a)\cdot(1,-2,1)=0 \Rightarrow 9+a=0 \Rightarrow a=-9$

　　　　　 (3) $\Delta = \begin{vmatrix} 1 & -4 & a \\ 1 & -2 & 1 \\ 2 & -5 & 4 \end{vmatrix} = \begin{vmatrix} 2 & 1-a \\ -1 & 2 \end{vmatrix} = 5-a$

　　　　　 $\therefore\ a \neq 5$ 則三平面交於一點　　$a=5 \Rightarrow \Delta=0$，

　　　　　 $\Delta_z = \begin{vmatrix} 1 & -4 & 10 \\ 1 & -2 & 5 \\ 2 & -5 & -3 \end{vmatrix} \neq 0 \Rightarrow$ 三平面無共同焦點。

第二部份：填充題

A. 【答案】 11

　　【解析】 令有 m 項取 1，n 項取 0，r 項 -1

　　　　　 $\begin{cases} m+n+r=50 \\ n-r=9 \\ 4m+n=107 \end{cases} \Rightarrow m=24, n=11, r=15$

B. 【答案】 $\dfrac{1}{12}$ （出自第四冊第三章：機統）

　　【解析】 $n(s) = \dfrac{4!}{2!} = 12$　　$\therefore\ p_{(成功)} = \dfrac{1}{12}$

C. 【答案】 5（出自第四冊第一章：圓錐曲線）

　　【解析】 令 $p=(t^2,2t) \Rightarrow \dfrac{2t}{t^2-1} = \tan 60 = \sqrt{3}$

　　　　　 $\Rightarrow \sqrt{3}t^2 - 2t - \sqrt{3} = 0$

　　　　　 $\Rightarrow (\sqrt{3}t+1)(t-\sqrt{3})=0$

　　　　　 $\Rightarrow t=\sqrt{3}(t=\dfrac{-1}{\sqrt{3}}$ 不合，$\because b>1)$

　　　　　 正 Δ 之邊 $= \sqrt{(\sqrt{3}-1)^2 + (2\sqrt{3})^2} = 4$，　　$\therefore\ b=5$

D. 【答案】 22（出自第四冊第一章：圓錐曲線）

　　【解析】 令 $\overline{PF_1} = 3k$，$\overline{PF_2} = k$，而 $\overline{PF_1} - \overline{PF_2}$ 恒 $= 2a$

　　　　　　$\therefore 3k - k = 6 \quad \Rightarrow k = 3$

　　　　　　又 $c^2 = a^2 + b^2 = 9 + 16 = 25 \Rightarrow c = 5$

　　　　　　$\Delta F_1 PF_2$ 之周長

　　　　　　$= 3k + k + \overline{F_1 F_2} = 9 + 3 + 10 = 22$

E. 【答案】 $\dfrac{2}{3}$（出自第三冊第四章：圓與球）

　　【解析】 $\because E_{ONP}$ 過球心 $O(0,0,0)$

　　　　　　$\therefore$ 截圓半徑 $=$ 球半徑 $= 1$　　令 $\angle NOP = \theta$

　　　　　　則 $\cos\theta = \dfrac{(0,0,1) \cdot (\frac{1}{4}, \frac{\sqrt{11}}{4}, \frac{-1}{2})}{\sqrt{1} \cdot \sqrt{1}} = \dfrac{-1}{2}$

　　　　　　$\Rightarrow \theta = \dfrac{2}{3}\pi \Rightarrow$ 弧 $NP = \dfrac{2}{3}\pi$

F. 【答案】 12（出自第一冊第五章：多項方程式）

　　【解析】 令兩根為 $\alpha, \beta \Rightarrow \alpha\beta = \dfrac{1}{k} \Rightarrow \dfrac{5}{71} < \dfrac{1}{k} < \dfrac{6}{71}$

　　　　　　$\Rightarrow \dfrac{71}{6} < k < \dfrac{71}{5} \Rightarrow 11.8 < k < 14.2$

　　　　　　$\because k \in Z \Rightarrow k = 12 \vee 13 \vee 14$

　　　　　　但 $k = 13 \vee 14$ 時 $\Delta < 0$ 不合

G. 【答案】$\dfrac{54}{11}$（出自第四冊第一章：圓錐曲線）

【解析】令拋：$y^2 = 4cx$，拱門高=k

則（$k - \dfrac{3}{2}$，$\dfrac{5}{2}$），（k，3）∈拋物線

$$\begin{cases} \dfrac{25}{4} = 4c(k - \dfrac{3}{2}) & \cdots\cdots ① \\[2mm] 9 = 4ck & \cdots\cdots ② \end{cases}$$

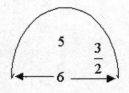

①÷②：$\dfrac{25}{36} = \dfrac{k - \dfrac{3}{2}}{k} \Rightarrow k = \dfrac{54}{11}$

H. 【答案】68（出自第四冊第三章：機統）

【解析】6題：

x_i	4	-1
$f_{(x_i)}$	$\dfrac{1}{3}$	$\dfrac{2}{3}$

$\Rightarrow E_{(x)} = \dfrac{2}{3}$

3題：

x_i	4	-1
$f_{(x_i)}$	$\dfrac{1}{5}$	$\dfrac{4}{5}$

$\Rightarrow E_{(x)} = 0$

∴ 所求 $= 16 \times 4 + 6 \times \dfrac{2}{3} = 68$

I. 【答案】60.8；6.3（出自第四冊第三章：機統）

【解析】$y_i = ax_i + b \Rightarrow \begin{cases} \bar{y} = a\bar{x} + b \\ S_y = as_x \end{cases}$

∴ $y = \dfrac{9}{5} \cdot 16 + 32 = 60.8$

$S_y = \dfrac{9}{5} \cdot 3.5 = 6.3$

九十二年度學科能力測驗（數學考科）

大考中心公佈答案

題　號	答　　案	題　號	答　　案
1	4	21	3
2	5	22	1
3	2	23	2
4	3	24	5
5	4	25	4
6	4,5	26	1
7	1,2,3,4	27	1
8	1,2,5	28	6
9	3,4	29	8
10	2,4,5	30	6
11	2,3,5	31	0
12	1	32	8
13	1	33	6
14	1	34	3
15	1		
16	2		
17	5		
18	2		
19	2		
20	2		

心得筆記欄

九十一年大學入學學科能力測驗試題
數學考科①

第一部分：選擇題

壹、單一選擇題

說明：第 1 至 6 題，每題選出最適當的一個選項，標示在答案卡之「解
答欄」，每題答對得 5 分，答錯不倒扣。

1. 設 $P(x,y)$ 為坐標平面上一點，且滿足

$$\sqrt{(x-1)^2+(y-2)^2}+\sqrt{(x-3)^2+(y-4)^2}=\sqrt{(3-1)^2+(4-2)^2}$$

那麼 P 點的位置在哪裡？
(1) 第一象限　　　　　　(2) 第二象限
(3) 第三象限　　　　　　(4) 第四象限
(5) x 軸或 y 軸上

2. 一群登山友，在山上發現一棵巨樹，隊中 10 位身高 170 公分的男
生，手拉著手剛好環抱大樹一圈。問樹幹的直徑最接近下列何值？
(1) 3 公尺　　　　　　　(2) 5 公尺
(3) 7 公尺　　　　　　　(4) 9 公尺
(5) 11 公尺

3. 如圖，下面哪一選項中的向量與另兩個向量 $\overline{PO}$、$\overline{QO}$ 之和等於零
向量？
(1) $\overline{AO}$
(2) $\overline{BO}$
(3) $\overline{CO}$
(4) $\overline{DO}$
(5) $\overline{EO}$

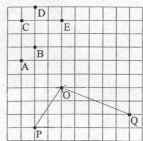

4. 若某校 1000 位學生的數學段考成績平均分數是 65.24 分，樣本標準差是 5.24 分，而且已知成績分佈呈現常態分配。試問全校約有多少人數學成績低於 60 分？

(1) 約 80 人　　　　　　　　(2) 約 160 人

(3) 約 240 人　　　　　　　　(4) 約 320 人

(5) 約 400 人

5. 試問用下列哪一個函數的部分圖形來描述右圖較恰當？

(1) $(x-2)^2 - 2$

(2) $2\sin(x) + 2$

(3) $2\cos(x)$

(4) $-0.5(x-2)^2 + 4$

(5) $3 - 2^x$

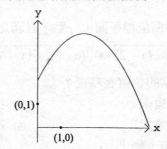

6. 在坐標平面上有一橢圓，它的長軸落在 x 軸上，短軸落在 y 軸上，長軸、短軸的長度分別為 4、2。如圖所示，通過橢圓的中心 O 且與 x 軸夾角為 45 度的直線在第一象限跟橢圓相交於 P。則此交點 P 與中心 O 的距離為

(1) 1.5

(2) $\sqrt{1.6}$

(3) $\sqrt{2}$

(4) $\sqrt{2.5}$

(5) $\sqrt{3.2}$

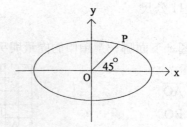

貳、多重選擇題

說明：第 7 至 12 題，每題至少有一個選項是正確的，選出正確選項，
標示在答案卡之「解答欄」。每題答對得 5 分，答錯不倒扣，
未答者不給分。只錯一個可獲 2.5 分，錯兩個或兩個以上不給
分。

7. 若實數 a,b,c 滿足 $abc>0$，$ab+bc+ca<0$，$a+b+c>0$，$a>b>c$，
則下列選項何者為眞？

(1) $a>0$ (2) $b>0$

(3) $c>0$ (4) $|a|>|b|$

(5) $a^2>c^2$

8. 一機器狗每秒鐘前進或者後退一步，程式設計師讓機器狗以前進
3 步，然後再後退 2 步的規律移動。如果將此機器狗放在數線的
原點，面向正的方向，以 1 步的距離為 1 單位長。令 P(n)表示第
n 秒時機器狗所在位置的坐標，且 P(0) = 0。那麼下列選項何者
為眞？

(1) P(3) = 3   (2) P(5) = 1

(3) P(10) = 2   (4) P(101) = 21

(5) P(103) < P(104)

9. 下列哪些選項與方程組 $\begin{cases} 2x+y+3z=0 \\ 4x+3y+6z=0 \end{cases}$ 的解集合相同？

(1) $y=0$ (2) $\begin{cases} 2x+3z=0 \\ y=0 \end{cases}$

(3) $x=y=0$ (4) $\begin{cases} x+\dfrac{1}{2}y+\dfrac{3}{2}z=0 \\ 4x+3y+6z=0 \end{cases}$

(5) $\begin{cases} 6x+4y+9z=0 \\ 2x+y+3z=0 \end{cases}$

10. 觀察相關的函數圖形,判斷下列選項何者為眞?

(1) $10^x = x$ 有實數解　　　　　(2) $10^x = x^2$ 有實數解

(3) x 為實數時,$10^x > x$ 恆成立　(4) $x > 0$ 時,$10^x > x^2$ 恆成立

(5) $10^x = -x$ 有實數解

11. 某甲自 89 年 7 月起,每月 1 日均存入銀行 1000 元,言明以月利率 0.5 % 按月複利計息,到 90 年 7 月 1 日提出。某乙則於 89 年 7 月起,每單月(一月、三月、五月…)1 日均存入銀行 2000 元,亦以月利率 0.5 % 按月複利計息,到 90 年 7 月 1 日提出。一整年中,兩人都存入本金 12000 元。提出時,甲得本利和 A 元,乙得本利和 B 元。問下列選項何者為眞?

(1) $B > A$

(2) $A = 1000 \left[\sum_{k=1}^{12} \left(\frac{1005}{1000} \right)^k \right]$

(3) $B = 2000 \left[\sum_{k=1}^{6} \left(\frac{1005}{1000} \right)^{2k} \right]$

(4) $A < 12000 \left(\frac{1005}{1000} \right)^{12}$

(5) $B < 12000 \left(\frac{1005}{1000} \right)^{12}$

12. 在 $\triangle ABC$ 中,下列哪些選項的條件有可能成立?

(1) $\sin A = \sin B = \sin C = \frac{\sqrt{3}}{2}$

(2) $\sin A$, $\sin B$, $\sin C$ 均小於 $\frac{1}{2}$

(3) $\sin A$, $\sin B$, $\sin C$ 均大於 $\frac{\sqrt{3}}{2}$

(4) $\sin A = \sin B = \sin C = \frac{1}{2}$

(5) $\sin A = \sin B = \frac{1}{2}$, $\sin C = \frac{\sqrt{3}}{2}$

第二部分：填充題

說明：1. 第 A 至 H 題，將答案標示在答案卡之「解答欄」所標示的列
號（13-32）。

2. 每題完全答對給 5 分，答錯不倒扣，未完全答對不給分。

A. 工匠在窗子外邊想做一個圓弧型的
花台，此花台在窗口的中央往外伸
出 72 公分，窗口的寬度是 168 公
分。則此圓弧的圓半徑為 ⑬⑭
公分。

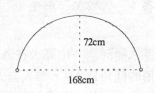

B. $2^{20} - 1$ 與 $2^{19} + 1$ 的最大公因數為 ⑮ 。

C. 某公司民國 85 年營業額為 4 億元，民國 86 年營業額為 6 億元，該
年的成長率為 50％。87、88、89 三年的成長率皆相同，且民國 89
年的營業額為 48 億元。則該公司 89 年的成長率為 ⑯⑰⑱ ％。

D. 在一個圓的圓周上，平均分佈了
60 個洞，兩洞間稱為一間隔。
在 A 洞打上一支木樁並綁上線，
然後依逆時針方向前進每隔 9 個
間隔就再打一支木樁，並綁上
線，依此繼續操作，如右圖所示。
試問輪回到 A 洞需再打樁前，總
共已經打了幾支木樁？
答： ⑲⑳ 支。

E. 某次網球比賽共有 128 位選手參加，採單淘汰制，每輪淘汰一半的選手，剩下一半的選手進入下一輪。在第 1 輪被淘汰的選手可獲得 1 萬元，在第 2 輪被淘汰的選手可獲得 2 萬元，在第 k 輪被淘汰的選手可獲得 2^{k-1} 萬元，而冠軍則可獲得 128 萬元。試問全部比賽獎金共多少萬元？

答：__㉑㉒㉓__ 萬元。

F. 某人隔河測一山高，在 A 點觀測山時，山的方位為東偏北 $60°$，山頂的仰角為 $45°$，某人自 A 點向東行 600 公尺到達 B 點，山的方位變成在西偏北 $60°$，則山有多高？

答：__㉔㉕㉖__ 公尺。

G. 有一群體有九位成員，其身高分別為（單位：公分）
160 , 163 , 166 , 170 , 172 , 174 , 176 , 178 , 180 ,
此九人的平均身高為 171 公分。今隨機抽樣 3 人，則抽到 3 人的平均身高等於母體平均身高的機率為 $\dfrac{㉗}{㉘㉙}$。（化成最簡分數）

H. 右圖為一正立方體，被一平面截出一個四邊形 ABCD，其中 B , D 分別為稜的中點，且 $\overline{EA} : \overline{AF} = 1 : 2$。

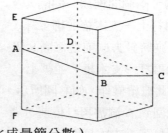

則 $\cos \angle DAB = \dfrac{㉚}{㉛㉜}$。（化成最簡分數）

參考公式及可能用到的數值

1. 一元二次方程式 $ax^2 + bx + c = 0$ 的公式解：$x = \dfrac{-b \pm \sqrt{b^2 - 4ac}}{2a}$

2. 通過 (x_1, y_1) 與 (x_2, y_2) 的直線斜率 $m = \dfrac{y_2 - y_1}{x_2 - x_1}$

3. 等比級數 $\langle ar^{n-1} \rangle$ 的前 n 項之和 $S_n = \dfrac{a \cdot (1 - r^n)}{1 - r}$ ，$r \neq 1$.

4. △ABC 的正弦及餘弦定理

   (1) $\dfrac{a}{\sin A} = \dfrac{b}{\sin B} = \dfrac{c}{\sin C} = 2R$， R 為外接圓的半徑（正弦定理）

   (2) $c^2 = a^2 + b^2 - 2ab \cos C$ （餘弦定理）

5. 統計公式：

   算術平均數 $M(= \overline{X}) = \dfrac{1}{n}(x_1 + x_2 + \cdots + x_n) = \dfrac{1}{n}\sum\limits_{i=1}^{n} x_i$

   標 準 差 $S = \sqrt{\dfrac{1}{n}\sum\limits_{i=1}^{n}(x_i - \overline{X})^2} = \sqrt{\dfrac{1}{n}\sum\limits_{i=1}^{n} x_i^2 - \overline{X}^2}$

   相關係數 $r = \dfrac{\sum\limits_{i=1}^{n}(x_i - \overline{X})(y_i - \overline{Y})}{n \cdot S_X S_Y} = \dfrac{\sum\limits_{i=1}^{n}(x_i - \overline{X})(y_i - \overline{Y})}{\sqrt{\sum\limits_{i=1}^{n}(x_i - \overline{X})^2 \sum\limits_{i=1}^{n}(y_i - \overline{Y})^2}}$

   其中 S_X 為隨機變數 X 之標準差，S_Y 為隨機變數 Y 之標準差

6. 常態分佈的資料對稱於平均數 M。且當標準差為 S 時，該資料大約有 68 % 落在區間（M-S , M + S）內，約有 95 % 落在區間（M-2S , M + 2S）內，約有 99.7 % 落在區間（M-3S , M + 3S）內。

7. 參考數值：

$\sqrt{2} \approx 1.414$; $\sqrt{3} \approx 1.732$; $\sqrt{5} \approx 2.236$; $\sqrt{6} \approx 2.449$; $\pi \approx 3.142$

8. 對數值：

$\log_{10} 2 \approx 0.3010$, $\log_{10} 3 \approx 0.4771$, $\log_{10} 5 \approx 0.6990$, $\log_{10} 7 \approx 0.8451$

9.

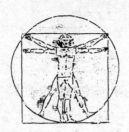

❀91年度學科能力測驗數學科試題①詳解❀

第一部分：選擇題

壹、單一選擇題

1. 【答案】(1)（出自第四冊第一章：圓錐曲線）

　　【解析】令 A(1 , 2)　B(3 , 4)

　　　　　　$\Rightarrow \overline{PA} + \overline{PB} = \overline{AB}$

　　　　　　$\Rightarrow$ P 在線段 $\overline{AB}$ 上

　　　　　　$\therefore$ 在第一象限

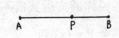

2. 【答案】(2)（出自第三冊第四章：圓與球）

　　【解析】設半徑為 r（公尺）

　　　　　　由展開雙手之寬度 ≒ 身高

　　　　　　$\Rightarrow 10 \times 1.7 ≒ 2\pi r$

　　　　　　$\Rightarrow 2r ≒ \dfrac{17}{\pi} ≒ 5.7$

3. 【答案】(3)（出自第三冊第一章：平面向量）

　　【解析】設一格為一單位，且向右為 x 軸，向上為 y 軸

　　　　　　$\Rightarrow \overline{PO} = (2 , 3)$　　　$\overline{QO} = (-5 , 2)$

　　　　　　$\Rightarrow \overline{PO} + \overline{QO} = (-3 , 5)$　　　又 $\overline{CO} = (3 , -5)$

4. 【答案】(2)（出自第四冊第三章：統計）

　　【解析】根據參考公式6

　　　　　　有 68％ 的學生分數落於（60 , 70.48）之間，

　　　　　　又因為常態分配是對稱的，

　　　　　　故 60 分以下的占（100％ − 68％）÷ 2 = 17％

　　　　　　即 1000 × 17％ = 170 人

5. 【答案】(4)（出自第二冊第二章：三角函數）

　　【解析】⑴ 不對，因為 $y = (x-2)^2 - 2$ 開口向上

　　　　　　⑵ 不對，因為 $y = 2\sin x + 2$ 圖形為週期的

　　　　　　⑶ 不對，因為圖形的最高點應在 y 軸上

　　　　　　⑸ 不對，因為該圖形不為指數函數圖形

6. 【答案】(2)（出自第四冊第一章：圓錐曲線）

　　【解析】設橢圓方程式為 $\dfrac{x^2}{4} + \dfrac{y^2}{1} = 1$

　　　　　　令 $P = (x, y)$

　　　　　　$\Rightarrow \begin{cases} \dfrac{x^2}{4} + \dfrac{y^2}{1} = 1 \cdots\cdots\cdots ① \\ x = y \cdots\cdots\cdots\cdots ② \end{cases}$

　　　　　　①，② 聯立得 $x^2 = \dfrac{4}{5}$ ，$y^2 = \dfrac{4}{5}$

　　　　　　$\Rightarrow \overline{OP} = \sqrt{x^2 + y^2} = \sqrt{\dfrac{8}{5}} = \sqrt{1.6}$

貳、多重選擇題

7. 【答案】(1)(4)(5)（出自第一冊第二章：數）

　　【解析】$\because abc > 0$ 且 $ab + bc + ca < 0$

　　　　　　$\therefore a, b, c$ 不全為正

　　　　　　$\Rightarrow a, b, c$ 為一正二負

　　　　　　又 $a > b > c$

　　　　　　故 $a > 0$，$b < 0$，$c < 0$

　　　　　　由 $a + b + c > 0$

　　　　　　$\Rightarrow a > |b|$　　　　且 $a > |c|$

8. 【答案】(1)(2)(3)(4)（出自第一冊第一章：基礎概念）

【解析】(1),(2),(3)顯然成立

(4) ∵ 每 5 秒前進一格

∴ P(100) = 20　　故 P(101) = 21

(5) P(103) = 20 + 3 = 23

P(104) = 20 + 3 - 1 = 22　　∴ 不對

9. 【答案】(2)(4)(5)（出自第三冊第二章：空間向量）

【解析】
$$\begin{cases} 2x + y + 3z = 0 \quad\text{———}\quad ① \\ 4x + 3y + 6z = 0 \quad\text{———}\quad ② \end{cases}$$

(1) 不對，因為代回原式不成立

（必須加上 2x + 3z = 0 才成立）

(2) $\dfrac{② - ①}{2}$ 即得 y = 0

(3) 不對，因為代回原式不成立

(4) 將①式除以 2 即得

(5) 將①式與②式相加即得

10. 【答案】(2)(3)(4)(5)（出自第二冊第一章：指數與對數）

【解析】(1) 不對，圖形如右：

(2) 對，圖形如右：

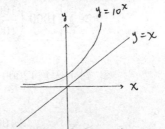

(3) 對，圖形同(1)

(4) 對，圖形同(2)

(5) 對，圖形如右：

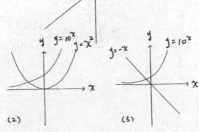

11. 【答案】(1)(2)(3)(4)(5)（出自第一冊第三章：數列與級數）

【解析】$A = 1000 \cdot (1+0.5\%)^{12} + 1000(1+0.5\%)^{11}$

$$+\cdots+1000(1+0.5\%) = 1000 \cdot \left[\sum_{k=1}^{12} \left(\frac{1005}{1000} \right)^{k} \right]$$

$B = 2000(1+0.5\%)^{12} + 2000(1+0.5\%)^{10}$

$$+\cdots+2000(1+0.5\%)^{2} = 2000 \cdot \left[\sum_{k=1}^{6} \left(\frac{1005}{1000} \right)^{2k} \right]$$

(1) 對，$\because$ $2000(1+0.5\%)^{12}$

$$= 1000(1+0.5\%)^{12} + 1000(1+0.5\%)^{12}$$

$$> 1000(1+0.5\%)^{12} + 1000(1+0.5\%)^{11}$$

其餘同理

(2),(3) 對

(4) 對，因為 $12000 \cdot \left(\dfrac{1005}{1000} \right)^{12} = \sum_{k=1}^{12} \left[1000 \cdot \left(\dfrac{1005}{1000} \right)^{12} \right]$

$$> \sum_{k=1}^{12} \left[1000 \cdot \left(\frac{1005}{1000} \right)^{k} \right] = A$$

(5) 對，因為 $12000 \cdot \left(\dfrac{1005}{1000} \right)^{12} = \sum_{k=1}^{6} \left[2000 \cdot \left(\dfrac{1005}{1000} \right)^{12} \right]$

$$> \sum_{k=1}^{6} \left[2000 \cdot \left(\frac{1005}{1000} \right)^{2k} \right] = B$$

12.【答案】(1)(2)(5)（出自第二冊第二章：三角函數）

【解析】(1) 對，取 $A = B = C = \dfrac{\pi}{3}$

(2) 對，取 $\angle A = 10^{\circ}$，$\angle B = 10^{\circ}$，$\angle C = 160^{\circ}$，

(3) 不對，因為若均大於 $\dfrac{\sqrt{3}}{2}$，則 A，B，C 均大於 $\dfrac{\pi}{3}$

$\Rightarrow A + B + C > \pi$　矛盾

(4) 不對，因為 $\angle A$，$\angle B$，$\angle C$ 不可能皆為 30° 或 150° 或其組合

(5) 對，取 $\angle A = \angle B = 30^{\circ}$，$\angle C = 120^{\circ}$

第二部份：填充題

A.【答案】85（出自第三冊第四章：圓與球）

【解析】如圖，設半徑為 r

$\Rightarrow r^{2} = (r - 72)^{2} + 84^{2}$

$\Rightarrow r = 85$

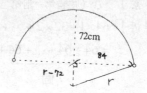

B.【答案】3（出自第一冊第二章：數）

【解析】用輾轉相除法

1	$2^{20} - 1$	$2^{19} + 1$	1
	$2^{19} + 1$	$2^{19} - 2$	
	$2^{19} - 2$	3	

又 $2^{19} = 2 \cdot 2^{18} = 2 \cdot 4^{9} = 2 \cdot (3 + 1)^{9}$

$\therefore 2^{19} \div 3$ 餘 2

$\Rightarrow 2^{19} - 2$ 為 3 的倍數　　$\therefore$ 最大公因數為 3

C. 【答案】 100（出自第一冊第三章：數列與級數）

【解析】 設成長率為 x

$\Rightarrow 6\cdot(1+x)^3 = 48$

$\Rightarrow (1+x)^3 = 8$

$\Rightarrow 1+x = 2$

$\Rightarrow x = 1 = 100\%$

D. 【答案】 20（出自第一冊第二章：數）

【解析】 設需再打 x 支後回到 A

$\Rightarrow 9x$ 為 60 的倍數

$\Rightarrow x$ 最小為 20

故輪回 A 洞前需再打 19 支

再加上一開始在 A 洞打的那一支，共 20 支

E. 【答案】 576（出自第一冊第三章：數列與級數）

【解析】 $64\times1+32\times2+\cdots+2\times2^5+1\times2^6+128$

$= \underbrace{64+64+\cdots+64}_{7\ 個}+128$

$= 576$

F. 【答案】 600（出自第二冊第二章：三角函數）

【解析】 如右圖

OAB 為水平面

$\overline{OH}$ 為山

$\overline{AB} = 600$

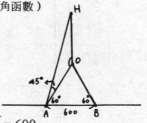

$\triangle$OAB 為正$\triangle$ $\Rightarrow \overline{OA} = 600$

又$\triangle$OAH 中，$\angle$OAH $= 45^{\circ}$ $\therefore \overline{OH} = 600$

G. 【答案】 $\dfrac{1}{28}$ （出自第四冊第三章：機率）

　　【解析】將所有數據減去 171 得

　　　　　　$-11\,,\,-8\,,\,-5\,,\,-1\,,\,1\,,\,3\,,\,5\,,\,7\,,\,9$

　　　　　　從其中取出 3 數使其平均為 0

　　　　　　則必為 2 正 1 負或 2 負 1 正

　　　　　　故所有可能的組合為

　　　　　　$(-8\,,\,1\,,\,7)\,,\,(-8\,,\,3\,,\,5)\,,\,(9\,,\,-1\,,\,-8)$

　　　　　　$\therefore$ 機率為 $\dfrac{3}{C_3^9}=\dfrac{1}{28}$

H. 【答案】 $\dfrac{1}{37}$ （出自第三冊第二章：空間向量）

　　【解析】設正立方體邊長為 6

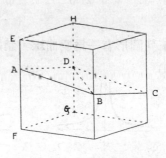

　　　　　　$\Rightarrow \overline{AE}=2$

　　　　　　　$\overline{AF}=6$

　　　　　　　$\overline{DB}=6\sqrt{2}$

　　　　　　$\overline{AD}=\overline{EI}$

　　　　　　　　$=\sqrt{6^2+1^2}$

　　　　　　　　$=\sqrt{37}$

　　　　　　$\overline{AB}=\sqrt{6^2+1^2}$

　　　　　　　　$=\sqrt{37}$

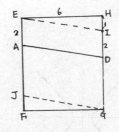

　　　　　　$\therefore \cos\angle DAB$

　　　　　　　$=\dfrac{\sqrt{37}^2+\sqrt{37}^2-(6\sqrt{2})^2}{2\cdot\sqrt{37}\cdot\sqrt{37}}$

　　　　　　　$=\dfrac{1}{37}$

九十一年大學入學學科能力測驗試題
數學考科②

第一部分：選擇題

壹、單一選擇題

說明：第 1 至 6 題，每題選出最適當的一個選項，標示在答案卡之「解答欄」，每題答對得 5 分，答錯不倒扣。

1. 在 230 與 240 之間共有多少個質數？
   (1) 1 個　　　(2) 2 個　　　(3) 3 個　　　(4) 4 個　　　(5) 5 個

2. 方程式 $x^4 + 2x^2 - 1 = 0$ 有多少個實根？
   (1) 0　　　　(2) 1　　　　(3) 2　　　　(4) 3　　　　(5) 4

3. 下列圖形有一為雙曲線，請將它選出來。

(1)　　　　　　　(2)　　　　　　　(3)

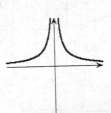　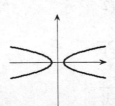　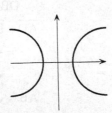

(4)　　　　　　　(5)

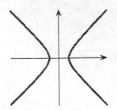　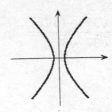

4. 如圖所示，在坐標平面上，以原點（0，0）為頂點，且通過（2，2），
（-2，2）的拋物線，它的焦點坐標為

(1)（0，0.5）

(2)（0，1）

(3)（0，1.5）

(4)（0，2）

(5)（0，4）

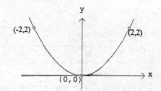

5. 九十年度大學學科能力測驗有 12 萬名考生，各學科成績採用 15 級
分，數學學科能力測驗成績分佈圖如下圖。請問有多少考生的數學
成績級分高於 11 級分？選出最接近的數目。

(1) 4000 人   (2) 10000 人

(3) 15000 人   (4) 20000 人

(5) 32000 人

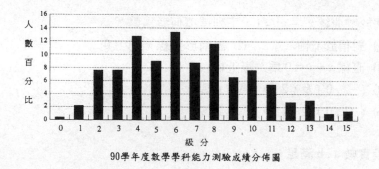

90學年度數學學科能力測驗成績分佈圖

6. 如圖

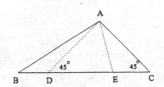

ΔABC 中，BC 邊上兩點 D、E 分別與 A 連線。假設∠ACB＝∠ADC ＝45°，三角形 ABC，ABD，ABE 的外接圓直徑分別為 c，d，e。試問下列何者為真？

(1) c＜e＜d　　　　(2) d＜e＜c　　　　(3) e＜c，d＜c

(4) d＝c＜e　　　　(5) d＝c＞e

貳、多重選擇題

說明：第 7 至 12 題，每題至少有一個選項是正確的，選出正確選項，標示在答案卡之「解答欄」。每題答對得 5 分，答錯不倒扣，未答者不給分。只錯一個可獲 2.5 分，錯兩個或兩個以上不給分。

7. 關於雙曲線 $x^2 - y^2 = 1$，下列選項何者為真？

(1) 對稱於 y 軸　　　　(2) 對稱於直線 $x - y = 0$

(3) 直線 $x + y = 0$ 為一漸近線

(4) $(-2,0)$ 及 $(2,0)$ 為其焦點

(5) $(-1,0)$ 及 $(1,0)$ 為其頂點

8. 設實數 a，b 滿足

$$0 < a < 1，0 < b < 1$$

則下列選項哪些必定為真？

(1) $0 < a + b < 2$　　　　(2) $0 < ab < 1$　　　　(3) $-1 < b - a < 0$

(4) $0 < a/b < 1$　　　　(5) $|a - b| < 1$

9. 如圖

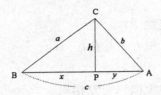

ΔABC 的對邊分別為 a,b,c,P 為 C 點的垂足,h 為高,BP$=x$,
AP$=y$,則下列選項哪些必定為眞?

(1) $\cos C = \dfrac{h}{a} + \dfrac{h}{b}$

(2) $\cos C = \dfrac{x}{a} + \dfrac{y}{b}$

(3) $\cos C = \cos(A+B)$

(4) $\cos C = \dfrac{a^2 + b^2 - c^2}{2ab}$

(5) $\cos C = \dfrac{h^2 - xy}{ab}$

10. 平面上有一個直角三角形,其三邊的斜率為實數 m_1,m_2,m_3,
並假設 $m_1 > m_2 > m_3$。則下列選項哪些必定為眞?

(1) $m_1 m_2 = -1$

(2) $m_1 m_3 = -1$

(3) $m_1 > 0$

(4) $m_2 \leq 0$

(5) $m_3 < 0$

11. 函數 $f(x) = \dfrac{1}{2}(\cos 10x - \cos 12x)$,$x$ 為實數。則下列選項哪些為眞?

(1) $f(x) = \sin 11x \sin x$ 恒成立

(2) $|f(x)| \leq 1$ 恒成立

(3) $f(x)$ 的最大值是 1

(4) $f(x)$ 的最小值是 -1

(5) $f(x) = 0$ 的解有無窮多個

12. 三相異平面兩兩相交於三條相異直線 l_1 , l_2 , l_3。試問下列選項哪些絕不可能發生？

   (1) l_1 , l_2 , l_3 三線共交點

   (2) l_1 , l_2 , l_3 不共面，但 l_1 ∥ l_2 ∥ l_3

   (3) l_1 , l_2 , l_3 共平面

   (4) l_1 , l_2 , l_3 兩兩相交，但三交點相異

   (5) l_1 , l_2 , l_3 三線中兩兩都是歪斜線

第二部分：填充題

說明：1. 第 A 至 H 題，將答案標示在答案卡之「解答欄」所標示的列號（13-35）。

     2. 每題完全答對給 5 分，答錯不倒扣，未完全答對不給分。

A. 11^{15} 除以 100 的餘數為 ⑬⑭ 。

B. 令複數 $z = 2\left(\cos\dfrac{\pi}{7} + i\sin\dfrac{\pi}{7}\right)$ 且 $z \cdot i = 2(\cos a\pi + i\sin a\pi)$，則實數

   $a = \dfrac{⑮}{⑯⑰}$。

C. 某人存入銀行 10000 元，言明年利率 4%，以半年複利計息，滿一年本利和為 Q 元。則 Q = ⑱⑲⑳㉑㉒ 。

D. 在平面上有一正方形 ABCD，AB、BC、CD、DA 的延長線分別交
直線 L 於 P、Q、R、S。已知 PR＝3，QS＝4，則正方形 ABCD 的

邊長爲 $\dfrac{㉓㉔}{㉕}$ 。

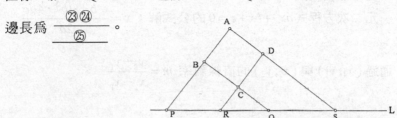

E. 空間中有三個平面 $5x + 4y - 4z = kx$，$4x + 5y + 2z = ky$，$x + y + z = 0$，
其中 k＜10。
當 k = ___㉖___ 時，三個平面交於一線。

F. 如右圖各小方格爲 1cm² 的正方形。
試問圖中大大小小的正方形共有
多少個？
答：___㉗㉘___ 個。

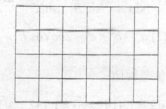

G. 一顆半徑爲 12 公分的大巧克力球，裡頭包著一顆半徑爲 5 公分的軟
木球。如果將此巧克力球重新融化，做成半徑爲 2 公分的實心巧克
力球，最多可以做幾顆這樣的巧克力球？
答：___㉙㉚㉛___ 顆。

H. 某次考試，有一多重選擇題，有 A、B、C、D、E 五個選項。給分
標準爲完全答對給 5 分，只答錯 1 個選項給 2.5 分，答錯 2 個或 2
個以上的選項得 0 分。若某一考生對該題的 A、B 選項已確定是應
選的正確答案，但 C、D、E 三個選項根本看不懂，決定這三個選
項要用猜的來作答。

則他此題所得分數的期望值爲 ㉜ + $\dfrac{㉝}{㉞㉟}$ 分。

參考公式及可能用到的數值

1. 一元二次方程式 $ax^2 + bx + c = 0$ 的公式解：$x = \dfrac{-b \pm \sqrt{b^2 - 4ac}}{2a}$

2. 通過 (x_1, y_1) 與 (x_2, y_2) 的直線斜率 $m = \dfrac{y_2 - y_1}{x_2 - x_1}$

3. 等比級數 $\langle ar^{n-1} \rangle$ 的前 n 項之和 $S_n = \dfrac{a \cdot (1 - r^n)}{1 - r}$，$r \neq 1$.

4. △ABC 的正弦及餘弦定理

   (1) $\dfrac{a}{\sin A} = \dfrac{b}{\sin B} = \dfrac{c}{\sin C} = 2R$，　R 為外接圓的半徑（正弦定理）

   (2) $a^2 = b^2 + c^2 - 2bc \cos A$　　　　（餘弦定理）

5. 參考數值：

   $\sqrt{2} \approx 1.414$；$\sqrt{3} \approx 1.732$；$\sqrt{5} \approx 2.236$；$\sqrt{7} \approx 2.646$；$\pi \approx 3.142$

6. 對數值：

   $\log_{10} 2 \approx 0.3010$，$\log_{10} 3 \approx 0.4771$，$\log_{10} 5 \approx 0.6990$，$\log_{10} 7 \approx 0.8451$

7. 半徑 r 的球體積為 $\dfrac{4}{3} \pi r^3$。

❋ 91年度學科能力測驗數學科試題②詳解 ❋

第一部分：選擇題

壹、單一選擇題

1. 【答案】(2)（出自第一冊第二章：數論）

   【解析】233 , 239 兩個為質數。

2. 【答案】(3)（出自第一冊第四章：多項式）

   【解析】$x^4 - 2x^2 - 1 = 0$

   令 $x^2 = t$

   $t^2 - 2t - 1 = 0 \Rightarrow t = \dfrac{2 \pm \sqrt{8}}{2} = 1 \pm \sqrt{2}$

   但 $t = 1 - \sqrt{2}$ 時（$t < 0$）

   $x =$ 虛數（為虛根）

   $\therefore x^4 - 2x^2 - 1 = 0$ 有二實根二虛根

3. 【答案】(4)（出自第四冊第一章：圓錐曲線）

   【解析】以雙曲線逐漸逼近漸近線檢驗

   (1) 非雙曲線

   (2) , (3) 圖明顯畫不出漸近線

   (5) 即使畫出漸近線，但 ∞ 遠處無漸近之現象（逐漸偏離）

   (4) 標準雙曲線

4. 【答案】(1)（出自第四冊第一章：圓錐曲線）

   【解析】令拋：$y = ax^2$（$a > 0$）

   $(2,2)$ 代入 $\Rightarrow a = \dfrac{1}{2}$　$\therefore y = \dfrac{1}{2}x^2 \Rightarrow x^2 = 2y$

   $|4c| = 2 \Rightarrow |c| = \dfrac{1}{2}$　$\therefore F = \left(0, \dfrac{1}{2}\right)$　　選 (1)

5. 【答案】(2)（出自第四冊第三章：機率統計）

　　【解析】$\underset{15}{1.5\%}+\underset{14}{1\%}+\underset{13}{3\%}+\underset{12}{2.8\%}=8.3\%$

　　　　　　$8.3\%\times12$ 萬 $\fallingdotseq10000$ 人

6. 【答案】(5)（出自第二冊第二、三章：三角函數）

　　【解析】$\because\overline{AD}=\overline{AC}>\overline{AE}$

　　　　　　$\Rightarrow\dfrac{\overline{AD}}{\sin B}=\dfrac{\overline{AC}}{\sin B}>\dfrac{\overline{AE}}{\sin B}$

　　　　　　由正弦定律 $\Rightarrow d=c>e$

貳、多重選擇題

7. 【答案】(1)(3)(5)（出自第四冊第一章：圓錐曲線）

　　【解析】由圖得知

　　　　　(1) 對稱於 y 軸

　　　　　(2) $x+y=0$，$x-y=0$

　　　　　　為其漸近線

　　　　　(3) 雙曲線中：a, b, c 之關係

　　　　　　為 $c^2=a^2+b^2\Rightarrow c=\sqrt{1^2+1^2}$

　　　　　　$c=\sqrt{2}$

　　　　　　$\therefore F_1\left(\sqrt{2},0\right)$，$F_2\left(-\sqrt{2},0\right)$

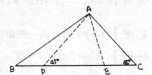

　　　　　(4) 又中心為 $(0,0)$，$a=1$

　　　　　　$\therefore$ 頂點 $(1,0)$，$(-1,0)$

　　　　　選 (1), (3), (5)

8. 【答案】$(1)(2)(5)$（出自第一冊第二章：數論）

　　【解析】$0<a<1$，$0<b<1$

　　　　(1) $\Rightarrow 0<a+b<2$

　　　　(2) $\Rightarrow 0<ab<1$

　　　　(3) 　　$0<\ b\ <1$
　　　　　$+\ -1<-a\ <0$
　　　　　————————————
　　　　　　　$-1<b-a<1$

　　　　(4) $\dfrac{a}{b}\in R^+$（任意正實數）

　　　　(5) 　　$0<\ a\ <1$
　　　　　$+)\ -1<-b\ <0$
　　　　　————————————
　　　　　　　$-1<a-b<1$

　　　　　$\Rightarrow |a-b|<1$，$\therefore$ 選 (1)，(2)，(5)

9. 【答案】$(4)(5)$（出自第二冊第二章：三角函數）

　　【解析】(1) $\dfrac{h}{a}+\dfrac{h}{b}=\sin B+\sin A\neq\cos C$

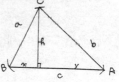

　　　　(2) $\dfrac{x}{a}+\dfrac{y}{b}=\cos B+\cos A\neq\cos C$

　　　　(3) $\cos(A+B)=\cos(\pi-c)=-\cos C$

　　　　(4) 餘弦定律

　　　　(5) $\cos C=-\cos(A+B)$

　　　　　　　$=-\cos A\cos B+\sin A\sin B$

　　　　　　　$=\dfrac{-xy}{ab}+\dfrac{h^2}{ab}$

　　　　$\therefore$ 選 (4)，(5)

10. 【答案】(3)(5)（出自第一冊第二章：數論）

【解析】如圖之情況，滿足直角 Δ ，

且 $m_1 > m_2 > m_3$

$\therefore \exists\, m_i \cdot m_j = -1$

但 (1)，(2)，(4) 皆不合

$\therefore (m_1 , m_2 , m_3)$

只可能 $= (+ , + , -) \vee (+ , 0 , -) \vee (+ , - , -)$

但 (1)，(2)，(4) 僅成立於部分情形 $\therefore$ 選 (3)，(5)

11. 【答案】(1)(2)(4)(5)（出自第二冊第三章：三角函數）

【解析】(1) $f(x) = \dfrac{1}{2}(\cos 10x - \cos 12x) = \sin 11x \sin x$ （和差化積）

(2) $\because -1 \le \sin 11x \le 1, -1 \le \sin x \le 1 \Rightarrow -1 \le \sin 11x \sin x \le 1$

(3) $\sin x \sin 11x = 1$ 只發生在 $\sin x = 1 \wedge \sin 11x = 1$

當 $\sin x = 1 \Rightarrow x = 2h\pi + \dfrac{\pi}{2}$

此時 $\sin 11x = \left(22h\pi + \dfrac{11\pi}{2} \right) \neq 1$ $\therefore \sin x \sin 11x \neq 1$

(4) $\sin 11x \cdot \sin x = -1 \Rightarrow x = \dfrac{\pi}{2}$ 即可辦到，(5) 正確

$\therefore$ 選 (1)，(2)，(4)，(5)

12. 【答案】(3)(4)(5)（出自第三冊第三章：行列式）

【解析】三平面兩兩相交於相異直線，只有以下兩種情況

$\therefore$ (3)，(4)，(5) 不可能發生

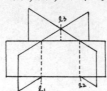 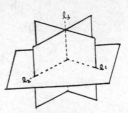

第二部份：填充題

A. 【答案】 51（出自第四冊第二章：二項式定理）

【解析】 11^{15}

$$= (1 + 10)^{15} = C_0^{15} + C_1^{15} \cdot 10 + C_2^{15} \cdot 10^2 + \cdots\cdots$$

$$= 151 + 100 \text{ 的倍數}$$

$$\therefore 11^{15} \div 100 \text{ 餘 } 51$$

B. 【答案】 $\dfrac{9}{14}$（出自第二冊第三章：三角函數）

【解析】 $i = \left(\cos\dfrac{\pi}{2} + i\sin\dfrac{\pi}{2} \right)$

$$z \cdot i = 2\left(\cos\dfrac{\pi}{7} + i\sin\dfrac{\pi}{7} \right)\left(\cos\dfrac{\pi}{2} + i\sin\dfrac{\pi}{2} \right)$$

$$= 2\left(\cos\dfrac{9\pi}{14} + i\sin\dfrac{9\pi}{14} \right)$$

C. 【答案】 10404（出自第一冊第三章：數列與級數）

【解析】 $Q = 10000 (1 + 2\%)^2 = 102 \times 102 = 10404$

D. 【答案】 $\dfrac{12}{5}$

【解析】 過 R 作 $\overrightarrow{AP}$ 之垂線交 $\overrightarrow{AP}$ 於 M

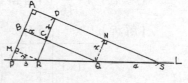

過 Q 作 $\overrightarrow{AS}$ 之垂線交 $\overrightarrow{AS}$ 於 N

則 $\triangle PMR \sim \triangle QNS$

令正方形邊長 $= x \Rightarrow \overrightarrow{PM} = \sqrt{9 - x^2}$

$$\dfrac{4}{x} = \dfrac{3}{\sqrt{9-x^2}} \Rightarrow \dfrac{16}{x^2} = \dfrac{9}{9-x^2} \Rightarrow 25x^2 = 144 \Rightarrow x = \dfrac{12}{5}$$

E. 【答案】 1（出自第三冊第三章：行列式）

【解析】 三平面交成一線 $\Rightarrow \Delta = 0$

$$\Rightarrow \begin{vmatrix} 5-k & 4 & -4 \\ 4 & 5-k & 2 \\ 1 & 1 & 1 \end{vmatrix} = 0 \Rightarrow \begin{vmatrix} 9-k & 8 & 4 \\ 2 & 3-k & 2 \\ 0 & 0 & 1 \end{vmatrix} = 0$$

$$\Rightarrow k^2 - 12k + 11 = 0 \Rightarrow k = 1 （11 不合）$$

F. 【答案】 50（出自第四冊第二章：排列組合）

【解析】 $1 \times 1 : 4 \times 6 = 24$

$2 \times 2 : 3 \times 5 = 15$

$3 \times 3 : 2 \times 4 = 8$

$4 \times 4 : 1 \times 3 = 3$

───────────────

共 50 個

G. 【答案】 200（出自第三冊第四章：圓與球）

【解析】 $\left[\dfrac{\dfrac{4}{3}\pi \cdot 12^3 - \dfrac{4}{3}\pi \cdot 5^3}{\dfrac{4}{3}\pi \cdot 2^3} \right] = \left[\dfrac{12^3 - 5^3}{2^3} \right] = 200$ 個

註：〔 〕為高斯符號

H. 【答案】 $1 + \dfrac{9}{16}$（出自第四冊第三章：機率統計）

【解析】

x_i	5分	2.5分	0分
$f(x_i)$	$\dfrac{1}{8}$	$\left(C_2^3 \left(\dfrac{1}{2}\right)^2 \left(\dfrac{1}{2}\right) \right)$	$\dfrac{1}{2}$

$\searrow \dfrac{3}{8}$

$$E(x) = \sum x_i f(x_i) = \frac{5 + 7.5}{8} = \frac{25}{16} = 1 + \frac{9}{16} 分$$

九十一年度學科能力測驗（數學考科）
大考中心公佈答案

題　號	答　　案	題　號	答　　案
1	1	21	5
2	2	22	7
3	3	23	6
4	2	24	6
5	4	25	0
6	2	26	0
7	1,4,5	27	1
8	1,2,3,4	28	2
9	2,4,5	29	8
10	2,3,4,5	30	1
11	1,2,3,4,5	31	3
12	1,2,5	32	7
13	8		
14	5		
15	3		
16	1		
17	0		
18	0		
19	2		
20	0		

九十一年度學科能力測驗（數學考科）
大考中心公佈答案（補考）

題　號	答　　案	題　號	答　　案
1	2	21	0
2	3	22	4
3	4	23	1
4	1	24	2
5	2	25	5
6	5	26	1
7	1,3,5	27	5
8	1,2,5	28	0
9	4,5	29	2
10	3,5	30	0
11	1,2,4,5	31	0
12	3,4,5	32	1
13	5	33	9
14	1	34	1
15	9	35	6
16	1		
17	4		
18	1		
19	0		
20	4		

九十年大學入學學科能力測驗試題
數學考科

第一部分：選擇題

壹、單一選擇題

說明：第 1 至 3 題，每題選出最適當的一個選項，標示在答案卡之「解答欄」，每題答對得 5 分，答錯不倒扣。

1. 設 $a=\left(\dfrac{1}{2}\right)^{\frac{1}{2}}$，$b=\left(\dfrac{1}{3}\right)^{\frac{1}{3}}$，$c=\left(\dfrac{1}{4}\right)^{\frac{1}{4}}$。下列選項何者為眞？

   (1) $a>b>c$　　(2) $a<b<c$　　(3) $a=c>b$　　(4) $a=c<b$　　(5) $a=b=c$

2. 右下圖為一拋物線的部分圖形，且 A、B、C、D、E 五個點中有一為其焦點。試判斷哪一點是其焦點？（可利用你手邊現有簡易測量工具）

   (1) A
   (2) B
   (3) C
   (4) D
   (5) E

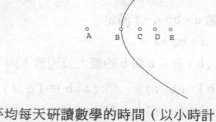

3. 令 x 代表每個高中生平均每天研讀數學的時間（以小時計），則 $W=7(24-X)$ 代表每個高中生平均每週花在研讀數學以外的時間。令 Y 代表每個高中生數學學科能力測驗的成績。設 X，Y 之相關係數為 R_{XY}，W，Y 之相關係數為 R_{WY}，則 R_{XY} 與 R_{WY} 兩數之間的關係，下列選項何者為眞？

   (1) $R_{WY}=7(24-R_{XY})$　　(2) $R_{WY}=7R_{XY}$　　(3) $R_{WY}=-7R_{XY}$

   (4) $R_{WY}=R_{XY}$　　(5) $R_{WY}=-R_{XY}$

貳、多重選擇題

說明：第 4 至 10 題，每題至少有一個選項是正確的，選出正確選項，
標示在答案卡之「解答欄」。每題答對得 5 分，答錯不倒扣，
未答者不給分。只錯一個可獲 2.5 分，錯兩個或兩個以上不給
分。

4. 若 $\sin x = \dfrac{3}{5}$，$\dfrac{\pi}{2} < x < \pi$，則下列選項何者為真？

(1) $\cos x = \dfrac{4}{5}$　　　(2) $\tan x = \dfrac{3}{4}$　　　(3) $\cot x = -\dfrac{4}{3}$

(4) $\sec x = -\dfrac{5}{4}$　　　(5) $\csc x = \dfrac{5}{3}$

5. 設 a，b，c 為實數。若二次函數

$$f(x) = ax^2 + bx + c$$

的圖形通過 (0，- 1) 且與 x 軸相切，則下列選項何者為真？

(1) $a < 0$　　　(2) $b > 0$　　　(3) $c = -1$

(4) $b^2 + 4ac = 0$　　　(5) $a + b + c \leq 0$

6. 若正整數 a，b，q，r 滿足

$$a = bq + r$$

且令 (a，b) 表示 a 與 b 的最大公因數，則下列選項何者為真？

(1) $(a, b) = (b, r)$　　　(2) $(a, b) = (q, r)$　　　(3) $(a, q) = (b, r)$

(4) $(a, q) = (q, r)$　　　(5) $(a, r) = (b, q)$

7. 古代的足球運動，有一種計分法，規定踢進一球得 16 分，犯規後的
罰踢，進一球得 6 分。請問下列哪些得分數有可能在計分板上出現？

(1) 26　　(2) 28　　(3) 82　　(4) 103　　(5) 284

8. 在坐標平面上，A（150，200），B（146，203），C（−4，3），
　　O（0，0），則下列選項何者為真？
　　(1) 四邊形 ABCO 是一個平行四邊形
　　(2) 四邊形 ABCO 是一個長方形
　　(3) 四邊形 ABCO 的兩對角線互相垂直
　　(4) 四邊形 ABCO 的對角線 AC 長度大於 251
　　(5) 四邊形 ABCO 的面積為 1250

9. 在坐標平面上，請問下列哪些直線與雙曲線 $\dfrac{x^2}{25}-\dfrac{y^2}{4}=1$ 不相交？

　　(1) $5y=2x$　　　　(2) $5y=3x$　　　　(3) $5y=2x+1$
　　(4) $5y=-2x$　　　(5) $y=100$

10. 令 z 為複數且 $z^6=1$，$z\neq 1$，則下列選項何者為真？
　　(1) $|z|=1$　　　　(2) $z^2=1$　　　　(3) $z^3=1$ 或 $z^3=-1$
　　(4) $|z^4|=1$　　　(5) $1+z+z^2+z^3+z^4+z^5=0$

第二部分：填充題

說明：1. 第 A 至 J 題，將答案標示在答案卡之「解答欄」所標示的列
　　　　　號（11-32）。
　　　2. 每題完全答對給 5 分，答錯不倒扣，未完全答對不給分。

A. 將一張 B4 的長方形紙張對折剪開之後，成為 B5 的紙張，其形狀跟
　　原來 B4 的形狀相似。已知 B4 紙張的長邊為 36.4 公分，則 B4 紙張
　　的短邊長為 ⑪⑫.⑬ 公分。（小數點後第二位四捨五入）

B. 調查某新興工業都市的市民對市長施政的滿意情況，依據隨機抽樣，
　　共抽樣男性 600 人、女性 400 人，由甲、乙兩組人分別調查男性與
　　女性市民。調查結果男性中有 36％ 滿意市長的施政，女性市民中
　　有 46％ 滿意市長的施政，則滿意市長施政的樣本佔全體樣本的百
　　分比為 ⑭⑮ ％。

C. 從 1，2，3，4，5，6，7，8，9 中，任取兩相異數，則其積為完全立方數的機率為 ____⑯⑰____ 。

D. 設多項式 $f(x)$ 除以 $x^2 - 5x + 4$，餘式為 $x + 2$；除以 $x^2 - 5x + 6$，餘式為 $3x + 4$。則多項式 $f(x)$ 除以 $x^2 - 4x + 3$，餘式為 ____⑱ $x -$ ⑲____ 。

E. 兩條公路 k 及 m，如果筆直延伸將交會於 C 處成 $60°$ 夾角，如圖所示。為銜接此二公路，規劃在兩公路各距 C 處 450 公尺的 A、B 兩點間開拓成圓弧型公路，使 k，m 分別在 A，B 與此圓弧相切，則此圓弧長 = ____⑳㉑㉒____ 公尺。（公尺以下四捨五入）

【$\sqrt{3} \approx 1.732,\ \pi \approx 3.142$】

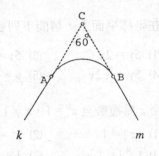

F. 如右圖的四角錐展開圖，四角錐底面為邊長 2 的正方形，四個側面都是腰長為 4 的等腰三角形，則此四角錐的高度為 $\sqrt{㉓㉔}$ 。

G. 在坐標平面的 x 軸上有 $A(2,0)$，$B(-4,0)$ 兩觀測站，同時觀察在 x 軸上方的一目標 C 點，測得 $\angle BAC$ 及 $\angle ABC$ 之值後，通知在 $D\left(\dfrac{5}{2}, -8\right)$ 的砲台此兩個角的正切值分別為 $\dfrac{8}{9}$ 及 $\dfrac{8}{3}$。那麼砲台 D 至目標 C 的距離為 ____㉕㉖____ 。

H. 將一個正四面體的四個面上的各
邊中點用線段連接，可得四個小
正四面體及一個正八面體，如下
圖所示。如果原四面體 ABCD 的
體積為 12，那麼此正八面體的體
積為 ㉗ 。

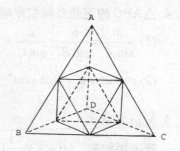

I. 根據過去紀錄知，某電腦工廠檢驗其產品的過程中，將良品檢驗為
不良品的機率為 0.20，將不良品檢驗為良品的機率為 0.16。又知該
產品中，不良品佔 5％，良品佔 95％。若一件產品被檢驗為良品，
但該產品實際上為不良品之機率為 ___0.㉘㉙___。（小數點後第三
位四捨五入）

J. 籃球 3 人鬥牛賽，共有甲、乙、丙、丁、戊、己、庚、辛、壬 9 人
參加，組成 3 隊，且甲、乙兩人不在同一隊的組隊方法有多少種？
答： ___㉚㉛㉜___ 種。

參考公式及可能用到的數值

1. 一元二次方程式的公式解：$x = \dfrac{-b \pm \sqrt{b^2 - 4ac}}{2a}$

2. 通過 (x_1, y_1) 與 (x_2, y_2) 的直線斜率 $m = \dfrac{y_2 - y_1}{x_2 - x_1}$

3. 等比級數 $\langle ar^{n-1} \rangle$ 的前 n 項之和 $S_n = \dfrac{a \cdot (1 - r^n)}{1 - r}$ ，$r \neq 1$.

4. △ABC 的正弦及餘弦定理

(1) $\dfrac{a}{\sin A} = \dfrac{b}{\sin B} = \dfrac{c}{\sin C} = 2R$,　　R 為外接圓的半徑（正弦定理）

(2) $c^2 = a^2 + b^2 - 2ab \cos C$　　　　（餘弦定理）

5. 統計公式：

算術平均數　$M(= \overline{X}) = \dfrac{1}{n}(x_1 + x_2 + \cdots + x_n) = \dfrac{1}{n}\sum\limits_{i=1}^{n} x_i$

標準差　　　$S = \sqrt{\dfrac{1}{n}\sum\limits_{i=1}^{n}(x_i - \overline{x})^2} = \sqrt{\dfrac{1}{n}\sum\limits_{i=1}^{n}x_i^2 - \overline{x}^2}$

相關係數　　$r = \dfrac{\sum\limits_{i=1}^{n}(x_i - \overline{X})(y_i - \overline{Y})}{n \cdot S_X S_Y} = \dfrac{\sum\limits_{i=1}^{n}(x_i - \overline{X})(y_i - \overline{Y})}{\sqrt{\sum\limits_{i=1}^{n}(x_i - \overline{X})^2 \sum\limits_{i=1}^{n}(y_i - \overline{Y})^2}}$

其中 S_X 為隨機變數 X 之標準差，S_Y 為隨機變數 Y 之標準差

6. 貝氏定理

$$P(A \mid B) = \dfrac{P(A)P(B \mid A)}{P(A)P(B \mid A) + P(A')P(B \mid A')}$$

7. 參考數值：

$\sqrt{2} \approx 1.414$; $\sqrt{3} \approx 1.732$; $\sqrt{5} \approx 2.236$; $\sqrt{7} \approx 2.646$; $\pi \approx 3.142$

8. 對數值：

$\log_{10} 2 \approx 0.3010$, $\log_{10} 3 \approx 0.4771$, $\log_{10} 5 \approx 0.6990$, $\log_{10} 7 \approx 0.8451$

90年度學科能力測驗數學科試題詳解

第一部分：選擇題

壹、單一選擇題

1. 【答案】(3)（出自第二冊第一章：指數與對數）

　　【解析】(1) $c = \left(\dfrac{1}{4}\right)^{\frac{1}{4}} = \left(\dfrac{1}{2}\right)^{2 \cdot \frac{1}{4}} = \left(\dfrac{1}{2}\right)^{\frac{1}{2}} = a$

　　　　　　(2) 利用 10 為底數（增函數）兩邊取 log 計算可得：

　　　　　　　① $\log a = \dfrac{1}{2}\log^{\frac{1}{2}} = \left(-\dfrac{1}{2}\right)$（ 0.301 ）$\fallingdotseq -0.1505$

　　　　　　　② $\log b = \dfrac{1}{3}\log^{\frac{1}{3}} = \left(-\dfrac{1}{3}\right)$（ 0.4771 ）$\fallingdotseq -0.1590$

　　　　　　(3) 由上述分析可得：$a = c > b$

2. 【答案】(3)（出自第三冊第四章：圓錐曲線）

　　【解析】(1) 由拋物線定義可知：

　　　　　　　正焦弦的長度等於焦點到頂點的距離之四倍

　　　　　　(2) 利用手邊「量尺」及試題所給予的圖形中可測得

　　　　　　　c 點最接近上述之條件

3. 【答案】(5)（出自第四冊第三章：敘述統計）

　　【解析】(1) 由題意可知：$W = 7(24 - X) = -7X + 168$

　　　　　　　　再由「算術平均數」的定義，得 $\overline{W} = -7\overline{X} + 168$

　　　　　　(2) 利用「相關係數」的定義可知：

　　　　　　　　① $W_i - \overline{W} = (-7X_i + 168) - (-7\overline{X} + 168)$

　　　　　　　　　　　　　　　$= -7(X_i - \overline{X})$

　　　　　　　　② $R_{WY} = \dfrac{\sum (W_i - \overline{W})(Y_i - \overline{Y})}{\sqrt{\sum (W_i - \overline{W})^2} \cdot \sqrt{\sum (Y_i - \overline{Y})^2}}$

　　　　　　　　　　　　$= \dfrac{\sum -7(X_i - \overline{X})(Y_i - \overline{Y})}{\sqrt{\sum 49(X_i - \overline{X})^2} \cdot \sqrt{\sum (Y_i - \overline{Y})^2}}$

　　　　　　　　　　　　$= \dfrac{-7 \cdot \sum (X_i - \overline{X})(Y_i - \overline{Y})}{7 \cdot \sqrt{\sum (X_i - \overline{X})^2} \cdot \sqrt{\sum (Y_i - \overline{Y})^2}} = -R_{XY}$

貳、多重選擇題

4. 【答案】(3)(4)(5)（出自第二冊第二章：三角函數）

　　【解析】(1) 由題意 $\sin x = \dfrac{3}{5}$ 且 $\dfrac{\pi}{2} < x < \pi$

　　　　　　　　可知：$\cos x = -\dfrac{4}{5}$

　　　　　　(2) 再由上述資料作圖如右：

　　　　　　　　取 $\tan x = -\dfrac{3}{4}$　　$\cot x = -\dfrac{4}{3}$

　　　　　　　　　　$\sec x = -\dfrac{5}{4}$　　$\csc x = +\dfrac{5}{3}$

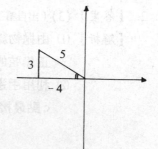

5. 【答案】(1)(3)(5)（出自第一冊第四章：二次函數與二次不等式）

　　【解析】(1) 由題意 $f(x) = ax^2 + bx + c$ 通過 A（0，−1）且與 x 軸

　　　　　　　相切，則可能出現下列兩種圖形：

　　　　　　　設 $\triangle = b^2 - 4ac$

　　　　　　　① a＜0，b＞0，

　　　　　　　　c = −1，$\triangle$ = 0

　　　　　　　② a＜0，b＜0，

　　　　　　　　c = −1，$\triangle$ = 0

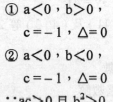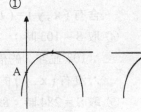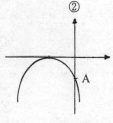

　　　　　(2) ∵ ac＞0 且 b^2＞0

　　　　　　　∴ $b^2 + 4ac$＞0

　　　　　(3) 由圖示可知：

　　　　　　　點（1，$f(1)$）在 x 軸上或 x 軸下方

　　　　　　　即 $f(1) = a + b + c \leqq 0$

6. 【答案】(1)(4)（出自第一冊第一章：數）

　　【解析】(1) 由「被除數＝除數‧商數＋餘數」的關係，

　　　　　　　即 a = b‧q + r

　　　　　(2) 再利用「輾轉相除法」原理可知：

　　　　　　　① 若除數為 b 時：(a , b) = (b , r)

　　　　　　　② 若除數為 q 時：(a , q) = (q , r)

7. 【答案】(2)(3)(5)（出自第一冊第一章：數）

　　【解析】(1) 設踢進一球得 16 分者有 x 次，罰踢一球得 6 分者有

　　　　　　　y 次，而總得分數為 S 分，即設 16x + 6y = S

　　　　　　　且 x，y，S 為非負整數

　　　　　(2) 利用「整數論」的特性可知：

　　　　　　　(16 , 6)｜S　即 2｜S 時含有整數解

① 取 $S = 26$ 時：$8x + 3y = 13$

沒有 (x, y) 的非負整數解

② 取 $S = 28$ 時：$8x + 3y = 14$

含有 $(x, y) = (1, 2)$ 等 1 組解

③ 取 $S = 82$ 時：$8x + 3y = 41$

含有 $(x, y) = (1, 11)$ 及 $(4, 3)$ 等 2 組解

④ 取 $S = 103$ 時：

∵ 103 並非 2 的倍數

∴ 沒有 (x, y) 的整數解

⑤ 取 $S = 284$ 時：$8x + 3y = 142$

含有 $(x, y) = (2, 42)$ 及 $(5, 34) \cdots (17, 2)$

等 6 組解

8. 【答案】$(1)(2)(5)$（出自第二冊第四章：平面向量）

【解析】(1) 由下述理由可知：ABCO 為一個平行四邊形

① $\overrightarrow{BA} = (4, -3) = \overrightarrow{CO}$ 可知：$\overrightarrow{BA} // \overrightarrow{CO}$

② $\left| \overrightarrow{BA} \right| = \sqrt{16 + 9} = 5 = \left| \overrightarrow{CO} \right|$

(2) 再由 $\overrightarrow{BA} \cdot \overrightarrow{BC} = (4, -3) \cdot (-150, -200)$

$$= -600 + 600 = 0$$

可知：$\overrightarrow{BA}$ 垂直 $\overrightarrow{BC}$ 進一步得證 ABCO 為一個長方形

(3) ∵ $\left| \overrightarrow{BA} \right| = 5 \neq \left| \overrightarrow{BC} \right|$　　∴ ABCO 並非正方形

即兩對角線互相平分而非互相垂直

(4) $\left| \overrightarrow{AC} \right| = \left| \overrightarrow{OB} \right| = \sqrt{146^2 + 203^2} = \sqrt{62525} \doteqdot 250.05 < 251$

(5) 面積 $= \left| \overrightarrow{AB} \right| \cdot \left| \overrightarrow{AO} \right| = 5 \cdot 250 = 1250$

但 $\left| \overrightarrow{AO} \right| = \sqrt{150^2 + 200^2} = \sqrt{62500} = 250$

9. 【答案】(1)(2)(4)（出自第三冊第四章：圓錐曲線）

　　【解析】(1) 按題意與雙曲線 $\dfrac{x^2}{25}-\dfrac{y^2}{4}=1$ 不相交者即為其兩條

　　　　　　漸近線

　　　　　　令 $\dfrac{x^2}{25}-\dfrac{y^2}{4}=0$ 可轉化為 $4x^2-25y^2=0$

　　　　　　$(2x+5y)(2x-5y)=0$，

　　　　　　即直線 $2x+5y=0$ 及 $2x-5y=0$

　　　　　(2) 聯立 $4x^2-25y^2=100$ 與 $5y=3x$ 可得：

　　　　　　$4x^2-(3x)^2=100$，$x^2=-200$　　$x\in\mathrm{R}$　即不相交

10. 【答案】(1)(3)(4)(5)（出自第二冊第三章：三角函數的性質）

　　【解析】(1) 利用「棣莫夫定理」的理論可知

　　　　　(2) 設 $z^6=1=1+0\,i=\cos 2\pi+i\sin 2\pi$　且 $z\neq 1$

　　　　　　① 取 $z=(\cos 2\pi+i\sin 2\pi)^{\frac{1}{6}}=\cos\dfrac{\pi}{3}+i\sin\dfrac{\pi}{3}$

　　　　　　　　$=\dfrac{1}{2}+\dfrac{\sqrt{3}}{2}\,i$　　即 $|z|=\sqrt{\left(\dfrac{1}{2}\right)^2+\left(\dfrac{\sqrt{3}}{2}\right)^2}=\sqrt{1}=1$

　　　　　　② $z^2=\left(\cos\dfrac{\pi}{3}+i\sin\dfrac{\pi}{3}\right)^2=\cos\dfrac{2\pi}{3}+i\sin\dfrac{2\pi}{3}$

　　　　　　　　$=-\dfrac{1}{2}+\dfrac{\sqrt{3}}{2}\,i\neq 1$

　　　　　　③ $z^3=\left(\cos\dfrac{\pi}{3}+i\sin\dfrac{\pi}{3}\right)^3=\cos\pi+i\sin\pi$

　　　　　　　　$=-1+0\,i=-1$

④ $z^4 = \left(\cos\dfrac{\pi}{3} + i\sin\dfrac{\pi}{3} \right)^4 = \cos\dfrac{4\pi}{3} + i\sin\dfrac{4\pi}{3} = -\dfrac{1}{2} - \dfrac{\sqrt{3}}{2}\,i$

取 $|z^4| = \sqrt{\left(-\dfrac{1}{2} \right)^2 + \left(-\dfrac{\sqrt{3}}{2} \right)^2} = \sqrt{1} = 1$

⑤ 由題意可知：$z^6 = 1$

即 $(z-1)(z^5 + z^4 + z^3 + z^2 + z^1 + 1) = 0$

$\because z \neq 1 \quad \therefore$ 取 $z^5 + z^4 + z^3 + z^2 + z^1 + 1 = 0$

第二部份：填充題

A. 【答案】 25.7（出自國中教材）

　　【解析】 (1) 設一張 B4 的長方形之長邊為 $a = 36.4$ 公分，短邊為 b

　　　　　　　按題意可知 B5 的長方形之長邊為 b，短邊為 $\dfrac{a}{2}$

　　　　　(2) 已知 B4 與 B5 的形狀相似，則對應邊呈比例

　　　　　　　① $\dfrac{a}{b} = \dfrac{b}{\dfrac{a}{2}} = \dfrac{2b}{a}$ 　　　簡化為 $a^2 = 2b^2$

　　　　　　　② $2b^2 = (36.4)^2 = 1324.96$ 　　即 $b^2 = 662.48$

　　　　　　　取短邊 $b = \sqrt{662.48} \fallingdotseq 25.7$（公分）

B. 【答案】 40（出自第四冊第二章：機率）

　　【解析】 (1) 先求滿意市長施政的人數有 $216 + 184 = 400$ 人

　　　　　　　① 男性有 $600 \cdot \dfrac{36}{100} = 216$ 人

　　　　　　　② 女性有 $400 \cdot \dfrac{46}{100} = 184$ 人

　　　　　(2) 機率 $= \dfrac{400}{600 + 400} = \dfrac{40}{100} = 40\,\%$

C. 【答案】 $\dfrac{1}{12}$ （出自第四冊第二章：機率）

　　【解析】 (1) 樣本空間為 $C_2^9 = \dfrac{9 \cdot 8}{2 \cdot 1} = 36$

　　　　　　 (2) 有利空間為 3

　　　　　　　　① 乘積為完全立方數者有 8 與 27 等

　　　　　　　　② 即 $1 \cdot 8$ 或 $2 \cdot 4$ 或 $3 \cdot 9$ 等 3 種情況

　　　　　　 (3) 機率 $= \dfrac{3}{36} = \dfrac{1}{12}$

D. 【答案】 $5x - 2$ （出自第一冊第五章：多項式）

　　【解析】 (1) 按題意可設多項式 $f(x)$ 為

$$f(x) = (x^2 - 5x + 4) \cdot Q_1(x) + x + 2$$
$$= (x - 1)(x - 4)Q_1(x) + x + 2$$
$$= (x^2 - 5x + 6) \cdot Q_2(x) + 3x + 4$$
$$= (x - 3)(x - 2)Q_2(x) + 3x + 4$$
$$= (x^2 - 4x + 3) \cdot Q_3(x) + ax + b$$
$$= (x - 1)(x - 3) \cdot Q_3(x) + ax + b$$

　　　　　　 (2) 由上述式中可知：$f(1) = 3$ 且 $f(3) = 13$

　　　　　　　　① $f(1) = 3 : a + b = 3$

　　　　　　　　② $f(3) = 13 : 3a + b = 13$　　　聯立兩式可得：$a = 5$，$b = -2$

　　　　　　 (3) 取餘式 $ax + b$ 為 $5x - 2$

E. 【答案】 544（出自第二冊第三章：三角函數的性質）

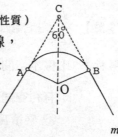

【解析】 (1) 由題意可知：過 A，B 作垂線，

分別垂直於 k，m 兩條直線公

路，且相交於 O 點，

取 $\angle AOB = 120^\circ = \dfrac{2\pi}{3}$

(2) 連 $\overline{OC}$ 在直角 △AOC 中，已知：

① $\overline{AC} = 450$ 公尺，且 $\angle ACO = 30^\circ$

② 半徑 $\overline{AO} = \overline{AC} \cdot \dfrac{\overline{AO}}{\overline{AC}} = 450 \cdot \tan 30^\circ = 150\sqrt{3}$

(3) 圓弧 AB = 半徑 · 圓心角

$= 150\sqrt{3} \cdot \dfrac{2\pi}{3}$

$\fallingdotseq (150)(1.732)(\dfrac{6.284}{3}) \fallingdotseq 544$（公尺）

F. 【答案】 $\sqrt{14}$（出自第三冊第一章：空間向量）

【解析】 (1) 如右圖按題意可知：

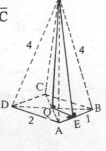

① $\overline{PE} \perp \overline{AB}$ 且 $\overline{QE} \perp \overline{AB}$ 且 $\overline{PQ} \perp \overline{AC}$

② $\overline{AB} = \overline{BC} = \overline{CD} = \overline{DA} = 2$

$\overline{PA} = \overline{PB} = \overline{PC} = \overline{PD} = 4$

(2) 在直角 △PEB 中，

$\overline{PB} = 4$，$\overline{BE} = 1$

取 $\overline{PE} = \sqrt{16-1} \fallingdotseq \sqrt{15}$

(3) 在直角 △PQE 中，$\overline{PE} = \sqrt{15}$，$\overline{QE} = \dfrac{1}{2}$ $\overline{AD} = 1$

取四角錐的高 $\overline{PQ} = \sqrt{15-1} = \sqrt{14}$

G.【答案】13（出自第二冊第二章：三角函數）

【解析】(1) $\because \tan \angle BAC = \dfrac{8}{9}$

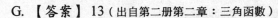

且 $\tan \angle ABC = \dfrac{8}{3}$ 均為正值

$\therefore$ C 點在 A 與 B 之間的上方

(2) 過 C 作 $\overline{AB}$ 的垂線取垂足為 D

① $\overline{AD} : \overline{DB} = \dfrac{\overline{AD}}{\overline{CD}} : \dfrac{\overline{DB}}{\overline{CD}}$

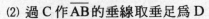

$= \cot \angle BAC : \cot \angle ABC$

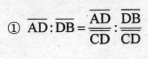

$= \dfrac{9}{8} : \dfrac{3}{8} = 9 : 3 = 3 : 1$

② 利用「內分點公式」可得：

D 點為 $\left(\dfrac{1 \cdot 2 + 3 \cdot -4}{4}, 0 \right) = \left(\dfrac{-10}{4}, 0 \right) = \left(-\dfrac{5}{2}, 0 \right)$

③ $\overline{CD} = \overline{BD} \cdot \dfrac{\overline{CD}}{\overline{BD}} = \dfrac{3}{2} \cdot \dfrac{8}{3} = 4$

(3) 由上述計算可得：C 點坐標為 $\left(-\dfrac{5}{2}, 4 \right)$

取 $\overline{CD} = \sqrt{\left(\dfrac{5}{2} + \dfrac{5}{2} \right)^2 + (-8-4)^2} = \sqrt{169} = 13$

H. 【答案】6（出自第三册第一章：空間向量）

【解析】(1) 設原正面體 ABCD 的邊長為 a，且已知體積為 12

① 體積 $=\dfrac{1}{3}\cdot$ 底面積 $\cdot$ 高 $=\dfrac{1}{3}\cdot\dfrac{\sqrt{3}}{4}a^2\cdot\dfrac{\sqrt{6}}{3}a=\dfrac{\sqrt{2}}{12}a^3$

② 令 $\dfrac{\sqrt{2}}{12}a^3=12$，$a^3=72\sqrt{2}$

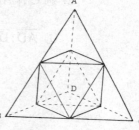

(2) 設小正四面體的邊長為 $\dfrac{a}{2}$

體積 $=\dfrac{1}{3}\cdot\dfrac{\sqrt{3}}{4}\left(\dfrac{a}{2}\right)^2\cdot\dfrac{\sqrt{6}}{6}a$

$\quad =\dfrac{\sqrt{2}}{96}a^3=\dfrac{\sqrt{2}}{96}\cdot72\sqrt{2}=\dfrac{3}{2}$

(3) 在八面體 = 原正四面體 −（小正四面體）$\cdot$ 4

$\quad =12-\dfrac{3}{2}\cdot4=12-6=6$

I. 【答案】0.01（出自第四册第二章：機率）

【解析】(1) 樣本空間：P（良）$\cdot$ P（良/良）+ P（不良）$\cdot$ P（良/不良）

$\quad =\dfrac{95}{100}\cdot\dfrac{80}{100}+\dfrac{5}{100}\cdot\dfrac{16}{100}$

$\quad =\dfrac{7600+80}{10000}=0.768$

(2) 有利空間：P（不良）$\cdot$ P（良/不良）$=\dfrac{5}{100}\cdot\dfrac{16}{100}=0.008$

(3) 機率 P $=\dfrac{0.008}{0.768}=\dfrac{1}{96}\fallingdotseq 0.01$

J. 【答案】210（出自第四冊第一章：排列組合）

　　【解析】(1) 先將甲、乙除外的 7 個人分組為 3 人，2 人，2 人：

$$\frac{C_3^7 \cdot C_2^4 \cdot C_2^2}{2!} = \frac{210}{2} = 105$$

　　　　　(2) 再將甲，乙等兩人分別插入「2 人組」中：

$$2 \cdot 1 \cdot 1 = 2$$

　　　　　(3) 利用「乘法原理」可得組隊方法有：

$$105 \cdot 2 = 210（種）$$

九十年度學科能力測驗（數學考科）
大考中心公佈答案

題　號	答　　案	題　號	答　　案
1	3	21	4
2	3	22	4
3	5	23	1
4	3,4,5	24	4
5	1,3,5	25	1
6	1,4	26	3
7	2,3,5	27	6
8	1,2,5	28	0
9	1,2,4	29	1
10	1,3,4,5	30	2
11	2	31	1
12	5	32	0
13	7		
14	4		
15	0		
16	1		
17	2		
18	5		
19	2		
20	5		

八十九年大學入學學科能力測驗試題
數學考科

第一部分：選擇題

壹、單一選擇題

說明：第 1 至 7 題，每題選出最適當的一個選項，標示在答案卡之「解答欄」，每題答對得 5 分，答錯不倒扣。

1. 有一等腰三角形底邊為 10，頂角 72°。下列何者可以表示腰長？

　(1) $5 \cdot sin36°$　　(2) $5 \cdot tan36°$

　(3) $5 \cdot cot36°$　　(4) $5 \cdot sec36°$　　(5) $5 \cdot csc36°$

2. 在坐標平面上，根據方程式 x+5y-7=0, 2x+y+4=0, x-y-1=0 畫出三條直線 L_1，L_2，L_3，如圖所示，試選出方程式與直線間正確的配置？

　(1) L_1: x+5y-7 = 0; L_2: 2x+y+4 = 0; L_3: x-y-1 = 0

　(2) L_1: x-y-1 = 0; L_2: x+5y-7 = 0; L_3: 2x+y+4 = 0

　(3) L_1: 2x+y+4 = 0; L_2: x+5y-7 = 0; L_3: x-y-1 = 0

　(4) L_1: x-y-1 = 0; L_2: 2x+y+4 = 0; L_3: x+5y-7 = 0

　(5) L_1: 2+y+4 = 0; L_2: x-y-1 = 0; L_3: x+5y-7 = 0

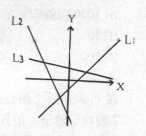

3. 下列 5 組資料（每組各有 10 筆）

　A：1，1，1，1，1，10，10，10，10，10

　B：1，1，1，1，1，5，5，5，5，5

　C：4，4，4，5，5，5，5，6，6，6

　D：1，1，2，2，3，3，4，4，5，5

　E：1，2，3，4，5，6，7，8，9，10

　試問哪一組資料的標準差最大？

　(1) A　　　(2) B　　　(3) C　　　(4) D　　　(5) E

4. 如圖所示有 5 筆（X，Y）資料。試問：去掉哪一筆資料後，剩下來 4 筆資料的相關係數最大？

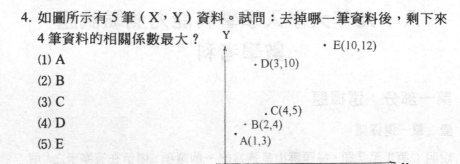

   (1) A
   (2) B
   (3) C
   (4) D
   (5) E

5. 假設世界人口自 1980 年起，50 年內每年增長率均固定。已知 1987 年世界人口達 50 億，1999 年第 60 億人誕生在賽拉佛耶。根據這些資料推測 2023 年世界人口數最接近下列哪一個數？

   (1) 75 億　　　　(2) 80 億　　　　(3) 86 億
   (4) 92 億　　　　(5) 100 億

6. 在1999 年 6 月 1 日數學家利用超級電腦驗證出 $2^{6972593}-1$ 是一個質數。若想要列印出質數至少需要多少張 A4 張？假定每張 A4 紙，可列印出 3000 個數字。在下列選項中，選出最接近的張數。[$\log_{10}2 \approx 0.3010$]

   (1) 50　　　　(2) 100　　　　(3) 200
   (4) 500　　　　(5) 700

7. 設 P_1 表示丟 2 個公正硬幣時，恰好出現 1 個正面的機率，P_2 表示擲 2 個均勻骰子，恰好出現 1 個偶數點的機率，P_3 表示丟 4 個公正硬幣時，恰好出現 2 個正面的機率。試問下列選項何者為眞？

   (1) $P_1=P_2=P_3$　　(2) $P_1=P_2>P_3$　　(3) $P_1=P_3<P_2$
   (4) $P_1=P_3>P_2$　　(5) $P_3>P_2>P_1$

貳、多重選擇題

說明：第 8 至 10 題，每題至少有一個選項是正確的，選出正確選項，標示在答案卡之「解答欄」。每題答對得 5 分，答錯不倒扣，未答者不給分。只錯一個可獲 2.5 分，錯兩個或兩個以上不給分。

8. 在坐標平面上，以 (-1,1)，(3,1) 爲焦點，且通過點 (3,4) 畫一雙曲線。試問此雙曲線也會通過下列哪些點？
   (1) (1,1)　　　　　(2) (-1,4)　　　　　(3) (3, -2)
   (4) (-1, -2)　　　(5) (3,1)

9. 阿山家在一條東西向馬路的北方 D 點處，爲了不同目的，他走到馬路的路線有下列三條：
   向南走 a 公尺到 A 點之後，繼續向南走 a 公尺到達馬路；
   南東南走 b 公尺到 B 點之後，繼續向南走 b 公尺到達馬路；
   向東走 c 公尺到 C 點之後，繼續向南走 c 公尺到達馬路。
   根據上述資料，下列選項何者爲眞？
   (1) c=2a　　　　　　　　　(2) a＜b＜c
   (3) b=$\sqrt{2}$ a　　　　　　　　(4) A,B,C,D 四點共圓
   (5) A,B,C 三點剛好在以 D 點爲焦點的拋物線上

10. 將行列式 $\begin{vmatrix} x & 1 & 2 \\ 1 & x & 2 \\ 1 & 2 & x \end{vmatrix}$

    展開得到多項式 f(x)。下列有關 f(x)的敘述，何者爲眞？
    (1) f(x)是一個三次多項式　　　(2) f(1)=0
    (3) f(2)=0　　　(4) f(-3)=0　　　(5) f(5)=0

第二部分：填充題

說明：1. 第 A 至 J 題，將答案標示在答案卡之「解答欄」所標示的列號(11-36)。

　　　2. 每題完全答對給 5 分，答錯不倒扣，未完全答對不給分。

A. 今年（公元 2000 年是閏年）的 1 月 1 日是星期六。試問下一個 1 月 1 日也是星期六，發生在公元哪一年？答：20 ⑪⑫ 年。

B. 將自然數按下列規律排列，每一列比前一列多一個數，如下表所示：

第 1 列 | 1
第 2 列 | 2，3
第 3 列 | 4，5，6
第 4 列 | 7，8，9，10
第 5 列 | 11，12，13，14，15
・・・ | ・・・

試問第 100 列第 3 個數是多少？ 答：⑬⑭⑮⑯。

C. 設三次方程式 $x^3-17x^2+32x-30=0$ 有兩複數根 a+i, 1+bi，其中 a,b 是不為 0 的實數。試求它的實根。答：⑰⑱。

D. 空間中有一直線 L 與平面 E；x+2y+3z=9 垂直，試求通過點 (2，-3，4)且與直線 L 垂直的平面方程式。 答：x+⑲ y+⑳ z＝㉑。

E. 在某海防觀測站的東方 12 海浬處有 A，B 兩艘船相會之後，A 船以每小時 12 海浬的速度往南航行，B 船以每小時 3 海浬的速度向北航行。問幾小時後，觀測站及 A、B 兩船恰成一直角三角形？
答：㉒ 小時。

F. 氣象局測出在 20 小時期間,颱風中心的位置由恒春東南方 400 公里直線移動到恒春南 15°西的 200 公里處，試求颱風移動的平均速度。(整數以下，四捨五入) 答：㉓㉔ 公里/時。

G. 桌面上有大小兩顆球，相互靠在一起。已知大球的半徑為 20 公分，小球半徑 5 公分。試求這兩顆球分別與桌面相接觸的兩點之間的距離。答：㉕㉖ 公分。

H. 體操委員會由 10 位女性委員與 5 位男性委員組成。委員會要由 6 位委員組團出國考察，如以性別做分層，並在各層依比例隨機抽樣，試問此考察團共有多少種組成方式？答： ㉗㉘㉙㉚ 種。

I. 交通規則測驗時，答對有兩種可能，一種是會做而答對，一種是不會做但猜對。已知小華練習交通規則筆試測驗，會做的機率是 0.8。現有一題 5 選 1 的交通規則選擇題，設小華會做就答對，不會做就亂猜。已知此題小華答對，試問在此條件下，此題小華是因會做而答對（不是亂猜）的機率是多少？
答： ㉛㉜㉝㉞ 。(以最簡分數表示)

J. 如下圖所示，有一船位於甲港口的東方 27 公里北方 8 公里 A 處，直朝位於港口的東方 2 公里北方 3 公里 B 處的航標駛去，到達航標後即修正航向以便直線駛入港口。試問船在航標處的航向修正應該向左轉多少試？（整數以下，四捨五入）答： ㉟㊱ 度。

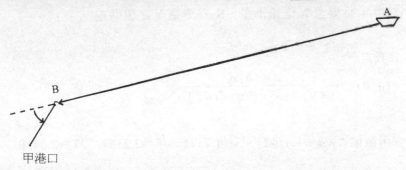

甲港口

參考公式及可能用到的數值

1. 一元二次方程式的公式解： $x = \dfrac{-b \pm \sqrt{b^2 - 4ac}}{2a}$

2. 通過 (x_1, y_1) 與 (x_2, y_2) 的直線斜率 $m = \dfrac{y_2 - y_1}{x_2 - x_1}$

3. 等比數列〈ar^{n-1}〉的前 n 項之和 $S_n = \dfrac{a \cdot (1-r^n)}{1-r}$ ，$r \neq 1$

4. △ABC 的正弦及餘弦定理

(1) $\dfrac{a}{sin A} = \dfrac{b}{sin B} = \dfrac{c}{sin C} = 2R$，R 為外接圓的半徑(正弦定理)

(2) $c^2 = a^2 + b^2 - 2ab cos C$（餘弦定理）

5. 統計公式：

算術平均數 $M(= \overline{X}) = \dfrac{1}{n}(x_1 + x_2 + \cdots + x_n) = \dfrac{1}{n}\sum\limits_{i=1}^{n}x_i$

標準差 $S = \sqrt{\dfrac{1}{n}\sum\limits_{i=1}^{n}(x_1 - \overline{x})^2} = \sqrt{\dfrac{1}{n}\sum\limits_{i=1}^{n}x_1^2 - \overline{x}^2}$

相關係數 $r = \dfrac{\sum\limits_{i=1}^{n}(x_i - \overline{X})(y_i - \overline{Y})}{n \cdot S_x S_Y} = \dfrac{\sum\limits_{i=1}^{n}(x_i - \overline{X})(y_i - \overline{Y})}{\sqrt{\sum\limits_{i=1}^{n}(x_i - \overline{X})^2 \sum\limits_{i=1}^{n}(y_i - \overline{Y})^2}}$

其中 S_x 為變量 X 之標準差，S_y 為變量 Y 之標準差

6. 貝氏定理

$P(A|B) = \dfrac{P(A)P(B|A)}{P(A)P(B|A) + P(A')P(B|A')}$

7. 參考數值：$\sqrt{2} \approx 1.4142$　$\sqrt{3} \approx 1.7321$　$\sqrt{5} \approx 2.2361$　$\sqrt{7} \approx 2.6458$

8. 對數值：$\log_{10} 2 \approx 0.3010$

$\log_{10} 3 \approx 0.4771$

$\log_{10} 5 \approx 0.6990$

$\log_{10} 7 \approx 0.8451$

89年度學科能力測驗數學科試題詳解

第一部分：選擇題

壹、單一選擇題

1. (5) (出自第二冊，第 2 章三角函數)

【解析】 由ΔABD：

$$\sin 36^\circ = \frac{5}{\overline{AB}}$$

$$\overline{AB} = 5 \cdot \frac{1}{\sin 36^\circ} = 5 \cdot \csc 36^\circ$$

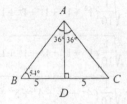

2. (4) (出自第一冊，第 3 章直線方程式)

【解析】 $x-y-1=0$ 之斜率 $m_1 = 1$

$L1 : x-y-1=0$

$2x+y+4=0$ 之斜率 $m_2 = -2$

$L_2 : 2x+y+4=0$

$x+5y-7=0$ 之斜率 $m_3 = -\dfrac{1}{5}$

$L_3 : x+5y-7=0$

(斜率之判斷：如下圖)

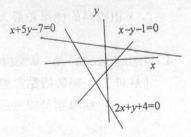

3. (1) (出自第四冊，第 3 章敘述統計)

【解析】

$$S = \sqrt{\frac{1}{n}\sum_{i=1}^{n}(x_i - \overline{X})^2}$$

$\overline{X}_A = 5.5$，$\overline{X}_B = 3$，$\overline{X}_C = 5$，$\overline{X}_D = 3$，$\overline{X}_E = 5.5$

$$S_A = \sqrt{\frac{1}{10}(1^2 + 1^2 + 1^2 + 1^2 + 1^2 + 10^2 + 10^2 + 10^2 + 10^2 + 10^2)-(5.5)^2} = \sqrt{30.25}$$

$$S_B = \sqrt{\frac{1}{10}(1^2 + 1^2 + 1^2 + 1^2 + 1^2 + 5^2 + 5^2 + 5^2 + 5^2 + 5^2)-3^2} = 2$$

$$S_C = \sqrt{\frac{1}{10}(4^2 + 4^2 + 4^2 + 5^2 + 5^2 + 5^2 + 5^2 + 6^2 + 6^2 + 6^2)-5^2} = \sqrt{0.6}$$

$$S_D = \sqrt{\frac{1}{10}(1^2 + 1^2 + 2^2 + 2^2 + 3^2 + 3^2 + 4^2 + 4^2 + 5^2 + 5^2)-3^2} = \sqrt{2}$$

$$S_E = \sqrt{\frac{1}{10}(1^2 + 2^2 + 3^2 + 4^2 + 5^2 + 6^2 + 7^2 + 8^2 + 9^2 + 10^2)-(5.5)^2} = \sqrt{8.25}$$

∴ A 組資料的標準差最大

4. (4) (出自第四冊，第 3 章敘述統計)

【解析】一組數據點愈趨近直線，則該組數據的相關性愈強，即各
點離趨勢線愈近。故將 D 點去掉，則相關性會最強。

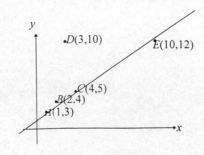

5. (3) (出自第二冊，第 1 章指對數)

【解析】 設人口增長率為 r

$50(1+r)^{1999-1987} = 60$，$(1+r)^{12} = 1.2$

∴ 2023 年世界人口數

$60(1+r)^{2023-1999} = 60(1+r)^{24} = 60[(1+r)^{12}]^2 = 60 \times (1.2)^2$

$= 60 \times 1.728 = 86.4(億)$

6. (5) (出自第二冊，第 1 章指對數)

【解析】 $\log 2^{6972593}$

$= 6972593 \cdot \log 2 = 6972593 \times 0.3010$

$= 2098750.493 = 2098750+0.493$

首數 2098750

∴ $2^{6972593}$ 為 2098751 位數，

即 $2^{6972593} - 1$ 亦為 2098751 位數(即有 2098751 個數字)

∴ 所需之紙張為 $\dfrac{2098751}{3000} \fallingdotseq 700$

7. (2) (出自第四冊，第 2 章機率)

【解析】 1. $p_1 = \dfrac{1}{2} \times \dfrac{1}{2} + \dfrac{1}{2} \times \dfrac{1}{2} = \dfrac{1}{2}$

　　　　　　　　(正)　(反)　(反)　(正)

2. 偶數點的機率為 $\dfrac{3}{6} = \dfrac{1}{2}$，奇數點的機率為 $\dfrac{3}{6} = \dfrac{1}{2}$

$p_2 = \dfrac{1}{2} \times \dfrac{1}{2} + \dfrac{1}{2} \times \dfrac{1}{2} = \dfrac{1}{2}$

　　　(偶)　(奇)　(奇)　(偶)

3. $p_3 = C_2^4 \times (\dfrac{1}{2})^2 \times (\dfrac{1}{2})^2 = \dfrac{3}{8}$ (先選取硬幣，再乘以其機率)

　　　(正)　(反)　　　∴ $p_1 = p_2 > p_3$

8. (2)(3)(4) (出自第三冊，第4章圓錐曲線)

【解析】 中心（1，1）C=2

利用雙曲線定義得

$$\left| \sqrt{(3-(-1))^2+(4-1)^2} - \sqrt{(3-3)^2+(4-1)^2} \right| = 2a \text{，} a=1$$

$\therefore b^2 = c^2 - a^2 = 2^2 - 1^2 = 3$

故雙曲線方程式：

$$\frac{(x-1)^2}{1} - \frac{(y-1)^2}{3} = 1$$

將各點代入雙曲線：

$(-1，4)$，$(3，-2)$，$(-1，-2)$合

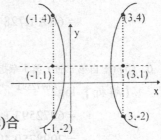

9. (1)(2)(5)

【解析】 依圖作圖如右，可知：

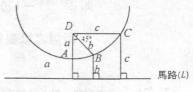

1. $c=2a$ 又 $a<b<c$

2. $2a = b \cdot \cos 45° + b$

$$2a = \frac{1}{\sqrt{2}}b + b \text{，} b = \frac{4}{2+\sqrt{2}}a$$

3. ∵四邊形 ABCD 對角不互補 ∴四點不共圓

4. A，B，C 符合定義〔d(P,F) = d(P,L)〕

即在以 D 爲焦點，馬路(L)爲準線之抛物線上

10. (1)(2)(3)(4) (出自第三冊，第2章行列式)

【解析】 依題展開爲 $x^3 - 7x + 6$

利用一次因式檢驗法，因式分解得

$f(x) = x^3 - 7x + 6 = (x-1)(x-2)(x+3)$爲三次多項式

$\therefore \deg f(x) = 3$ 且 $f(1) = 0$，$f(2) = 0$，$f(-3) = 0$

第二部份：填充題

A：2005

【解析】 4 年一閏（閏年 366 天，平年 365 天）

從 2000 年 1 月 1 日，星期六開始算，

每個星期六爲 7 的倍數

又 2000 年，2004 年爲閏年(即有 366 天)

至 2005 年 12 月 31 日止

共有：366+365+365+365+366(天) = 7k

∴2005 年 1 月 1 日亦爲星期六

B：4953 （出自第四冊，第 2 章數列與級數）

【解析】　　　 第一行

第 1 列　1=1+0

第 2 列　2=1+(1)

第 3 列　4=1+(1+2)

第 4 列　7=1+(1+2+3)

第 5 列　11=1+(1+2+3+4)

第 100 列　$4951=1+(1+2+3+...+99)=1+\dfrac{(1+99)\times 99}{2}=4951$

∴ 第 100 列的第 3 個數即 4951+2=4953

C：15

【解析】 因爲方程式爲實係數方程式，所以二複數根必共軛成對

$\overline{a+i}=1+bi \Rightarrow a-i=1+bi$ 故 a=1　b=－1

令 x=1+i　x－1=I

$x^2-2x+1=-1$　$x^2-2x+2=0$

∴ 原式爲 $x^3-17x^2+32x-30=0$

$(x^2-2x+2)(x-15)=0$，故實根爲 15

D： x+2y+3z=8（出自第三冊，第1章空間向量）

【解析】 設所求平面爲 E′

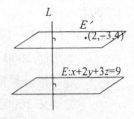

L 爲 E′與 E 之法向量=(1,2,3)

E′： x+2y+3z=k

(2,-3,4)代入 k=8

⇒E′:x+2y+3z=8

E： 2小時 （利用畢氏定理）

【解析】 設 t 小時後三點成一直角三角形

設觀測站 O(0，0)，A(12，−12t)，B(12，3t)

$\overrightarrow{OA}$=(12，−12t)，$\overrightarrow{OB}$=(12，3t)

∵ $\overrightarrow{OA} \perp \overrightarrow{OB}$，

∴ (12，−12t)・(12，3t)=0

t =±2(負不合，時間值爲正)

∴ 2小時後成一直角三角形

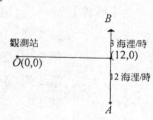

F： 17公里/時 (出自第二冊，第2章三角函數餘弦定理)

【解析】 設 $\overline{AB}$=x，∠AOB=60°

利用餘弦定律

$x^2 = 200^2+400^2-2 \cdot 200 \cdot 400 \cdot \cos 60° = 120000$

∴ $x = \sqrt{12000} = 200\sqrt{3} ≒ 346.42$

∴ 平均速度=$\dfrac{距離}{時間} = \dfrac{346.42}{20} = 17.321 ≒ 17$ 公里/時

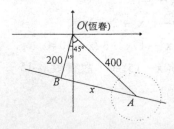

G：20公分　（利用畢氏定理）

【解析】所求即 $\overline{AB} = \overline{PO_2}$

$\overline{PO_1} = 20 - 5 = 15$，

$\overline{O_1O_2} = 20 + 5 = 25$

$\therefore \overline{PO_2} = \sqrt{20^2 - 15^2} = 20$

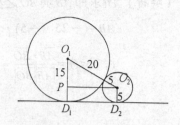

H：2100種　（出自第四冊，第 1 章排列組合）

【解析】女性：男性＝10：5＝2：1因為

$\therefore$ 女性選 4 位，男性選 2 位(各層依比例隨機抽樣)

方法數＝(10 位女性選出 4 位)×(5 位男性選出 2 位)

$C_4^{10} \times C_2^5 = \dfrac{10!}{4!\,6!} \times \dfrac{5!}{2!\,3!} = 2100$ 種

I：$\dfrac{20}{21}$　（出自第四冊第二章機率）

【解析】$P(會做 \mid 答對) = \dfrac{P(答對 \cap 會做)}{P(答對)}$

$= \dfrac{P(答對 \cap 會做) \cdot P(會做)}{P(答對 \cap 會做) \cdot P(會做) + P(答對 \cap 不會做) \cdot P(不會做)}$

$= \dfrac{1 \cdot \dfrac{4}{5}}{1 \cdot \dfrac{4}{5} + \dfrac{1}{5} \cdot \dfrac{1}{5}} = \dfrac{20}{21}$

會做 $\left(\dfrac{4}{5}\right)$ ── 答對 (1)

會做 $\left(\dfrac{4}{5}\right)$ ── 答錯 (0)

不會做 $\left(\dfrac{1}{5}\right)$ ── 答對 $\left(\dfrac{1}{5}\right)$

不會做 $\left(\dfrac{1}{5}\right)$ ── 答錯 $\left(\dfrac{4}{5}\right)$

【解析】 所求即 $\overrightarrow{AB}$ 與 $\overrightarrow{BO}$ 之夾角

$\overrightarrow{AB}=(-25，-5)，\overrightarrow{BO}=(-2，-3)$

$\therefore \cos\theta=\dfrac{\overrightarrow{AB}\cdot\overrightarrow{BO}}{|\overrightarrow{AB}||\overrightarrow{BO}|}=\dfrac{1}{\sqrt{2}}，\theta=45°$

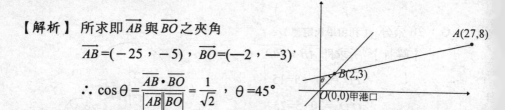

八十八年大學入學學科能力測驗試題
數學考科

第一部分：選擇題

壹、單一選擇題

說明：第 1 至 3 題，每題選出最適當的一個選項，標示在答案卡之「解答欄」，每題答對得 5 分，答錯不倒扣。

1. 下列何者是 2^{100} 除以 10 的餘數？
   (1) 0 　　(2) 2 　　(3) 4 　　(4) 6 　　(5) 8

2. 下列五個數中，何者為最小？
   (1) $2^{\frac{1}{3}}$ 　　(2) $\left(\dfrac{1}{8}\right)^{-2}$ 　　(3) $2^{-\frac{1}{4}}$ 　　(4) $\left(\dfrac{1}{2}\right)^{\frac{1}{2}}$ 　　(5) $8^{-\frac{1}{3}}$

3. 圖(一)為一正立方體，A，B，C 分別為所在的邊之中點，通過 A，B，C 三點的平面與此立方體表面相截，問下列何者為其截痕的形狀？
   (1)直角三角形
   (2)非直角三角形
   (3)正方形
   (4)非正方形的長方形
   (5)六邊形。

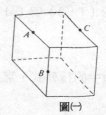

圖(一)

貳、多重選擇題

說明：第 4 至 10 題，每題至少有一個選項是正確的，選出正確選項，標示在答案卡之「解答欄」。每題答對得 5 分，答錯不倒扣，未答者不給分。只錯一個可獲 2.5 分，錯兩個或兩個以上者不給分。

4. 設 $\triangle ABC$ 的三頂點 A，B，C 所對邊的邊長分別為 a, b, c，$\overline{AH}$ 為高，

則 $\overline{AH}$ 之長為

(1) $b \cdot \sin B$ 　(2) $c \cdot \sin C$ 　(3) $b \cdot \sin C$ 　(4) $c \cdot \sin B$ 　(5) $a \cdot \sin A$ 。

5. 試選出正確的選項：

(1) $0.34\overline{3}$ 不是有理數　(2) $0.\overline{34} > \dfrac{1}{3}$ 　(3) $0.\overline{34} > 0.343$

(4) $0.\overline{34} < 0.35$ 　(5) $0.\overline{34} = 0.3\overline{43}$ 。

6. 三次方程式 $x^3 + x^2 - 2x - 1 = 0$ 在下列那些連續整數之間有根？

(1) -2 與 -1 之間　(2) -1 與 0 之間　(3) 0 與 1 之間

(4) 1 與 2 之間　(5) 2 與 3 之間。

7. 關於 $\Gamma : \sqrt{(x-1)^2 + (y-2)^2} + \sqrt{(x+1)^2 + (y+2)^2} = 6$ ，下列何者為真？

(1) （0，0）是 Γ 的中心

(2) （1，2），（-1，-2）是 Γ 的焦點

(3) Γ 的短軸為 4

(4) Γ 對稱於直線 $x = y$

(5) Γ 對稱於（1，2）與（-1，-2）的連線。

8. 下列各選項中的行列式，那些與行列式 $\begin{vmatrix} a_1 & a_2 & a_3 \\ b_1 & b_2 & b_3 \\ c_1 & c_2 & c_3 \end{vmatrix}$ 相等？

(1) $\begin{vmatrix} a_1 & a_2 & a_3 \\ c_1 & c_2 & c_3 \\ b_1 & b_2 & b_3 \end{vmatrix}$ 　(2) $\begin{vmatrix} a_1 & b_1 & c_1 \\ a_2 & b_2 & c_2 \\ a_3 & b_3 & c_3 \end{vmatrix}$ 　(3) $\begin{vmatrix} a_1 & a_2 & a_3 \\ b_1 - c_1 & b_2 & c_2 \, b_3 & c_3 \\ c_1 & c_2 & c_3 \end{vmatrix}$

(4) $\begin{vmatrix} a_1 & a_2 & a_3 \\ b_1 & c_1 \, b_2 & c_2 \, b_3 & c_3 \\ c_1 & c_2 & c_3 \end{vmatrix}$ 　(5) $\begin{vmatrix} a_3 & a_2 & a_1 \\ b_3 & b_2 & b_1 \\ c_3 & c_2 & c_1 \end{vmatrix}$

9. 測量一物件的長度 9 次，得其長（公尺）為 2.43, 2.46, 2.41, 2.45, 2.44, 2.48, 2.46, 2.47, 2.45，將上面的數據每一個都乘以 100，再減去 240 得一組新數據為 3，6，1，5，4，8，6，7，5，問下列選項，何者為眞？

(1) 新數據的算術平均數為 5　　(2) 新數據的標準差為 2

(3) 原數據的算術平均數為 2.45　(4) 原數據的標準差為 0.2

(5) 原數據的中位數為 2.45。

10. 圖(二)為一正立方體，試問下列何者為眞？

(1) $\overrightarrow{EA} \cdot \overrightarrow{EG} = 0$

(2) $\overrightarrow{ED} \cdot \overrightarrow{EF} = 0$

(3) $\overrightarrow{EF} \cdot \overrightarrow{EH} = \overrightarrow{AC}$

(4) $\overrightarrow{EC} \cdot \overrightarrow{AG} = 0$

(5) $\overrightarrow{EF} + \overrightarrow{EA} + \overrightarrow{EH} = \overrightarrow{EC}$

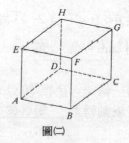

圖(二)

第二部分：填充題

說明：1. 將第 A 至 J 題答案標示在答案卡之「解答欄」所標示的列號（11-33）處。

2. 每題完全答對給 5 分，答錯不倒扣，未完全答對者，不給分。

3. 如果答案要求的是分數時，必須以最簡分數表示。

A. 一個正三角形的面積為 36，今截去三個角（如圖(三)），使成為正六邊形，此正六邊形的面積為　⑪⑫　。

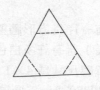

圖(三)

B. 本金 100 元，年利率 6%，每半年複利一次，五年期滿，共得本利和為 ⑬⑭⑮ 元。（元以下四捨五入）

C. 一位海盜欲將三件珠寶埋藏在一個島上的三個地方，海盜就以島上的一棵大王椰子樹為中心，由大王椰子樹向東走 12 步埋他的第一件珠寶；由大王椰子樹向東走 4 步，再往北走 a 步埋他的第二件珠寶；最後由大王椰子樹向東走 a 步，再向南走 8 步埋他的第三件珠寶。事隔多年之後，海盜僅記得 a>0 及埋藏珠寶的三個地方在同一直線上。那麼 a= ⑯⑰ 。

D. 設 $0 < \theta < \frac{\pi}{4}$ 且 $2+\sqrt{3}$ 為 $X^2 - (\tan\theta + \cot\theta)X + 1 = 0$ 的一根，則 $\tan\theta = ⑱ - \sqrt{⑲}$ 。

E. 有一輪子，半徑 50 公分，讓它在地上滾動 200 公分的長度，問輪子繞軸轉動 ⑳㉑㉒ 度。（度以下四捨五入）

F. 在 △ABC 中，已知 ∠C=60°，$\overline{AC}$ = 3000 公尺，$\overline{BC}$ = 2000 公尺，則 ∠A 為 ㉓㉔ 度。（度以下四捨五入）
（參考資料：$\sqrt{3} \approx 1.732, \sqrt{7} \approx 2.646, \sqrt{21} \approx 4.583$）

G 袋子裏有 3 個球，2 個球上標 1 元，1 個球上標 5 元。從袋中任取 2 個球，即可得兩個球所標錢數的總和，則此玩法所得錢數的期望值是 $\frac{㉕㉖}{3}$ 元。

H. 有一片長方形牆壁，尺寸為 12×1（即：長 12 單位長，寬 1 單位長）若有許多白色及咖啡色壁磚，白色壁磚尺寸為 2×1，咖啡色壁磚尺寸為 4×1，用這些壁磚貼滿此長方形，問可貼成幾種不同的圖案？ ㉗㉘ 種。

I. 擲 3 粒公正骰子，問恰好有兩粒點數相同的機率爲 $\dfrac{\text{㉙㉚}}{6^3}$ 。

J. 在空間中，連接點 P（2，1，3）與點 Q（4，5，5）的線段 PQ 之垂直平分面爲 ㉛ x ＋ ㉜ y ＋ ㉝ z ＝ 13 。

參考公式、常用對數表及三角函數表

1. 一元二次方程式的公式解：$x = \dfrac{-b \pm \sqrt{b^2 - 4ac}}{2a}$

2. 通過（x_1，y_1）與（x_2，y_2）的直線斜率爲 $m = \dfrac{y_2 - y_1}{x_2 - x_1}$

3. 等比級數〈ar^{n-1}〉的前 n 項之和：

當 $r \neq 1$ 時，$S_n = a \cdot \dfrac{1 - r^n}{1 - r} = \dfrac{a}{1 - r} - \dfrac{ar^n}{1 - r}$ ；

當 $r = 1$ 時，$S_n = na$

4. $\triangle ABC$ 的正弦及餘弦定律

(1) $\dfrac{a}{\sin A} = \dfrac{b}{\sin B} = \dfrac{c}{\sin C} = d$ ，d 爲外接圓直徑（正弦定律）

(2) $c^2 = a^2 + b^2 - 2ab\cos C$

5. 統計公式

算術平均 $M\left(= \overline{X}\right) = \dfrac{1}{n}\left(x_1 + x_2 + \cdots + x_n\right) = \dfrac{1}{n}\displaystyle\sum_{i=1}^{n} x_i$

標準差 $\quad S = \sqrt{\dfrac{1}{n}\displaystyle\sum_{i=1}^{n}\left(x_i - \overline{X}\right)^2} = \sqrt{\dfrac{1}{n}\displaystyle\sum_{i=1}^{n} x_i^2 - \overline{X}^2}$

6. 常用對數表 $y = \log_{10} x$

x	0	1	2	3	4	5	6	7	8	9	表 尾 差								
											1	2	3	4	5	6	7	8	9
10	0000	0043	0086	0128	0170	0212	0253	0294	0334	0374	4	8	12	17	21	25	29	33	37
11	0414	0453	0492	0531	0569	0607	0645	0682	0719	0755	4	8	11	15	19	23	26	30	34
12	0792	0828	0864	0899	0934	0969	1004	1038	1072	1106	3	7	10	14	17	21	24	28	31
13	1139	1173	1206	1239	1271	1303	1335	1367	1399	1430	3	6	10	13	16	19	23	26	29
14	1461	1492	1523	1553	1584	1614	1644	1673	1703	1732	3	6	9	12	15	18	21	24	27

註： 1. 表中所給的對數值為小數點後的值。
    2. 表中最左欄的數字表示 x 的個位數及小數點後第一位，最上一列的數字表示 x 的小數點後第二位。

7. 三角函數表

角 度	Sin	Cos	角 度	Sin	Cos	角 度	Sin	Cos
5.5°	.0958	.9954	35.5°	.5807	.8141	40.5°	.6494	.7604
6.0°	.1045	.9945	36.0°	.5878	.8090	41.0°	.6561	.7547
6.5°	.1132	.9936	36.5°	.5948	.8039	41.5°	.6626	.7490
7.0°	.1219	.9925	37.0°	.6018	.7986	42.0°	.6691	.7431
7.5°	.1305	.9914	37.5°	.6088	.7934	42.5°	.6756	.7373
8.0°	.1392	.9903	38.0°	.6157	.7880	43.0°	.3820	.7314
8.5°	.1478	.9890	38.5°	.6225	.7826	43.5°	.6884	.7254
9.0°	.1564	.9877	39.0°	.6293	.7771	44.0°	.6947	.7193
9.5°	.1650	.9863	39.5°	.6361	.7716	44.5°	.7009	.7133
10.0°	.1736	.9848	40.0°	.6428	.7660	45.0°	.7071	.7071

88年度學科能力測驗數學科試題詳解

第一部分：選擇題

壹、單一選擇題

1. (4)（出自第一冊第一章）

　　【解析】 $R_{10}(2^{100}) = R_{10}(1024^{10}) = R_{10}(4^{10})$

　　　　　　　　$= R_{10}(2^{20}) = R_{10}(1024^3)$

　　　　　　　　$= R_{10}(4^2) = R_{10}(16) = 6$

　　　　　故選 (4)

2. (5)（出自第二冊第一章）

　　【解析】 (2) $(\frac{1}{8})^{-2} = (2^{-3})^{-2} = 2^6$

　　　　　　(4) $(\frac{1}{2})^{\frac{1}{2}} = (2^{-1})^{\frac{1}{2}} = 2^{-\frac{1}{2}}$

　　　　　　(5) $8^{-\frac{1}{3}} = (2^3)^{-\frac{1}{3}} = 2^{-1}$

　　　　　　$\because 6 > \frac{1}{3} > -\frac{1}{4} > -\frac{1}{2} > -1$

　　　　　　$\therefore 2^6 > 2^{\frac{1}{3}} > 2^{-\frac{1}{4}} > 2^{-\frac{1}{2}} > 2^{-1}$

　　　　　　(2) > (1) > (3) > (4) > (5)　　　$\therefore$ 最小為(5)

3. (4)（出自第三冊第一章）

　　【解析】 截痕如圖

　　　　　　$\overline{AC} = \overline{BD} = \sqrt{2}$　$\overline{AB} = \sqrt{2}$　$\overline{CD}$

　　　　　$\therefore$ABCD 為一長方形

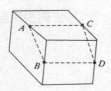

貳、多重選擇題

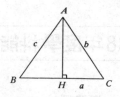

4. (3)(4)（出自第二冊第二章）

【解析】 $\overline{AH} = c \cdot \sin B = b \cdot \sin C$

5. (2)(3)(4)(5)（出自第一冊第一章）

【解析】 (1) $0.3\overline{43} = \dfrac{343-3}{990} = \dfrac{34}{99}$ 為有理數

(2) $0.\overline{34} = \dfrac{34}{99} > \dfrac{33}{99} = \dfrac{1}{3}$

(3) $0.\overline{34} - 0.3\overline{43} = 0.000\overline{43} > 0 \qquad 0.\overline{34} > 0.3\overline{43}$

(4) $0.3\overline{5} > 0.3\overline{4} > 0.\overline{34}$

(5) $0.\overline{34} = \dfrac{34}{99} = 0.3\overline{43}$

6. (1)(2)(4)（出自第一冊第五章）

【解析】 令 $f(x) = x^3+x^2-2x-1$

$f(-2) = -1 < 0$ ⟵ 有一根
$f(-1) = 1 > 0$ ⟵ 有一根
$f(0) = -1 < 0$
$f(1) = -1 < 0$ ⟵ 有一根
$f(2) = 5 > 0$

依勘根定理知 在 $(-2,-1)$，$(-1,0)$，$(1,2)$ 間各有一根

7. (1)(2)(3)(5)（出自第三冊第四章）

【解析】令二焦點 $F(1,2)$，$F'(-1,-2)$

$P(x,y) \Rightarrow \overline{PF} + \overline{PF'} = 6$ (定值)$\Rightarrow \Gamma$ 為一橢圓

中心：$(\dfrac{1-1}{2}, \dfrac{2-2}{2}) = (0，0)$

$2a = 6 \Rightarrow a = 3$　$\overline{FF'} = 2C = 2\sqrt{5} \Rightarrow C = \sqrt{5}$

$b^2 + c^2 = a^2 \Rightarrow b = 2$ 短軸長 $= 2b = 4$

圖形對稱於 $\overline{FF'}$：$2x - y = 0$ 及 $x + 2y = 0$

8. (2)(3)（出自第三冊第二章）

【解析】(1) $\begin{vmatrix} a_1 & a_2 & a_3 \\ c_1 & c_2 & c_3 \\ b_1 & b_2 & b_3 \end{vmatrix} = - \begin{vmatrix} a_1 & a_2 & a_3 \\ b_1 & b_2 & b_3 \\ c_1 & c_2 & c_3 \end{vmatrix}$ (兩行(列)互換，其值變號)

(2) 相等(行列互換，其值不變)

(3) $\begin{vmatrix} a_1 & a_2 & a_3 \\ b_1 & b_2 & b_3 \\ c_1 & c_2 & c_3 \end{vmatrix} = \begin{vmatrix} a_1 & a_2 & a_3 \\ b_1-c_1 & b_2-c_2 & b_3-c_3 \\ c_1 & c_2 & c_3 \end{vmatrix}$

(將某一行(列)乘上 k 倍加到另一行(列)，其值不變)

(4) 不相等

(5) $\begin{vmatrix} a_3 & a_2 & a_1 \\ b_3 & b_2 & b_1 \\ c_3 & c_2 & c_1 \end{vmatrix} = - \begin{vmatrix} a_1 & a_2 & a_3 \\ b_1 & b_2 & b_3 \\ c_1 & c_2 & c_3 \end{vmatrix}$ (同(1))

9. (1)(2)(3)(5)（出自第四冊第三章）

【解析】 (1) $\overline{X'} = \dfrac{3+6+1+5+4+8+6+7+5}{9} = 5$

(2) $S_{x'} = \sqrt{\dfrac{1}{9}(2^2+1^2+4^2+0+1^2+3^2+1^2+2^2+0)} = 2$

(3) ∵ Xi′= Xi×100-240 ∴ $\overline{X'}$= $\overline{X}$×100-240

$\overline{X} = \dfrac{240+\overline{X'}}{100} = 2.45$

(4) $Sx = \dfrac{1}{100} \times Sx' = 0.02$

(5) 由小到大排列第 5 個數中位數 = 2.45

10. (1)(2)(3)(5)（出自第三冊第一章）

【解析】 (1) ∵ $\overrightarrow{EA} \perp \overrightarrow{EG}$ ∴ $\overrightarrow{EA} \cdot \overrightarrow{EG} = 0$

(2) ∵ $\overrightarrow{ED} \perp \overrightarrow{EF}$ ∴ $\overrightarrow{ED} \cdot \overrightarrow{EF} = 0$

(3) $\overrightarrow{EF} + \overrightarrow{EH} = \overrightarrow{EG} = \overrightarrow{AC}$

(4) AEGC 為一長方形 $\overrightarrow{EC}$，$\overrightarrow{AG}$ 為對角線不互相垂直

∴ $\overrightarrow{EC} \cdot \overrightarrow{AG} \neq 0$

(5) $\overrightarrow{EF} + \overrightarrow{EA} + \overrightarrow{EH} = \overrightarrow{EB} + \overrightarrow{EH}$

$= \overrightarrow{EB} + \overrightarrow{BC} = \overrightarrow{EC}$

第二部分：填充題

A. 24

【解析】 $\dfrac{\overline{AD}}{\overline{AI}} = \dfrac{\overline{DE}}{\overline{IF}} = \dfrac{1}{2} \Rightarrow \overline{AD} = \overline{DI}$

$\dfrac{\triangle ADE}{DEFI} = \dfrac{1}{3}$

同理 $\triangle BIH = \triangle CFG = \dfrac{1}{3}DEFI = \dfrac{1}{6}DEFGHI$

$\Rightarrow \triangle ABC = \dfrac{3}{2}DEFGHI$　　面積 $= 36 \times \dfrac{2}{3} = 24$

B. 134（出自第二冊第一章）

【解析】 $100 \times (1+0.06 \times \frac{1}{2})^{10} =$ 所求

$\log 100 \times (1.03)^{10} = 2 + 10 \log 1.03$

$= 2 + 10 \times 0.0128(查表) = 2.128$

查表得 $\log 1.342 = 0.1277$

$\log 1.343 = 0.1281$

$\log 1.342 < 0.128 < \log 1.343$

本利和 $= 100 \times 1.342 \ldots \fallingdotseq 134(元)$

C. 16（出自第一冊第三章）

【解析】 以椰子樹為原點

$\because$ 三點共線 $\Rightarrow$ 斜率相同

$\dfrac{-a}{8} = \dfrac{-8}{a-12}$

$a^2 - 12a - 64 = 0$

$(a-16)(a+4) = 0$

$a = 16$ 或 -4 (-4 不合，$\because a > 0$)

D. $2-\sqrt{3}$（出自第二冊第二章）

【解析】 $\because tan\theta \cdot cot\theta = 1$ $\therefore$ 原方程式可變成

$x^2 - (tan\theta + cot\theta) + tan\theta \cdot cot\theta = 0$

$(x - tan\theta)(x - cot\theta) = 0$ $\qquad x = tan\theta$ 或 $cot\theta$

又已知一根為 $2+\sqrt{3}$ $\therefore$ 另一根為 $\dfrac{1}{2+\sqrt{3}} = 2-\sqrt{3}$

$\because 0 < \theta < \dfrac{\pi}{4}$ $\qquad \therefore tan\theta < 1$

$\Rightarrow tan\theta = 2 - \sqrt{3}$

E. 229（出自第二冊第二章）

【解析】輪周長$=2\times50\times\pi=100\pi$

共轉$\dfrac{200}{100\pi}$周，設轉$x°$ $\Rightarrow\dfrac{X°}{360°}=\dfrac{200}{100\pi}$

$X°=229°$

F. 41（出自第二冊第二章）

【解析】依餘弦定理，可得

$\overline{AB}^2=2000^2+3000^2-2\times2000\times3000\times cos60°$

$\overline{AB}=1000\sqrt{7}$

又依正弦定理可得$\dfrac{sin A}{2000}=\dfrac{sin60°}{1000\sqrt{7}}$

$sin A=\dfrac{\sqrt{3}}{\sqrt{7}}=\dfrac{\sqrt{21}}{7}\fallingdotseq\dfrac{4.583}{7}=0.654714$

查表得 $sin40.5°=0.6494$　　$sin41.0°=0.6561$

$\therefore\angle A=40.5\ldots°\fallingdotseq41°$

G. $\dfrac{14}{3}$（出自第四冊第二章）

【解析】取到錢數總合共兩種：2元，6元

x	2	6
$P(x)$	$\dfrac{2}{3}\times\dfrac{1}{2}=\dfrac{1}{3}$	$\dfrac{2}{3}\times\dfrac{1}{2}+\dfrac{1}{3}\times1=\dfrac{2}{3}$

（先取1元　（先取5元
再取5元）　再取1元）

$E(x)=2\times\dfrac{1}{3}+6\times\dfrac{2}{3}=\dfrac{14}{3}$

H. 13（出自第四冊第一章）

【解析】設用白色 2×1x 個，咖啡色 4×1y 個

依題意可得 $2x+4y=12 \Rightarrow x+2y=6$

x	6	4	2	0
y	0	1	2	3
圖案數	1	$\dfrac{5!}{4!}=5$	$\dfrac{4!}{2!2!}=6$	1

共有 1+5+6+1=13 種

I. $\dfrac{90}{6^3}$（出自第四冊第二章）

【解析】　(二粒選　(6點選　(剩下骰子點數)
　　　　二粒同)　1點同)

$$P=\frac{C_2^3\cdot C_1^6\cdot C_1^5}{6\cdot6\cdot6}=\frac{90}{6^3}$$

J. $x+2y+z=13$（出自第三冊第一章）

【解析】令 $\overrightarrow{PQ}=\vec{L}=(2,4,2)//(1,2,1)$

$\overrightarrow{PQ}$垂直平分面之法向量即為$\overrightarrow{PQ}$之方向向量$\vec{L}$

$\vec{n}=(1,2,1)$ 又$\overrightarrow{PQ}$中點$(3,3,4)$

∴垂直平分面 E：$x+2y+z=13$

心得筆記欄

八十七年大學入學學科能力測驗試題
數學考科

第一部分：選擇題

壹、單一選擇題

說明：第 1 至 4 題，每題選出最適當的一個選項，標示在答案卡之「解
　　　答欄」，每題答對得 5 分，答錯不倒扣。

1. 當 x 介於 0 與 2π 之間，直線 $y = 1 - x$ 與函數 $y = \tan x$ 的圖形，共有
幾個交點？
(1) 0　　　　(2) 1　　　　(3) 2　　　　(4) 3　　　　(5) 4

2. 設 $1 - i$ 為 $x^2 + ax + 3 - i = 0$ 的一根，則 a 的值為何？
(1) -3　　　(2) -2　　　(3) $-1 - i$　　　(4) 2　　　(5) 3

3. 設事件 A 發生的機率為 $\dfrac{1}{2}$，事件 B 發生的機率為 $\dfrac{1}{3}$。若以 p 表事件
A 或事件 B 發生的機率，則 p 值的範圍為何？
(1) $p \le \dfrac{1}{6}$　　　　(2) $\dfrac{1}{6} < p \le \dfrac{1}{3}$　　　　(3) $\dfrac{1}{3} < p < \dfrac{1}{2}$
(4) $\dfrac{1}{2} \le p \le \dfrac{5}{6}$　　　　(5) $p > \dfrac{5}{6}$

4. 如圖（一），ABCDEF 為一正六邊形。那麼下列向量內積中，何者
最大？
(1) $\overline{AB} \cdot \overline{AB}$
(2) $\overline{AB} \cdot \overline{AC}$
(3) $\overline{AB} \cdot \overline{AD}$
(4) $\overline{AB} \cdot \overline{AE}$
(5) $\overline{AB} \cdot \overline{AF}$

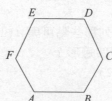

圖㈠

貳、多重選擇題

說明：第 5 至 10 題，每題至少有一個選項是正確的，選出正確選項，
標示在答案卡之「解答欄」。每題答對得 5 分，答錯不倒扣，未
答者不給分。只錯一個可獲 2.5 分，錯兩個或兩個以上不給分。

5. 已知「偶數的平方是 4 的倍數；奇數的平方除以 4 餘數為 1」。考
慮五個數：513，226，216，154，145。試問下列何者可以和
上述五數中的某一數相加成為完全平方數？
(1) 513　　　　　(2) 226　　　　　(3) 216
(4) 154　　　　　(5) 145

6. 設不共點的三直線之方程式分別為

$$ax - 4y = 1 ,$$
$$(a+1)x + 3y = 2 ,$$
$$x - 2y = 3 ,$$

其中 a 為實數。試問 a 為何值時，上述三直線會圍出一個直角三角
形？
(1) -8　　　　(2) -4　　　　(3) 1
(4) 3　　　　　(5) 5

7. 下列敘述何者為真？
(1) $\sin 50^\circ < \cos 50^\circ$　(2) $\tan 50^\circ < \cot 50^\circ$
(3) $\tan 50^\circ < \sec 50^\circ$　(4) $\sin 230^\circ < \cos 230^\circ$
(5) $\tan 230^\circ < \cot 230^\circ$

8. 在空間中，下列那些點可與 $A(1,2,3)$，$B(2,5,3)$，$C(2,6,4)$三
點構成一平行四邊形？
(1) $(-1,-5,-2)$　　　　　　(2) $(1,1,2)$
(3) $(1,3,4)$　　　　　　　　(4) $(3,7,6)$
(5) $(3,9,4)$

9. 設 a 與 b 均為實數，且二次函數 $f(x) = a(x-1)^2 + b$ 滿足 $f(4) > 0$，
$f(5) < 0$。試問下列何者為眞？

   (1) $f(0) > 0$　　　　(2) $f(-1) > 0$　　　　(3) $f(-2) > 0$

   (4) $f(-3) > 0$　　　　(5) $f(-4) > 0$

10. 圖（二）為某池塘中布袋蓮蔓延的面積與時間的關係圖。假設其
關係為指數函數，試問下列敘述何者為眞？

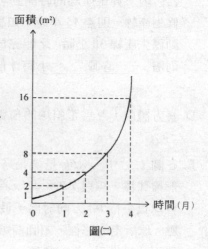

   (1) 此指數函數的底數為 2。

   (2) 在第 5 個月時，布袋蓮的面
積就會超過 $30m^2$。

   (3) 布袋蓮從 $4m^2$ 蔓延到 $12m^2$，
只需 1.5 個月。

   (4) 設布袋蓮蔓延到 $2m^2$、$3m^2$、
$6m^2$ 所需的時間分別為 t_1、
t_2、t_3，則 $t_1 + t_2 = t_3$。

   (5) 布袋蓮在第 1 到第 3 個月之
間的蔓延平均速度等於在第
2 到第 4 個月之間的蔓延平
均速度。

圖(二)

第二部分：填充題

說明：1. 將第 A 至 J 題的答案標示在答案卡之「解答欄」所標示的列
號（11-35）處。作答說明見封面。

     2. 每題完全答對給 5 分，答錯不倒扣，未完全答對不給分。

     3. 如果答案要求的是分數時，必須以最簡分數表示。

A. 在三位數中，百位數與個位數之差的絕對值為 2 的數，共有
    ⑪⑫⑬　　個。

B. 設 a 與 b 均為實數。若

$$\frac{a}{2^1}+\frac{b}{2^2}+\frac{a}{2^3}+\frac{b}{2^4}+\cdots+\frac{a}{2^{2n-1}}+\frac{b}{2^{2n}}+\cdots=3 ,$$

則 $2a+b=$ _____⑭_____ 。

C. 某公司有甲、乙、丙三條生產線，現欲生產三萬個產品，如果甲、乙、丙三條生產線同時開動，則需 10 小時；如果只開動乙、丙兩條生產線，則需 15 小時；如果只開動甲生產線 15 小時，則需再開動丙生產線 30 小時，才能完成所有產品。問如果只開動乙生產線，則需 _____⑮⑯_____ 小時才能生產三萬個產品。

D. 長方體中，互為歪斜線的稜線共有 _____⑰⑱_____ 對。

E. 在圖 (三) 中，ABC 是邊長為 8 的正三角形撞球檯，線段 $BP=\sqrt{2}$。今由 P 點將一粒球以平行 BA 方向射出，最後又回到 P 點。球所走的路徑，如圖箭號所示。則此路徑的長度為 _____⑲⑳_____ 。

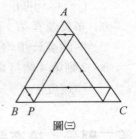

圖(三)

F. 在等比數列 $\langle a_n \rangle$ 中，

$$a_1=1 ,$$
$$a_4=2-\sqrt{5} ,$$
$$a_{n+2}=a_{n+1}+a_n , \quad n\geq 1 。$$

則 $\langle a_n \rangle$ 的公比 $=\dfrac{⑳㉒\sqrt{5}}{㉓}$

G. 如圖（四），A、B 兩點分別位於一河口的兩岸邊。某人在通往 A 點的筆直公路上，距離 A 點 50 公尺的 C 點與距離 A 點 200 公尺的 D 點，分別測得 $\angle ACB = 60°$，$\angle ADB = 30°$，則 A 與 B 的距離為 ㉔㉕$\sqrt{㉖}$ 公尺。

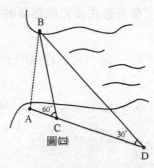

圖(四)

H. 設 $f(x)$ 為一多項式。若 $(x+1)f(x)$ 除以 $x^2 + x + 1$ 的餘式為 $5x + 3$，則 $f(x)$ 除以 $x^2 + x + 1$ 的餘式為 ㉗ $x +$ ㉘ 。

I. 在圖（五）中，圓 O 的半徑為 6，F 的坐標為 $(4,0)$，Q 在圓 O 上，P 為 $\overline{FQ}$ 的中垂線與 $\overline{OQ}$ 的交點。當 Q 在圓 O 上移動時，動點 P 的軌跡方程式為

$$\frac{(x - ㉙)^2}{㉛} + \frac{(y - ㉚)^2}{㉜} = 1$$

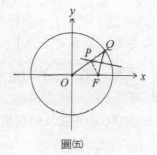

圖(五)

J. 下表所列為各項主要食品的平均消費價格，以及民國 70 年維持一家四口所需各項食品的平均需要量。若以拉氏指數來衡量，那麼民國 76 年主要食品的費用比民國 70 年**高出**的百分率為 ㉝㉞㉟ %。（小數點以下四捨五入）

項　　目	70 年 價 格	76 年 價 格	70 年平均用量
蓬 萊 米	7.6	16.0	45.0
豬　　肉	49.0	97.0	5.0
虱 目 魚	36.0	74.0	0.5
包心白菜	5.6	15.0	4.0
香　　蕉	4.7	13.0	3.0
花 生 油	25.0	54.0	0.8

參考公式及可能用到的對數值

1. 一元二次方程式的公式解：$x = \dfrac{-b \pm \sqrt{b^2 - 4ac}}{2a}$

2. 以 α，β 為二根的一元二次方程式 $ax^2 + bx + c = 0$ 的根與係數的關係為：$\alpha + \beta = -\dfrac{b}{a}$ 及 $\alpha\beta = \dfrac{c}{a}$

3. 等比級數 $\langle ar^{n-1} \rangle$ 的前 n 項之和：

   當 $r \neq 1$ 時，$S_n = a \cdot \dfrac{1 - r^n}{1 - r} = \dfrac{a}{1 - r} - \dfrac{ar^n}{1 - r}$；當 $r = 1$ 時，$S_n = na$

4. 平面上兩點 $P_1(x_1, y_1)$，$P_2(x_2, y_2)$ 間的距離為

   $$\overline{P_1 P_2} = \sqrt{(x_2 - x_1)^2 + (y_2 - y_1)^2}$$

5. $\triangle ABC$ 的正弦及餘弦定律

   (1) $\dfrac{a}{\sin A} = \dfrac{b}{\sin B} = \dfrac{c}{\sin C} = d$，$d$ 為外接圓直徑（正弦定律）

   (2) $c^2 = a^2 + b^2 - 2ab \cos C$（餘弦定律）

6. 正弦函數的和角公式為

   $\sin(\alpha + \beta) = \sin\alpha\cos\beta + \cos\alpha\sin\beta$

   $\sin(\alpha - \beta) = \sin\alpha\cos\beta - \cos\alpha\sin\beta$

7. 餘弦函數的和角公式為

   $\cos(\alpha + \beta) = \cos\alpha\cos\beta - \sin\alpha\sin\beta$

   $\cos(\alpha - \beta) = \cos\alpha\cos\beta + \sin\alpha\sin\beta$

8. I_k 表 k 期（計算期）的加權綜合物價指數，

$$I_k = \dfrac{\displaystyle\sum_{i=1}^{n} p_{ik} q_i}{\displaystyle\sum_{i=1}^{n} p_{i0} q_i} \times 100，$$

其中 p_{i0} 表 0 期（基期）第 i 項商品的價格；

$\qquad p_{ik}$ 表 k 期（計算期）第 i 項商品的價格；

$\qquad q_i$ 表第 i 項商品的指定權數（適當的消費量）；

$\qquad n$ 表列入計算的商品數。

註：以基期之消費量 q_{i0} 作爲權數而得的指數叫拉氏指數；

　　以計算期之消費量 q_{ik} 作爲權數而得的指數叫裴氏指數。

9. 對數公式

$\qquad \log_a (xy) = \log_a x + \log_a y$

$\qquad \log_a (x/y) = \log_a x - \log_a y$

$\qquad \log_a (x^y) = y \log_a x$

10. 可能用到的對數值（近似值）

$\qquad \log_{10} 2 = 0.3010$ ， $\log_{10} 3 = 0.4771$

87年度學科能力測驗數學科試題詳解

第一部分：選擇題

壹、單一選擇題

【答案】 1. (4)（出自第二冊第三章）

【解析】

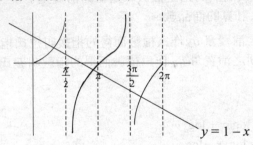

$y = 1 - x$

∴ 有三個交點

【答案】 2. (1)（出自第一冊第一章）

【解析】 $(1-i)^2 + a(1-i) + 3 - i = (a+3) - (a+3)i = 0$

$\therefore a = -3$

【答案】 3. (4)（出自第四冊第二章）

【解析】 $n(A \cup B) = n(A) + n(B) - n(A \cap B)$

若 A、B 為獨立事件，則 $n(A \cap B) = 0$

故最大為 $\dfrac{1}{2} + \dfrac{1}{3} = \dfrac{5}{6}$

若 $A \supset B$，則 $n(A \cup B) = n(A)$　故最小為 $\dfrac{1}{2}$

$\therefore \dfrac{1}{2} \le p \le \dfrac{5}{6}$

【答案】 4. ⑵（出自第二冊第四章）

【解析】 $\overrightarrow{AB} \cdot \vec{x} = |\overrightarrow{AB}||\vec{x}|\cos\theta$

其中 $|\vec{x}|\cos\theta$ 為 $\vec{x}$ 在 $\overrightarrow{AB}$ 之投影長

$\overrightarrow{AB}, \overrightarrow{AC}, \overrightarrow{AD}, \overrightarrow{AE}, \overrightarrow{AF}$ 在 $\overrightarrow{AB}$ 上

以 $\overrightarrow{AC}$ 之投影長度最長

故 $\overrightarrow{AB} \cdot \overrightarrow{AC}$ 值最大

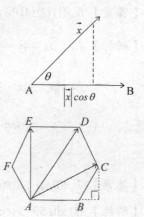

貳、多重選擇題

【答案】 5. ⑴⑶⑸（出自第一冊第一章）

【解析】 偶數平方為 4 的倍數，奇數平方除以 4 餘 1

故除以 4 餘 2 或 3 者，必不為完全平方數

看末 2 位　　$13 + 13 = 26$　　$16 + 54 = 70$

$13 + 45 = 58$　　$45 + 45 = 90$　　除以 4 餘 2　不合

$26 + 16 = 42$

$13 + 26 = 39$　　$26 + 45 = 71$

$13 + 54 = 47$　　$54 + 45 = 99$　　除以 4 餘 3　不合

其他　　$513 + 216 = 729 = 27^2$　　$216 + 216 = 532$

$226 + 226 = 452$　　$216 + 145 = 361 = 19^2$

$226 + 154 = 380$　　$154 + 154 = 308$

故選出 513，216，145 三數

【答案】 6. (1)(2)(4)(5)（出自第一冊第三章）

【解析】 $L_1 : ax - 4y = 1$ ① $L_1 \perp L_2$ $\dfrac{a}{4}\left(-\dfrac{a+1}{3}\right) = -1$ $\therefore a = 3, -4$

       $L_2 : (a+1)x + 3y = 2$ ② $L_2 \perp L_3$ $\left(-\dfrac{a+1}{3}\right)\left(\dfrac{3}{-2}\right) = -1$ $\therefore a = 1$

       $L_3 : x - 2y = 3$ ③ $L_1 \perp L_3$ $\dfrac{a}{4} \cdot \dfrac{1}{2} = -1$ $\therefore a = -8$

【答案】 7. (3)(4)（出自第二冊第二章）

【解析】 (1) $\sin 50^{\circ} > \cos 45^{\circ}$ (2) $\tan 50^{\circ} > \cot 50^{\circ}$

       (5) $\tan 230^{\circ} > \cot 230^{\circ}$

【答案】 8. (2)(3)(5)（出自第三冊第一章）

【解析】 A , B , C 為 $\triangle D_1 D_2 D_3$

       三邊之中點

       $\overrightarrow{AC} = \overrightarrow{BD_1}$ 可得 $D_1 (3 , 9 , 4)$

       $\overrightarrow{BA} = \overrightarrow{CD_2}$ 可得 $D_2 (1 , 3 , 4)$

       $\overrightarrow{CA} = \overrightarrow{BD_3}$ 可得 $D_3 (1 , 1 , 2)$

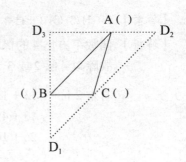

【答案】 9. (1)(2)(3)（出自第一冊第四章）

【解析】 $\because f(x) = a(x - 1)^2 + b$

       又 $f(4) > 0$ $f(5) < 0$

       可得如圖

       $\therefore f(0) > 0$

          $f(-1) > 0$

          $f(-2) > 0$

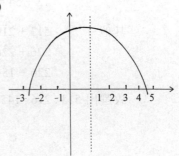

【答案】 10. (1)(2)(4)（出自第二冊第一章）

【解析】 由圖可得　面積 $A = 2^{(月數)}$　　即 $f(x) = 2^x$

∴ (1) 底數為 2

(2) $A = 2^5 = 32 > 30$

(3) $2^{x_1} = 12$, $2^{x_2} = 4$　　$x_1 = \log_2 12$, $x_2 = 2$

$x_1 - x_2 = \log_2 12 - 2 > 1.5$

(4) $2 = 2^{t_1}$ ············① 　　　①×②

$3 = 2^{t_2}$ ············②　　　得 $6 = 2^{t_1} \cdot 2^{t_2} = 2^{t_1+t_2} = 2^{t_3}$

$6 = 2^{t_3}$ ············③　　　∴ $t_1 + t_2 = t_3$

(5) $V_1 = \dfrac{8-1}{3-1} = \dfrac{7}{2}$

$V_2 = \dfrac{16-4}{4-2} = 6$ 　　不相等

第二部分：填充題

【答案】 A. ___150___ 　（出自第四冊第一章）

【解析】 (1) □ □ □ 　　　　(2) □ □ □

1	3
2	4
3	5
4	6
5	7
6	8
7	9

2　　0

計 10 個

$7 \times 2 \times 10 = 140$

∴ 共有 $140 + 10 = 150$ 個

【答案】 B. _9_ （出自第一冊第二章）

【解析】 原式 $= \left(\dfrac{a}{2}+\dfrac{a}{2^3}+\cdots\cdots\right)+\left(\dfrac{b}{2^2}+\dfrac{b}{2^4}+\cdots\cdots\right)$

$$= a\left[\dfrac{\dfrac{1}{2}}{1-\left(\dfrac{1}{2}\right)^2}\right]+b\left[\dfrac{\dfrac{1}{4}}{1-\left(\dfrac{1}{2}\right)^2}\right]$$

$$= \dfrac{2a}{3}+\dfrac{b}{3}=3 \qquad \therefore 2a+b=9$$

【答案】 C. _20_ （出自第三冊第二章）

【解析】 設 甲每小時生產 x 個

乙每小時生產 y 個

丙每小時生產 z 個

$$\begin{cases} 10x+10y+10z=30000 \\ 15y+15z=30000 \\ 15x+30z=30000 \end{cases} \qquad \therefore \begin{cases} x=1000 \\ y=1500 \\ z=500 \end{cases}$$

$\therefore 30000 \div 1500 = 20$ （小時）

【答案】 D. _24_ （出自第四冊第一章）

【解析】 $\overline{AB}$ 與 $\overline{FG},\overline{EH},\overline{CG},\overline{DH}$ 均為歪斜稜

$\overline{BC}$ 與 $\overline{FE},\overline{GH},\overline{AE},\overline{DH}$ 均為歪斜稜

12 條稜線，每條均對應 4 條歪斜稜，

但每組算 2 次

故有 $\dfrac{12\times4}{2}=24$ 條

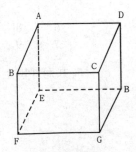

【答案】 E. ___24___ （出自第一冊第三章）

【解析】 $\overline{DE} = 8 - 3\sqrt{2}$

路徑長 $= 3\overline{DE} + 9\overline{BP}$

$= 3(8 - 3\sqrt{2}) + 9\sqrt{2}$

$= 24$

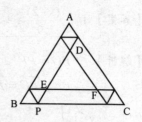

【答案】 F. $\dfrac{1-\sqrt{5}}{2}$ （出自第一冊第二章）

【解析】 $a_{n+2} = a_{n+1} + a_n$ 　　 $n \geq 1$

$a_3 = a_2 + a_1$

$+)\quad a_4 = a_3 + a_2$

$\overline{\hspace{5cm}}$

$a_4 = 2a_2 + a_1$ 　　　　 $\therefore a_2 = \dfrac{1-\sqrt{5}}{2}$

$2 - \sqrt{5} = 2a_2 + 1$ 　　　 $\therefore$ 公比 $= \dfrac{a_2}{a_1} = \dfrac{1-\sqrt{5}}{2}$

【答案】 G. ___$50\sqrt{7}$___ （出自第二冊第二章）

【解析】 $\because \angle CBD = 30^{\circ}$

$\therefore \overline{DC} = \overline{BC} = 150$

$\therefore \overline{AB}^2 = (150)^2 + (50)^2 - 2 \cdot 50 \cdot 150 \cdot cos\, 60^{\circ}$

$= 17500$

$\therefore \overline{AB} = 50\sqrt{7}$

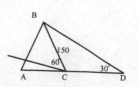

【答案】 H. ___$2x + 5$___ （出自第一冊第五章）

【解析】 令 $f(x) = (x^2 + x + 1)\,Q(x) + ax + b$

$(x+1)\,f(x) = (x+1)(x^2+x+1) + ax^2 + (a+bx) + b$

$= (x+1)(x^2+x+1)\,Q'(x) + bx + (b-a)$

$\therefore \begin{array}{l} b = 5 \\ \mathrm{b} - a = 3 \end{array}$ 　　　 $\therefore \begin{array}{l} a = 2 \\ b = 5 \end{array}$

【答案】 I. $\dfrac{(x-2)^2}{9}+\dfrac{(y-0)^2}{5}=1$ （出自第三冊第四章）

【解析】 ∵ $\overline{PQ}=\overline{PF}$

∴ $\overline{PF}+\overline{PO}=\overline{PQ}+\overline{PO}=6$

又 $\overline{OF}=4$

∴ P 可視為 $2c=4$，$2a=6$

中心 $(2,0)$ 之橢圓軌跡，又 $b^2=a^2-c^2=9-4=5$

∴ $\dfrac{(x-2)^2}{9}+\dfrac{(y-0)^2}{5}=1$

【答案】 J. 　109 ％　 （出自第四冊第三章）

【解析】 $I=\dfrac{16+45+97\times5+74\times0.5+15\times4+13\times3+54\times0.8}{7.6\times45+49\times5+36\times0.5+5.6\times4+4.7\times3+25\times0.8}\times100$

$=209$（拉氏指數）

故 $209\％-100\％=109\％$

八十六年大學入學學科能力測驗試題
數學考科

第一部分：選擇題

壹、單一選擇題

說明：第 1 至 8 題，每題選出最適當的一個選項，標示在答案卡之「解答欄」，每題答對得 5 分，答錯不倒扣。

1. 坐標平面上兩直線之斜率分別為 $\sqrt{3}$ 及 $\frac{1}{\sqrt{3}}$，則下列何者為其一交角？

   (1) $30°$　 (2) $36°$　 (3) $45°$　 (4) $60°$　 (5) $90°$

2. 設 P，Q 為平面 $ax+by+cz=5$ 上相異兩點，且 $\overrightarrow{PQ}=(x_0,y_0,z_0)$，則 $\overrightarrow{PQ}(a,b,c)$ 為

   (1) 不定值，隨 (x_0,y_0,z_0) 而改變　 (2) 25

   (3) 5　 (4) 0

   (5) -1

3. 設 $f(x)$ 為二次函數，且不等式 $f(x)>0$ 之解為 $-2<x<4$，則 $f(2x)<0$ 之解為

   (1) $-1<x<2$　 (2) $x<-1$ 或 $x>2$

   (3) $x<-2$ 或 $x>4$　 (4) $-4<x<8$

   (5) $x<-4$ 或 $x>8$

4. 有一個無窮等比級數，其和為 $\frac{8}{9}$，第四項為 $\frac{3}{32}$。已知公比為一有理數，則當公比以最簡分數表示時，其分母為

   (1) 2　 (2) 3　 (3) 4　 (4) 6　 (5) 8

5. 有一邊長為 3 的正六邊形紙板，今在每一個角各剪掉一個小三角形，使其成為正十二邊形之紙板，則此正十二邊形之一邊長為

(1) 1　　　(2) $\dfrac{3}{2}$　　　(3) $\sqrt{3}$　　　(4) $\dfrac{3\sqrt{3}-3}{2}$　　　(5) $6\sqrt{3}-9$

6. 有一正立方體，其邊長都是 1。如果向量 $\vec{a}$ 的起點與終點都是此正立方體的頂點，且 $|\vec{a}|=1$，則共有多少個不相等的向量 $\vec{a}$？

(1) 3　　　(2) 6　　　(3) 12　　　(4) 24　　　(5) 28

7. 考慮一正立方體六個面的各中心點，則以其中四個中心點為頂點的正方形一共有幾個？

(1) 3　　　(2) 4　　　(3) 6　　　(4) 8　　　(5) 12

8. 有一種丟銅板的遊戲，其規則為：出現正面則繼續丟，出現反面就出局。那麼連續丟 5 次後還可繼續丟的機率為 $\left(\dfrac{1}{2}\right)^5=\dfrac{1}{32}$。某班有 40 名學生，每人各玩一局，設班上至少有一人連續丟 5 次後還可繼續丟的機率為 p，則

(1) $0.4 \le p < 0.5$　　　　　(2) $0.5 \le p < 0.6$

(3) $0.6 \le p < 0.7$　　　　　(4) $0.7 \le p < 0.8$

(5) $0.8 \le p < 0.9$

貳、多重選擇題

說明：第 9 至 12 題，每題至少有一個選項是正確的，選出正確選項，標示在答案卡之「解答欄」。每題答對得 5 分，答錯不倒扣，未答者不給分。只錯一個可獲 2.5 分，錯兩個或兩個以上不給分。

9. 設 $f(x)=\displaystyle\sum_{n=1}^{3}(x-n)^2+\sum_{n=8}^{10}(x-n)^2$。若 $f(x)$ 在 $x=a$ 處有最小值，則

(1) a 為整數　　　　　(2) $a < 5.9$

(3) $a > 5.1$　　　　　(4) $|a-4| < 0.5$

(5) $|a-6| < 0.5$

10. 關於方程式 $\left|\dfrac{3x+y-19}{\sqrt{10}}\right| = \sqrt{(x+1)^2+(y-2)^2}$ 所代表的錐線圖形

  Γ ，下列何者為眞？

  (1) Γ 為拋物線

  (2) $(1,-2)$ 爲 Γ 的焦點

  (3) $3x+y-19=0$ 爲 Γ 的漸近線

  (4) $x-3y+7=0$ 爲 Γ 的對稱軸

  (5) $(3,1)$ 爲 Γ 的頂點

11. 下列各選項中的曲線 Γ ，何者是一個橢圓？

  (1) 　　(2) 　　(3)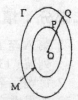

Γ 爲標準跑道的內側	Γ 爲 Q 點的軌跡，其中 $\overline{PQ}=1$ ，P 爲橢圓 M 上任一點，O 爲 M 的中心，且 O、P、Q 三點共線	Γ 爲 Q 點的軌跡，其中 $\overline{PQ}=\overline{OP}$ ，P 爲橢圓 M 上任一點，O 爲 M 的中心，且 O、P、Q 三點共線

  (4) 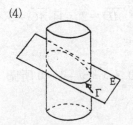　　(5)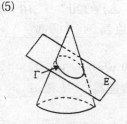

  Γ 爲直圓柱面與平面 E 的交線　　　Γ 爲直圓錐面與平面 E 的交線

12. 下圖中,有五組數據,每組各有 A , B , C , D , E , F 等六個
資料點。

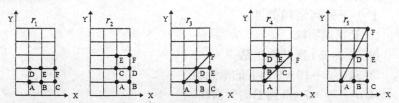

設各組的相關係數由左至右分別為 r_1 , r_2 , r_3 , r_4 , r_5 ,則
下列關係式何者為眞?

(1) $r_1 = r_2$ (2) $r_2 < r_3$ (3) $r_3 > r_4$

(4) $r_3 < r_5$ (5) $r_4 = r_5$

第二部分:填充題

說明:1. 第 A 至 H 題,將答案標示在答案卡之「解答欄」所標示的
列號(13-28)處。

2. 每題完全答對給 5 分,答錯不倒扣,未完全答對者,不給分。

3. 如果填充題答案要求的是分數時,必須以最簡分數表示。

A. 設 $f(x) = x^5 + 6x^4 - 4x^3 + 25x^2 + 30x + 20$,則 $f(-7) = $ ⑬ 。

B. 設 θ 為兩平面 $2x - y + 2z = 6$ 與 $3x - 4z = 2$ 的夾角(取銳角),則 θ
最接近的整數度數為 ⑭ ⑮ 度。

C. 在四邊形 $ABCD$ 中, $\angle A = 120°$, $\overline{AB} = 1$, $\overline{AD} = 2$,且 $\overrightarrow{AC} = 3\overrightarrow{AB}$
$+ 2\overrightarrow{AD}$,則 $\overrightarrow{AC}$ 的長度為 $\sqrt{⑯⑰}$ 。

D. 已知三角形由三直線 $y = 0$, $3x - 2y + 3 = 0$, $x + y - 4 = 0$ 所圍
成,則其外接圓之直徑為 $\sqrt{⑱⑲}$ 。

E. 已知圓內接四邊形的各邊長為 $\overline{AB} = 1$, $\overline{BC} = 2$, $\overline{CD} = 3$, $\overline{DA} = 4$ 。
則對角線 $\overline{BD}$ 的長度為 $\sqrt{\dfrac{⑳㉑}{㉒}}$ 。

F. 將 3^{100} 以科學記號表示：$3^{100} = a \times 10^m$，其中 $1 \le a < 10$，m 為整數，則 a 的整數部分為 ____㉓____。

G. 某人上班有甲、乙兩條路線可供選擇。早上定時從家裡出發，走甲路線有 $\frac{1}{10}$ 的機率會遲到，走乙路線則有 $\frac{1}{5}$ 的機率會遲到。無論走哪一條路線，只要不遲到，下次就走同一條路線，否則就換另一條路線。假設他第一天走甲路線，則第三天也走甲路線的機率為 $\dfrac{㉔\,㉕}{100}$。

H. 有一種遊戲，每次輸贏規則如下：先從 1 至 6 中選定一個號碼 n，再擲三粒均勻的骰子。若三粒骰子的點數全都是 n，則可贏 3 元；恰有兩個點數為 n，則可贏 2 元；恰有一個點數為 n，則可贏 1 元；而沒有點數為 n，則輸 1 元。如此，玩一次的期望值（贏為正，輸為負）為 $\dfrac{㉖\,㉗\,㉘}{216}$ 元。

參考公式、常用對數表及三角函數表

1. 一元二次方程式的公式解：$x = \dfrac{-b \pm \sqrt{b^2 - 4ac}}{2a}$

2. 以 α，β 為二根的一元二次方程式 $ax^2 + bx + c = 0$ 的根與係數的關係為：$\alpha + \beta = -\dfrac{b}{a}$ 及 $\alpha\beta = \dfrac{c}{a}$

3. 等比級數 (ar^{n-1}) 的前 n 項之和：

   當 $r \ne 1$ 時，$S_n = a \cdot \dfrac{1-r^n}{1-r} = \dfrac{a}{1-r} - \dfrac{ar^n}{1-r}$；當 $r = 1$ 時，$S_n = na$，

4. 平面上兩點 $P_1(x_1, y_1)$，$P_2(x_2, y_2)$ 間的距離為

   $\overline{P_1P_2} = \sqrt{(x_2 - x_1)^2 + (y_2 - y_1)^2}$

5. $\triangle ABC$ 的正弦及餘弦定律

(1) $\dfrac{a}{\sin A} = \dfrac{b}{\sin B} = \dfrac{c}{\sin C} = d$ ，d 為外接圓直徑（正弦定律）

(2) $c^2 = a^2 + b^2 - 2ab\cos C$ （餘弦定律）

6. 正弦函數的和角公式為

$\sin(\alpha + \beta) = \sin\alpha\cos\beta + \cos\alpha\sin\beta$

$\sin(\alpha - \beta) = \sin\alpha\cos\beta - \cos\alpha\sin\beta$

7. 餘弦函數的和角公式為

$\cos(\alpha + \beta) = \cos\alpha\cos\beta - \sin\alpha\sin\beta$

$\cos(\alpha - \beta) = \cos\alpha\cos\beta + \sin\alpha\sin\beta$

8. 點 $P(x_0, y_0, z_0)$ 到平面 E：$ax + by + cz + d = 0$ 的距離為

$$\dfrac{|ax_0 + by_0 + cz_0 + d|}{\sqrt{a^2 + b^2 + c^2}}$$

9. 貝氏定理 $P(A|B) = \dfrac{P(A)P(B|A)}{P(A)P(B|A) + P(A')P(B|A')}$

10. 對數換底公式：$\log_a x = \dfrac{\log_b x}{\log_b a}$

11. 統計公式

算術平均　　$M(= \overline{X}) = \dfrac{1}{n}(x_1 + x_2 + \cdots + x_n) = \dfrac{1}{n}\sum\limits_{i=1}^{n} x_1$

標準差　　　$S = \sqrt{\dfrac{1}{n}\sum\limits_{i=1}^{n}\left(x_i - \overline{X}\right)^2} = \sqrt{\dfrac{1}{n}\sum\limits_{i=1}^{n} x_i^2 - \overline{X}^2}$

相關係數　　$r = \dfrac{\sum\limits_{i=1}^{n}\left(x_i - \overline{X}\right)\left(y_i - \overline{Y}\right)}{n \cdot S_X S_Y} = \dfrac{\sum\limits_{i=1}^{n}\left(x_i - \overline{X}\right)\left(y_i - \overline{Y}\right)}{\sqrt{\sum\limits_{i=1}^{n}\left(x_i - \overline{X}\right)^2 \sum\limits_{i=1}^{n}\left(y_i - \overline{Y}\right)^2}}$

其中 S_X 為隨機變數 X 之標準差，S_Y 為隨機變數 Y 之標準差

12. 常用對數表　$y = \log_{10} x$

x	0	1	2	3	4	5	6	7	8	9
25	3979	3997	4014	4031	4048	4065	4082	4099	4116	4133
26	4150	4166	4183	4200	4216	4232	4249	4265	4281	4298
27	4314	4330	4346	4362	4378	4393	4409	4425	4440	4456
28	4472	4487	4502	4518	4533	4548	4564	4579	4594	4609
29	4624	4639	4654	4669	4683	4698	4713	4728	4742	4757
30	4771	4786	4800	4814	4829	4843	4857	4871	4886	4900
31	4914	4928	4942	4955	4969	4983	4997	5011	5024	5038
32	5051	5065	5079	5092	5105	5119	5132	5145	5159	5172
33	5185	5198	5211	5224	5237	5250	5263	5276	5289	5302
34	5315	5328	5340	5353	5366	5378	5391	5403	5416	5428
35	5441	5453	5465	5478	5490	5502	5514	5527	5539	5551
36	5563	5575	5587	5599	5611	5623	5635	5647	5658	5670
37	5682	5694	5705	5717	5729	5740	5752	5763	5775	5786
38	5798	5809	5821	5832	5843	5855	5866	5877	5888	5899
39	5911	5922	5933	5944	5955	5966	5977	5988	5999	6010
40	6021	6031	6042	6053	6064	6075	6085	6096	6107	6117
41	6128	6138	6149	6160	6170	6180	6191	6201	6212	6222
42	6232	6243	6253	6263	6274	6284	6294	6304	6314	6325
43	6335	6345	6355	6365	6375	6385	6395	6405	6415	6425
44	6435	6444	6454	6464	6474	6484	6493	6503	6513	6522
45	6532	6542	6551	6561	6571	6580	6590	6599	6609	6618
46	6628	6637	6646	6656	6665	6675	6684	6693	6702	6712
47	6721	6730	6739	6749	6758	6767	6776	6785	6794	6803
48	6812	6821	6830	6839	6848	6857	6866	6875	6884	6893
49	6902	6911	6920	6928	6937	6946	6955	6964	6972	6981
50	6990	6998	7007	7016	7024	7033	7042	7050	7059	7067
51	7076	7084	7093	7101	7110	7118	7126	7135	7143	7152
52	7160	7168	7177	7185	7193	7202	7210	7218	7226	7235
53	7243	7251	7259	7267	7275	7284	7292	7300	7308	7316
54	7324	7332	7340	7348	7356	7364	7372	7380	7388	7396

註：1. 表中所給的對數值爲小數點後的值。

　　2. 表中最左欄的數字表示 x 的個位數及小數點後第一位，最上一欄的數字表示 x 的小數點後第二位。

13. 三角函數表

角　度	Sin	Cos	角　度	Sin	Cos
1°00′	.0175	.9998	5°00′	.0872	.9962
10′	.0204	.9998	10′	.0901	.9959
20′	.0233	.9997	20′	.0929	.9957
30′	.0262	.9997	30′	.0958	.9954
40′	.0291	.9996	40′	.0987	.9951
50′	.0320	.9995	50′	.1016	.9948
2°00′	.0349	.9994	6°00′	.1045	.9945
10′	.0378	.9993	10′	.1074	.9942
20′	.0407	.9992	20′	.1103	.9939
30′	.0436	.9990	30′	.1132	.9936
40′	.0465	.9989	40′	.1161	.9932
50′	.0494	.9988	50′	.1190	.9929
3°00′	.0523	.9986	7°00′	.1219	.9925
10′	.0552	.9985	10′	.1248	.9922
20′	.0581	.9983	20′	.1276	.9918
30′	.0610	.9981	30′	.1305	.9914
40′	.0640	.9980	40′	.1334	.9911
50′	.0669	.9978	50′	.1363	.9907
4°00′	.0698	.9976	8°00′	.1392	.9903
10′	.0727	.9974	10′	.1421	.9899
20′	.0756	.9971	20′	.1449	.9894
30′	.0785	.9969	30′	.1478	.9890
40′	.0814	.9967	40′	.1507	.9886
50′	.0843	.9964	50′	.1536	.9881

86年度學科能力測驗數學科試題詳解

第一部分：選擇題

壹、單一選擇題

【答案】 1. (1)

【解析】 $\because \tan\theta = \dfrac{m_1 - m_2}{1 + m_1 m_2}$　　　$\because \tan\theta = \dfrac{\sqrt{3} - \dfrac{1}{\sqrt{3}}}{1 + \sqrt{3} \cdot \dfrac{1}{\sqrt{3}}} = \dfrac{1}{\sqrt{3}}$

$\therefore \theta = 30°$

【答案】 2. (4)

【解析】 平面 $E : ax + by + cz = 5$ 之法向量 $\overrightarrow{N}$ 為 (a, b, c)
又 P、Q 在平面上，$\therefore \overrightarrow{PQ} \perp \overrightarrow{N}$
則 $\overrightarrow{PQ} \cdot (a, b, c) = 0$

$\overrightarrow{N} = (a, b, c)$

$E : ax + by + cz = 5$

$\overrightarrow{PQ} = (x_0, y_0, z_0)$

【答案】 3. (2)

【解析】 由解 $-2 < x < 4$ 知　$(x - 4)(x + 2) < 0$
$\Rightarrow x^2 - 2x - 8 < 0$
但不等式 $f(x) > 0$　$\therefore$ 知 $f(x) = -x^2 + 2x + 8$
則當 $f(2x) < 0$　　$\Rightarrow -(2x)^2 + 2(2x) + 8 < 0$
$\Rightarrow -4x^2 + 4x + 8 < 0$
$\Rightarrow -x^2 + x + 2 < 0$
$\Rightarrow x^2 - x - 2 > 0$
$\Rightarrow (x - 2)(x + 1) > 0$
則所求：$x > 2$　or　$x < -1$

【答案】 4. ⑶

【解析】

$$\frac{a_1}{1-r} = \frac{8}{9} \text{——①}$$

$$a_1 r^3 = \frac{3}{32} \text{——②}$$

由① $a_1 = \frac{8}{9}(1-r)$ 代入②

$$\frac{8}{9}(1-r)r^3 = \frac{3}{32}$$

∴ $256r^4 - 256r^3 + 27 = 0$

$(4r-3)(64r^3 - 16r^2 - 12r - 9) = 0$

右側綜合除法：

```
256 - 256 +  0  +  0  + 27 | 3/4
         + 192 - 48 - 36 - 27
   ─────────────────────────
4 | 256 - 64 - 48 - 36       0
     64 - 16 - 12 -  9
```

由綜合除法知

∴ $r = \frac{3}{4}$

【答案】 5. ⑸

【解析】 正六邊形的每個內角為

$$\frac{(6-2) \times 180°}{6} = 120°$$

設正十二邊形的邊長為 x

則剪掉的小三角形二股為 $\frac{3-x}{2}$

利用餘弦定理知

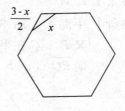

$$\cos 120° = \frac{\left(\frac{3-x}{2}\right)^2 + \left(\frac{3-x}{2}\right)^2 - x^2}{2\left(\frac{3-x}{2}\right)\left(\frac{3-x}{2}\right)} \Rightarrow -\frac{1}{2} = \frac{2\left(\frac{3-x}{2}\right)^2 - x^2}{2\left(\frac{3-x}{2}\right)^2}$$

∴ $-\left(\frac{3-x}{2}\right)^2 = 2\left(\frac{3-x}{2}\right)^2 - x^2$

則 $x^2 = 3\left(\frac{3-x}{2}\right)^2 \Rightarrow 4x^2 = 3(9 - 6x + x^2)$

∴ $x^2 + 18x - 27 = 0$

$$x = \frac{-18 \pm \sqrt{18^2 + 4 \cdot 27}}{2} = \frac{-18 \pm \sqrt{432}}{2} = \frac{-18 + 12\sqrt{3}}{2} \text{（負不合）}$$

$$x = 6\sqrt{3} - 9$$

【答案】6. ⑵

【解析】∵正立方體邊長為 1

且 $|\vec{a}| = 1$，又 $\vec{a}$ 的起點與終點

都是正立方體的頂點

∴ $\vec{a}$ 必為正立方體的邊長上

即有長、寬、高三種方向量

又每種方向量有二種方向

∴共 **6** 種

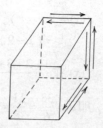

【答案】7. ⑴

【解析】現有 6 個中心點，可分為三組，兩兩對稱。

要形成正方形則由三組中任取二組。

∴所求 $= C_2^3 = \dfrac{3!}{2!} = 3$

【答案】8. ⑷

【解析】$1 - p$（班上沒有一個人可以繼續丟）

$= 1 - (\dfrac{31}{32})^{40} = 1 - 0.28 = 0.72$

$\log (\dfrac{31}{32})^{40} = 40 \log \dfrac{31}{32} = 40 (\log 31 - \log 32)$

$\qquad\qquad = 40 \ [\ (1 + \log 3.1) - (1 + \log 3.2)\ ]$

由查表　$40 (0.4914 - 0.5051) = -0.548$

∴ $\log (\dfrac{31}{32})^{40} = -0.548 = -1 + 0.452 = -1 + \log 2.8 = \log 0.28$

└─經查表大約─┘

∴ $(\dfrac{31}{32})^{40} \fallingdotseq 0.28$

貳、多重選擇題

【答案】9. (2) (3)

【解析】$f(x) = (x-1)^2 + (x-2)^2 + (x-3)^2 + (x-8)^2$
$$+ (x-9)^2 + (x-10)^2$$

$f(x)$ 在 $\dfrac{1+2+3+8+9+10}{6}$ 時有最小值

即 $a = \dfrac{33}{6} = \dfrac{11}{2} = 5.5$

【答案】10. (1) (4)

【解析】焦點為 $(-1, 2)$

對稱軸 $x - 3y + k = 0$

$(-1, 2)$ 代入，得 $k = 7$

$\begin{cases} x - 3y + 7 = 0 \\ 3x + y - 19 = 0 \end{cases}$ 得 $A\left(\dfrac{-25}{4}, \dfrac{1}{4}\right)$

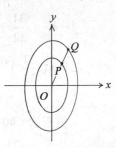

$\therefore B$ 頂點為 $(-1, 2)$ 和 $\left(-\dfrac{25}{4}, \dfrac{1}{4}\right)$ 之中點

$\therefore B\left(\dfrac{-29}{8}, \dfrac{9}{8}\right)$

【答案】11. (3) (4) (5)

【解析】(2) 設橢圓 M 方程式 $\dfrac{x^2}{a^2} + \dfrac{y^2}{b^2} = 1$

$\therefore$ 設 $P(a\cos\theta, b\sin\theta)$

則 Γ 之方程式 $\dfrac{x^2}{(a+1)^2} + \dfrac{y^2}{(b+1)^2} = 1$

$\therefore$ 設 $\theta((a+1)\cos\theta, (b+1)\sin\theta)$

$\therefore m_{\overline{OP}} = \dfrac{b\sin\theta}{a\cos\theta} \qquad m_{\overline{OQ}} = \dfrac{(b+1)\sin\theta}{(a+1)\cos\theta}$

$\therefore m_{\overline{OP}} \neq m_{\overline{OQ}} \qquad \therefore O、P、Q$ 無法共線

$\therefore \Gamma$ 不是橢圓

(3) 同理 (2) $M : \dfrac{x^2}{a^2} + \dfrac{y^2}{b^2} = 1$　　　$\Gamma : \dfrac{x^2}{(2a)^2} + \dfrac{y^2}{(2b)^2} = 1$

∴設 θ（$2a\cos\theta$, $2b\sin\theta$）

∴ $m_{\overline{OP}} = \dfrac{b\sin\theta}{a\cos\theta} = m_{\overline{OQ}} = \dfrac{2b\sin\theta}{2a\cos\theta}$　　　∴ O、P、Q 共線

∴ Γ 是橢圓

【答案】12. (1) (2) (5)

【解析】$r_1 = r_2 = 0 < r_3 = r_4 = r_5$

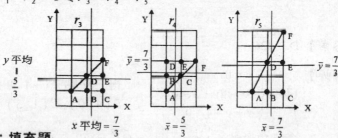

第二部分：填充題

【答案】A. 6

【解析】綜合除法

	6	−4	25	30	20	
1		−7	7	−21	−28	−14	−7
	1	−1	3	4	2	6

【答案】B. 82°

【解析】$E_1 : 2x - y + 2z = 6$　　　　　∴ $\overrightarrow{N_1} = (2 , -1 , 2)$

$E_2 : 3x - 4z = 2$　　　　　　　∴ $\overrightarrow{N_2} = (3 , 0 , -4)$

∴ $\cos\theta = \left| \dfrac{\overrightarrow{N_1} \cdot \overrightarrow{N_2}}{\|\overrightarrow{N_1}\| \|\overrightarrow{N_2}\|} \right| = \left| \dfrac{6-8}{\sqrt{9}\sqrt{25}} \right| = \dfrac{2}{15} = 0.1333$

查表：先求 $\sin\phi = 0.1333$ 且 ϕ 和 θ 互餘

∵ $\sin(7^{\circ}40') = 0.1334$　　　∴ $\phi \fallingdotseq 7^{\circ}40'$

∴ $\theta \fallingdotseq 82^{\circ}20'$　　　　　∴ $\theta \fallingdotseq 82^{\circ}$

【答案】C. $\sqrt{13}$

【解析】 $\overrightarrow{AC} = 3\overrightarrow{AB} + 2\overrightarrow{AD}$ 兩邊平方

$$\left|\overrightarrow{AC}\right|^2 = (3\overrightarrow{AB} + 2\overrightarrow{AD})^2$$

$$= 9\left|\overrightarrow{AB}\right|^2 + 12\overrightarrow{AB} \cdot \overrightarrow{AD} + 4\left|\overrightarrow{AD}\right|^2$$

$$\Rightarrow \left|\overrightarrow{AC}\right| = \sqrt{9 \times 1^2 + 12 \cdot 1 \cdot 2 \cdot \cos 120^\circ + 4 \cdot 4}$$

$$= \sqrt{13}$$

【答案】D. $\sqrt{26}$

【解析】 已知 $\begin{cases} y = 0 \\ 3x - 2y + 3 = 0 \\ x + y - 4 = 0 \end{cases}$ 得三交點 $A(-1, 0)$, $B(4, 0)$, $C(1, 3)$

令三角形外心 (x, y) 則 $\overline{OA}^2 = \overline{OB}^2 = \overline{OC}^2$

$$\begin{cases} (x+1)^2 + y^2 = (x-4)^2 + y^2 \\ (x+1)^2 + y^2 = (x-1)^2 + (y-3)^2 \end{cases}$$

$$\Rightarrow (x, y) = \left(\frac{3}{2}, \frac{1}{2}\right)$$

$$\therefore 半徑 R = \sqrt{\left(\frac{3}{2}+1\right)^2 + \left(\frac{1}{2}\right)^2} = \sqrt{\frac{13}{2}}$$

$$直徑 2R = 2\sqrt{\frac{13}{2}} = \sqrt{26}$$

【答案】E. $\sqrt{\dfrac{77}{5}}$

【解析】$\overline{BD}^2 = \overline{AB}^2 + \overline{AD}^2 - 2\overline{AB} \cdot \overline{AD} \cos\theta$

$= 1 + 16 - 2 \cdot 1 \cdot 4 \cos\theta$

又 $\overline{BD}^2 = \overline{BC}^2 + \overline{CD}^2 - 2\overline{BC} \cdot \overline{CD} \cos(\pi - \theta)$

$= 4 + 9 - 2 \cdot 2 \cdot 3 \cdot \cos(\pi - \theta)$

$\therefore 17 - 8\cos\theta = 13 - 12\cos(\pi - \theta) = 13 + 12\cos\theta$

$\Rightarrow 4 = 20\cos\theta \Rightarrow \cos\theta = \dfrac{1}{5}$

$\therefore \overline{BD} = \sqrt{17 - 8\cos\theta} = \sqrt{17 - 8 \times \dfrac{1}{5}} = \sqrt{\dfrac{77}{5}}$

【答案】F. 5

【解析】本題即為求 3^{100} 之首位數字

$\therefore \log 3^{100} = 100 \times 0.4771 = 47.71 = 47 + 0.71$

$\because \log 5 = 0.6990 \qquad \log 6 = 0.7781$

$\therefore$ 首位數字 $= 5$

【答案】G. $\dfrac{83}{100}$

【解析】所求機率 $= \dfrac{9}{10} \times \dfrac{9}{10} + \dfrac{1}{10} \times \dfrac{1}{5} = \dfrac{81}{100} + \dfrac{1}{50} = \dfrac{83}{100}$

【答案】H. $\dfrac{-17}{216}$

【解析】設定一個號碼 n，則擲一個骰子點數相同（成功）機率 $\dfrac{1}{6}$，

　　　　失敗 $\dfrac{5}{6}$。

六	3	2	1	-1
機率	$(\dfrac{1}{6})^3$	$(\dfrac{1}{6})^2(\dfrac{5}{6})\times 3$	$(\dfrac{1}{6})(\dfrac{5}{6})^2\times 3$	$(\dfrac{5}{6})^3$
	○○○	○○× 可排	○××	×××

$\therefore$ 所求 $= (\dfrac{1}{6})^3\times 3 + (\dfrac{1}{6})^2(\dfrac{5}{6})\times 3\times 2 + (\dfrac{1}{6})(\dfrac{5}{6})^2\times 3\times 1$

　　　　　$+ (\dfrac{5}{6})^3\times(-1)$

　　　　$= \dfrac{-17}{216}$

八十五年大學入學學科能力測驗試題
數學考科

第一部分：選擇題

壹、單一選擇題

說明：第 1 至 8 題，每題選出最適當的一個選項，標示在答案卡之
　　　「選擇題答案區」，每題答對得 5 分，答錯不倒扣。

1. $(40)^{255}$ 除以 13 的餘數為
   (A) 1　　　(B) 2　　　(C) 4　　　(D) 6　　　(E) 8

2. 坐標平面上點 $A(1,2)$ 到直線 L 的垂足是 $D(3,2)$。問 A 對於 L
   的對稱點是下列那一點？
   (A) $(-2,0)$　　(B) $(-1,2)$　　(C) $(2,0)$　　(D) $(2,2)$　　(E) $(5,2)$

3. 已知直線 L_1，L_2 交於 $(1,0,-1)$，且相互垂直，其中
$$L_1:\ \begin{array}{l} x=1+t \\ y=t \\ z=-1 \end{array} \quad t\in R\ ,\qquad L_2:\ \begin{array}{l} x=1+t \\ y=-t \\ z=-1-t \end{array} \quad t\in R\,。$$
   若以 L_1 為軸將 L_2 旋轉一圈得一平面，則此平面的方程式為何？
   (A) $x=1$　　　　　　　(B) $y=0$　　　　　　　(C) $x+y-1=0$
   (D) $x-y-z=2$　　　(E) $x+y-3=0$

4. 設 $f(x)$ 為實係數三次多項式，且 $f(i)=0$（$i=\sqrt{-1}$），則函數
   $y=f(x)$ 的圖形與 X 軸有幾個交點？
   (A) 0　　　(B) 1　　　(C) 2　　　(D) 3　　　(E) 因 $f(x)$ 的不同而異

5. 坐標平面上有一橢圓，已知其長軸平行 Y 軸，短軸的一個頂點為
   $(0,4)$，且其中一焦點為 $(4,0)$。問此橢圓長軸的長度為何？
   (A) 2　　(B) $2\sqrt{2}$　　　(C) 6　　(D) $6\sqrt{2}$　　　(E) $8\sqrt{2}$

6. 已知拋物線 Γ 的方程式為 $y = (x + 1)^2 + 1$，且直線 $y = 2x + 2$ 與 Γ 相切。設 L 為斜率等於 2 的直線，若 L 與 Γ 有兩個交點，則 L 上任一點 P 的坐標 (x, y) 滿足下列那個關係式？（參考圖 1）

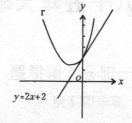

(A) $y > (x + 1)^2 + 1$　　(B) $y < (x + 1)^2 + 1$

(C) $y = (x + 1)^2 + 1$　　(D) $y > 2x + 2$

(E) $y < 2x + 2$

圖 1

7. 已知下列五個圖形中有一個是 $y = -x(\cos x)$ 的部分圖形，判斷那一個選項是該圖形？

(A)

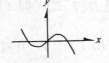

(B)

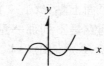

(C)

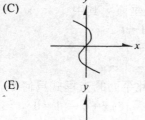

(D)

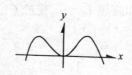

(E)

8. 設想地球是個圓球體，已知沿著赤道，經度 10 度間的距離是 1113 公里，那麼沿北緯 20° 線，經度 10 度間的距離最接近下面那個數值？（參考圖 2）

AB弧長 = 1113公里
求CD弧長 = ?公里

(A) 1019　(B) 1027　(C) 1035

(D) 1046　(E) 1054

圖 2

貳、多重選擇題

說明：第 9 至 14 題，每題的五個選項各自獨立，其中至少有一個選項
　　　是正確的，選出正確選項，標示在答案卡之「選擇題答案區」。
　　　每題答對得 5 分，答錯不倒扣，未答者不給分。只錯一個可獲
　　　2.5 分，錯兩個或兩個以上不給分

9. 設 $y = f(x)$ 及 $y = g(x)$ 的圖形都是拋物線，一個開口向上，一個開
　　口向下，則 $y = f(x) + g(x)$ 的圖形可能出現下列那些情形？
　　(A) 兩條拋物線　　　(B) 一條拋物線　　　(C) 一條直線
　　(D) 橢圓　　　　　　(E) 雙曲線

10. 圖 3 為某年級國文、英文、歷史三科成績分佈情形的直方圖。根
　　據該圖，下列那些推論是合理的？
　　(A) 歷史的平均分數比國文的平均分數低
　　(B) 歷史的平均分數最低
　　(C) 英文的標準差比國文的標準差小
　　(D) 英文的標準差最大
　　(E) 「國文與歷史之相關係數」比「國文與英文之相關係數」高

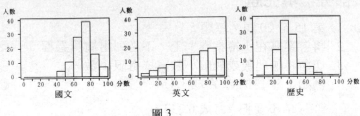

圖 3

11. 某品牌之燈泡由 A 廠及 B 廠各生產 30% 及 70%。A 廠生產的產品
　　中有 1% 瑕疵品；B 廠生產的產品中有 5% 瑕疵品。某日退貨部門
　　回收一件瑕疵品，則下列敘述那些是正確的？
　　(A) 猜此瑕疵品是由 A 廠製造的，猜對的機率較大
　　(B) 猜此瑕疵品是由 B 廠製造的，猜對的機率較大
　　(C) 此瑕疵品由 A 廠製造的機率為 3/38
　　(D) 此瑕疵品由 A 廠製造的機率為 30/10000
　　(E) 此瑕疵品由 B 廠製造的機率為 350/10000

12. 設 $a > b > 1000$。令 $p = \sqrt{\log_7 a \cdot \log_7 b}$，$q = \dfrac{1}{2}(\log_7 a + \text{long}_7 b)$，

$r = \log_7(\dfrac{a+b}{2})$，則下列敘述何者正確？

(A) $q = \log_7 \sqrt{ab}$　　　　(B) $q > r$　　　(C) $r < p < q$

(D) $p < q < r$　　　　　　　(E) $q < p < r$

13. 設 $y = f(x)$ 的圖形是兩條半線，其原點附
近的部分圖形如圖 4。令 $h(x) = f(x) - f(x-6)$，則 $h(x)$ 有下列那些性質？

(A) 有最小值 -6　　(B) 有最小值 -3

(C) 有最小值 0　　　(D) 有最大值 3

(E) 有最大值 6

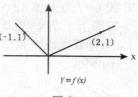

圖 4

14. 有一個 101 項的等差數列 $a_1, a_2, a_3, \ldots a_{101}$，其和為 0，且 $a_{71} = 71$。
問下列選項那些正確？

(A) $a_1 + a_{101} > 0$　　(B) $a_2 + a_{100} < 0$　　(C) $a_3 + a_{99} = 0$

(D) $a_{51} = 51$　　(E) $a_1 < 0$

第二部分：填充題

說明：1. 第 15 至 20 題，每題 5 分

　　　2. 將答案寫在「答案卷」上，不必列出演算過程

　　　3. 切勿將無理數或無限小數寫成有限小數

　　　　例如：不要把 $\sqrt{2}$ 寫成 1.414

　　　　　　　不要把 $\dfrac{1}{3}$ 寫成 0.333

15. 設 D 點在 $\triangle ABC$ 的 $\overline{BC}$ 邊上，且 $\triangle ABD$ 的面積 $= \dfrac{2}{3} \triangle ADC$ 的面
積，若 B 的坐標為 $(0, 5)$，C 的坐標為 $(7, 0)$，則 D 的坐標為
　　　(A)　　　。

16. 圓心在原點的兩個同心圓，面積分別為 75π 和 27π。設 P 點在第
一象限。若 P 點到大圓、小圓、X 軸的距離均相等，則 P 點的坐
標為 　　　(B)　　　。

17. 圖 5 中，至少包含 A 或 B 兩點之一的長方形
　　共有 ＿＿＿(C)＿＿＿ 個。

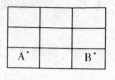

18. 擲一均勻硬幣三次，每出現一個正面得 5 元，
　　一個反面賠 2 元，則所得總額之期望值為
　　＿＿＿(D)＿＿＿ 元。

圖 5

19. 空間中三向量 $\vec{u} = (u_1, u_2, u_3)$，$\vec{v} = (v_1, v_2, v_3)$，$\vec{w}(w_1, w_2, w_3)$，所

　　張平行六面體的體積為 $\begin{vmatrix} u_1 & u_2 & u_3 \\ v_1 & v_2 & v_3 \\ w_1 & w_2 & w_3 \end{vmatrix}$ 的絕對值。今已知 a，b，c

　　三向量所張平行六面體的體積為 5，則 $2\vec{a} + 3\vec{b}$，$\vec{b}$，$\vec{c}$ 三向量所
　　張平行六面體的體積為 ＿＿＿(E)＿＿＿。

20. 學校蓋了一棟正四面體的玻璃溫室（如
　　圖 6 ）。今欲將一鋼柱橫架在室中，作
　　為吊花的橫樑。其兩端分別固定在兩面
　　牆 ABC 和 ACD 的重心 E，F 處。生物
　　老師要先知道這個鋼柱多長，才能請工
　　人製作。雖然 $\overline{BD}$ 的長度很容易量出，
　　卻很難爬到 E，F 點測量 $\overline{EF}$ 長。生物
　　老師在上課時說出他的問題，立刻有一
　　位同學舉手說他有辦法。這位同學在紙
　　上劃出圖 6 ，算出 $\overline{EF} : \overline{BD}$ 就解決了問
　　題。問 $\overline{EF} : \overline{BD} = $ ＿＿＿(F)＿＿＿。

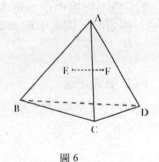

圖 6

參考公式及三角函數值表

1. 等差級數前 n 項和為：$S_n = \dfrac{n}{2} \left[2a + (n-1)d \right]$

2. 等比級數 $\langle ar^{n-1} \rangle$ 的前 n 項之和
　　當 $r \neq 1$ 時 $S_n = a \cdot \dfrac{1 - r^n}{1 - r} = \dfrac{a}{1 - r} - \dfrac{ar^n}{1 - r}$
　　當 $r = 1$ 時 $S_n = na$

3. P_1，P_2 兩點間的距離為 $\overline{P_1P_2} = \sqrt{(x_2 - x_1)^2 + (y_2 - y_1)^2}$

4. 扇形面積 $A = \dfrac{1}{2} r^2\theta = \dfrac{1}{2} rs$

5. 點 $P(x_o, y_o, z_o)$ 到平面 E：$ax + by + cz + d = 0$ 的距離為

$$\frac{|ax_o + by_o + cz_o + d|}{\sqrt{a^2 + b^2 + c^2}}$$

6. 三階列行式 $\begin{vmatrix} a_1 & b_1 & c_1 \\ a_2 & b_2 & c_2 \\ a_3 & b_3 & c_3 \end{vmatrix}$

$= a_1b_2c_3 + a_2b_3c_1 + a_3b_1c_2 - a_1b_3c_2 - a_2b_1c_3 - a_3b_2c_1$

7. n 種不同物件中，每次取 m 個為一組，若每組中每種物件可以重複選取，則 n 中取 m 的重複組合為
$H_m^n = C_m^{n+m-1}$

8. 二項式定理
$(x + y)^n = C_o^n x^n + C_1^n x^{n-1}y + \cdots + C_r^n x^{n-r} y^r + \cdots + C_{n-1}^n xy^{n-1} + C_n^n y^n$
$= \displaystyle\sum_{r=0}^{n} C_r^n x^{n-r} y^r$

9. 貝士定里

$$P(A_k \mid B) = \frac{P(A_k) P(B \mid A_k)}{\displaystyle\sum_{i=1}^{r} P(A_i) P(B \mid A_i)}$$

10. 對數換底公式 $\log_a x = \dfrac{\log_b x}{\log_b a}$

11. 統計公式

算術平均 $M(=\overline{X}) = \dfrac{1}{n}(x_1 + x_2 + ... + x_n) = \dfrac{1}{n}\sum\limits_{i=1}^{n} x_i$

標準差 $S = \sqrt{\dfrac{1}{n}\sum\limits_{i=1}^{n}(x_i - \overline{X})^2} = \sqrt{\dfrac{1}{n}\sum\limits_{i=1}^{n} x_i^2 + \overline{X}^2}$

相關係數 $r = \dfrac{\sum\limits_{i=1}^{n}(x_i - \overline{X})(y_i - \overline{Y})}{n \cdot S_X S_Y} = \dfrac{\sum\limits_{i=1}^{n}(x_i - \overline{X})(y_i - \overline{Y})}{\sqrt{\sum\limits_{i=1}^{n}(x_i - \overline{X})^2 \sum\limits_{i=1}^{n}(y_i - \overline{Y})^2}}$

S_X 為隨機變數 X 之標準差

S_Y 為隨機變數 Y 之標準差

12. 三角函數值表

角　　度	Sin	Cos
18° 00'	.3090	.9511
10'	.3118	.9502
20'	.3145	.9492
30'	.3173	.9483
40'	.3201	.9474
50'	.3228	.9465
19° 00'	.3256	.9455
10'	.3283	.9446
20'	.3311	.9436
30'	.3338	.9426
40'	.3365	.9417
50'	.3393	.9407
20° 00'	.3420	.9397
10'	.3448	.9387
20'	.3475	.9377
30'	.3502	.9367
40'	.3529	.9356
50'	.3557	.9346
21° 00'	.3584	.9336
10'	.3611	.9325
20'	.3638	.9315
30'	.3665	.9304
40'	.3692	.9293
50'	.3719	.9283
22° 00'	.3746	.9272
10'	.3773	.9261
20	.3800	.9250
30'	.3827	.9239
40'	.3854	.9228
50'	.3881	.9216

角　　度	Sin	Cos
23° 00'	.3907	.9205
10'	.3934	.9194
20	.3961	.9182
30'	.3987	.9171
40'	.4014	.9159
50'	.4041	.9147
24° 00'	.4067	.9135
10'	.4094	.9124
20'	.4120	.9112
30'	.4147	.9100
40'	.4173	.9088
50'	.4200	.9075
25° 00'	.4226	.9063
10'	.4253	.9051
20'	.4279	.9038
30'	.4305	.9026
40'	.4331	.9013
50'	.4358	.9001
26° 00'	.4384	.8988
10'	.4410	.8975
20'	.4436	.8962
30'	.4462	.8949
40'	.4488	.8936
50'	.4514	.8923
27° 00'	.4540	.8910

85年度學科能力測驗數學科試題詳解

第一部分：選擇題
壹、單一選擇題

1.【答案】**A**

【解析】
$$(40)^{255} = (39 + 1)^{255}$$
$$= C_0^{255} \, 39^{255} \cdot 1^0 + C_1^{255} \, 39^{254} \cdot 1^1 + C_2^{255} \, 39^{253} \cdot 1^2 + \cdots$$
$$+ C_{254}^{255} \, 39^1 \cdot 1^{254} + \underline{C_{255}^{255} \, 39^0 \cdot 1^{255}}$$

$\therefore (40)^{255} \div 13$ 餘爲 1 　　餘數

2.【答案】**E**

【解析】　$\dfrac{x+1}{2} = 3$ 　　　　$\therefore x = 5$

　　　　　$\dfrac{y+2}{2} = 2$ 　　　　$\therefore y = 2$

3.【答案】**C**

【解析】　$\therefore L_1$ 之方向向量爲平面 E 之法向量

　　　　　$\therefore E$ 之 $\vec{N} = (1 , 1 , 0)$

　　　　　$\therefore$ 又由 L_2 上得

　　　　　點 $(1 , 0 , -1)$ 位於平面 E 上

　　　　　$\therefore E : 1 \cdot (x - 1) + 1 \cdot (y - 0) + 0 (z + 1) = 0$

　　　　　$\therefore x + y - 1 = 0$

4.【答案】**B**

【解析】　$\because f(x)$ 爲實係數三次多項式，$f(i) = 0$，必有共軛虛根 $-i$

　　　　　即 $f(- i) = 0$

　　　　　$\therefore f(x) = 0$ 具有二虛根一實根，$\because$ 有一實根

　　　　　故與 X 軸僅交於一點

5.【答案】**E**

【解析】由條件可知中心為 $(4, 4)$

∴ $b = 4$　$c = 4$　又 $a^2 = b^2 + c^2 = 16 + 16 = 32$

∴ $a = 4\sqrt{2}$

∴長軸長 $= 2a = 8\sqrt{2}$

6.【答案】**D**

【解析】

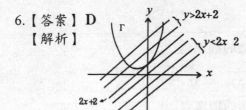

和 Γ 交於一點
○

7.【答案】**B**

【解析】

x	$0 \sim \dfrac{\pi}{2}$	$0 \sim \dfrac{-\pi}{2}$
x	$+$	$-$
$\cos x$	$+$	$+$
y	$-$	$+$

故選 (B)

8.【答案】**D**

【解析】$R : R' = 1 : \cos 20°$

$\qquad\qquad = 1 : 0.9397$

∴ $\overset{\frown}{AB} : \overset{\frown}{CD} = R : R'$（弧長比＝半徑比）

$\qquad\qquad = 1 : 0.9397$

∴ $\overset{\frown}{CD} = 1113 \times 0.9397 : 1046$

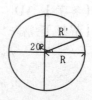

貳、多重選擇題

9.【答案】**BC**

【解析】$y = f(x) + g(x)$ 可能是二次（拋物線），一次（斜直線），

　　　　　二次　二次

　　　　 0 次（水平直線）

10.【答案】 **ABD**

　　【解析】 (A)(B) 由歷史、國文及英文的圖表則可知平均分數
　　　　　　　　 國＞英＞歷

　　　　　　 (C)(D) 英文分數分佈較大 ∴標準差大

　　　　　　 (E) 國文和歷史相差大 ∴相關係數為低

11.【答案】 **BC**

　　【解析】 此瑕疵品由 A 廠製造的機率為

$$\frac{30\% \times 1\%}{30\% \times 1\% + 70\% \times 5\%} = \frac{3}{38}$$

　　　　　　 此瑕疵品由 B 廠製造的機率為

$$\frac{70\% \times 5\%}{30\% \times 1\% + 70\% \times 5\%} = \frac{35}{38}$$

12.【答案】 **AD**

　　【解析】 $r = \log_7 \dfrac{a+b}{2}$ 　　　　$q = \log_7 \sqrt{ab}$

　　　　　　 又 $a \neq b$ 　∴$\dfrac{a+b}{2} > \sqrt{ab}$ 　∴$r > q$

　　　　　　 $q = \dfrac{\log_7 a + \log_7 b}{2} > \sqrt{\log_7 a + \log_7 b} = p$ 　∴$r > q > p$

13.【答案】 **AD**

　　【解析】 當 $x > 0$

$$f(x) = \frac{1}{2}x \qquad f(x-6) = \frac{1}{2}x - 3$$

　　　　　　 ∴$h(x) = 3$

　　　　　　 當 $x < 0$

$$f(x) = -x \qquad f(x-6) = -x + 6$$

　　　　　　 ∴$h(x) = -6$

14.【答案】 **CE**

　　【解析】

$$\therefore S = \frac{101\,(\,2a_1 + (\,101-1\,)\,d\,)}{2} = 0$$

$$\therefore a_1 + 50d = 0 \cdots\cdots\cdots①$$

又 $a_{71} = a_1 + 70d = 71 \cdots\cdots\cdots②$

$$\therefore a_1 = \frac{-355}{2} \qquad d = \frac{71}{20}$$

(A) $a_1 + a_{101} = a_1 + a_1 + 100d = -355 + 355 = 0$

(B) $a_2 + a_{100} = a_1 + d + a_1 + 99d = -355 + 355 = 0$

(C) $a_3 + a_{99} = a_1 + 2d + a_1 + 98d = 0$

(D) $a_{51} = a_1 + 50d = -\dfrac{355}{2} + \dfrac{355}{2} = 0$

(E) $a_1 = -\dfrac{355}{2} < 0$

第二部分：填充題

15.【答案】 (A) $(\dfrac{14}{5}, 3)$

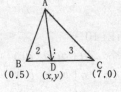

　　【解析】 $\because \Delta ABD : \Delta ADC = 2 : 3$

　　　　　 $\because$ 等高 $\therefore \overline{BD} : \overline{CD} = 2 : 3$

　　　　　 由分點公式 $D\,(\dfrac{3 \times 0 + 2 \times 7}{5}, \dfrac{3 \times 5 + 2 \times 0}{5})$

　　　　　　　　　　 $= (\dfrac{14}{5}, 3)$

16.【答案】 (B) $(3\sqrt{5}, \sqrt{3})$

　　【解析】 令 $P\,(x, y)$

　　　　　 $\therefore P$ 至圖之距離＝ P 至圓心之距離－圓半徑

$$\begin{cases} \sqrt{x^2 + y^2} - 3\sqrt{3} = y \ (\,P \text{ 至 } X \text{ 軸之距}) \\ 5\sqrt{3} - \sqrt{x^2 + y^2} = y \end{cases}$$

　　　　　 $\therefore P\,(x, y) = (3\sqrt{5}, \sqrt{3})$

17. 【答案】(C) 15

　　【解析】用反面做

$$C_2^4\ C_2^4 - C_2^3\ C_2^4 - 3 = 6 \times 6 - 3 \times 6 - 3 = 15$$

18. 【答案】(D) $\dfrac{9}{2}$ 元

　　【解析】

	三　正	二正一負	二負一正	三　負
機　率	$\dfrac{1}{8}$	$\dfrac{3}{8}$	$\dfrac{3}{8}$	$\dfrac{1}{8}$
得錢數	15	8	1	-6
期望值	$\dfrac{15}{8}$	$\dfrac{24}{8}$	$\dfrac{3}{8}$	$\dfrac{-6}{8}$

$$\therefore 總額 = \frac{15}{8} + \frac{24}{8} + \frac{3}{8} + \frac{-6}{8} = \frac{9}{2} 元$$

19. 【答案】(E) 10

　　【解析】令　$a\,(\,a_1\ a_2\ a_3\,)$

　　　　　　　　$b\,(\,b_1\ b_2\ b_3\,)$

　　　　　　　　$c\,(\,c_1\ c_2\ c_3\,)$

$$\begin{vmatrix} a_1 & a_2 & a_3 \\ b_1 & b_2 & b_3 \\ c_1 & c_2 & c_3 \end{vmatrix} = 5$$

$2a + 3b$，b，c 所圍之 6 面體

$$V = \begin{vmatrix} 2a_1+3b_1 & 2a_2+3b_2 & 2a_3+3b_3 \\ b_1 & b_2 & b_3 \\ c_1 & c_2 & c_3 \end{vmatrix} \overset{(-3)}{=} 2\begin{vmatrix} a_1 & a_2 & a_3 \\ b_1 & b_2 & b_3 \\ c_1 & c_2 & c_3 \end{vmatrix}$$

$$= 10$$

20.【答案】 (F) 1：3

【解析】令 $\overline{AE}$ 交 $\overline{BC}$ 於 G，G 為 $\overline{BC}$ 中點

$\overline{AF}$ 交 $\overline{CD}$ 於 H，H 為 $\overline{CD}$ 中點

$\therefore \overline{GH} = \dfrac{1}{2}\overline{BD}$

又 E 為 $\triangle ABC$ 重心　$\therefore \overline{AE}:\overline{EG} = 2:1$

F 為 $\triangle ACD$ 重心　$\therefore \overline{AF}:\overline{FH} = 2:1$

$\therefore \overline{EF}:\overline{GH} = 2:3$

$\therefore \overline{EF} = \dfrac{1}{2} \times \dfrac{2}{3}\overline{BD} = \dfrac{1}{3}\overline{BD}$

$\therefore \overline{EF}:\overline{BD} = 1:3$

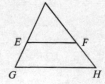

心得筆記欄

八十四年大學入學學科能力測驗試題
數學考科

第一部分：選擇題

壹、單一選擇題

說明：第1至7題，每題選出最適當的一個選項，標示在答案卡之「選擇題答案區」，每題答對得5分，答錯不倒扣。

1. 圖1中A、B、C、D、E為坐標平面上的五個點。將這五點的坐標(x,y)分別代入$x-y=k$，問那一點所得的k值最大？

   (A) A　(B) B　(C) C　(D) D　(E) E

   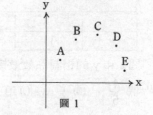

   圖1

2. 若將 $\dfrac{1}{4369}+\dfrac{1}{5911}$ 化為最簡分數，則其分母為何？

   (A) 100487　　(B) 100489　　(C) 10280

   (D) 25825159　(E) 25825161

3. 圖2表示長方形垛的疊法：

   圖2

   某水果販將橘子堆成長方形垛。若最底層長邊有10個橘子，短邊有5個，則此長方形垛最多有幾個橘子？

   (A) 110　(B) 120　(C) 130　(D) 140　(E) 150

4. 以下選項所列的各平面，那一個平面與球 $x^2+y^2+z^2-2x+4y+2z-19=0$ 相交所成的圓之面積最大？

   (A) $x+y+z=0$　　(B) $z=-1$　　(C) $y=1$

   (D) $x=2$　　　　(E) $x=2y$

5. 我國自用小汽車的牌照號碼，前兩位爲大寫英文字母，後四位爲數字，例如 AB－0950。若最後一位數字不用 4，且後四位數字沒有 0000 這個號碼，那麼我國可能有的自用小汽車牌照號碼有多少個？
   (A) $26 \times 25 \times (4320 - 1)$　　(B) $26 \times 25 \times 4320 - 1$
   (C) $26 \times 25 \times (5040 - 1)$　　(D) $26 \times 26 \times (9000 - 1)$
   (E) $26 \times 26 \times 9000 - 1$

6. 某肥皂廠商欲推出一種新產品，在上市前以不同的單價 x（單位：十元）調查市場的需求量 y（單位：萬盒）。調查結果如下：

x	8	9	10	11	12
y	11	12	10	8	9

   問 x 和 y 的相關係數最接近下列那一個值？
   (A) $\dfrac{4}{5}$　(B) $\dfrac{2}{5}$　(C) 0　(D) $-\dfrac{2}{5}$　(E) $-\dfrac{4}{5}$

7. 設 m 爲實數，若二次函數 $y = mx^2 + 10x + m + 6$ 的圖形在直線 $y = 2$ 的上方，則 m 的範圍爲何？
   (A) $m > 0$　　(B) $m > -2 + \sqrt{29}$　　(C) $0 < m < -2 + \sqrt{29}$
   (D) $-2 - \sqrt{29} < m < -2 + \sqrt{29}$
   (E) $m > -2 + \sqrt{29}$ 或 $m < -2 - \sqrt{29}$

貳、多重選擇題

說明：第 8 至 11 題，每題的五個選項各自獨立，其中至少有一個選項是正確的，選出正確選項，標示在答案卡之「選擇題答案區」。每題答對得 5 分，答錯不倒扣，未答者不給分。只錯一個可獲 2.5 分，錯兩個或兩個以上不給分。

8. 下面有五組函數，那些組的兩個函數，其圖形互相對稱於 y 軸？
   (A) $y = \left(\dfrac{1}{2}\right)^{3x}$ 和 $y = 2^{3x}$　(B) $y = 2^{3x}$ 和 $y = 3^{2x}$　(C) $y = x^2$ 和 $y = -x^2$
   (D) $y = \log x$ 和 $y = \log(-x)$　(E) $y = \cos x$ 和 $y = \sin\left(x - \dfrac{\pi}{2}\right)$

9. $\cos 74° - \cos 14°$ 等於下列那些式子？
   (A) $\cos 60°$
   (B) $2 \sin 30° \sin 44°$
   (C) $2 \cos 30° \cos 44°$
   (D) $\sin 16° - \sin 76°$
   (E) $\sin 164° + \cos 166°$

10. 已知等軸雙曲線 Γ 的一條漸近線為 $x - y = 0$，中心的坐標為 $(1,1)$，且 Γ 通過點 $(3,0)$。試問下列敍述那些是正確的？
    (A) Γ 的兩條漸近線互相垂直
    (B) $x + y = 0$ 為 Γ 的另外一條漸近線
    (C) Γ 的貫軸在直線 $y = 1$ 上
    (D) 點 $(1, \sqrt{3}-1)$ 為 Γ 的一個頂點
    (E) 點 $(1, \sqrt{6}-1)$ 為 Γ 的一個焦點

11. 圖 3 中 ABCD 為正四面體，M 為 $\overline{CD}$ 的中點，試問下列那些敍述是正確的？
    (A) 直線 CD 與平面 ABM 垂直
    (B) 向量 $\overrightarrow{AB}$ 與向量 $\overrightarrow{CD}$ 垂直
    (C) $\angle AMB > \angle ADB$
    (D) 平面 ACD 與平面 BCD 的二面角（銳角）大於 $60°$
    (E) $\overline{BA} = \overline{BM}$

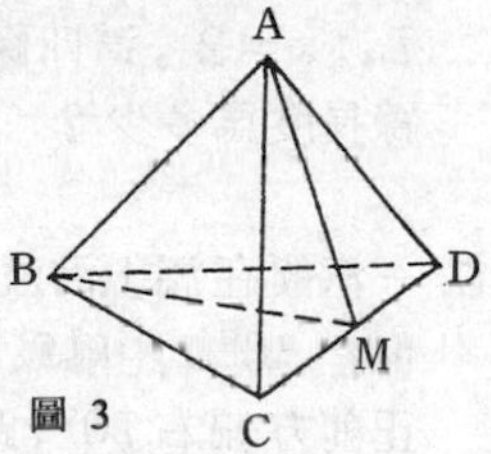

圖 3

第二部分：填充題

說明：1. 第 12 至 20 題，每題 5 分。
　　　2. 將答案寫在答案卷上，不必列出演算過程。
　　　3. 切勿將無理數或無限小數寫成有限小數。例如：不要把 $\sqrt{2}$ 寫成 1.414，不要把 $\frac{1}{3}$ 寫成 0.333。

12. 已知兩拋物線 $x = y^2 + 3y - 2$ 與 $y = x^2 + kx + 19$ 有交點，其中兩個交點在直線 $x + y = 3$ 上，則 k 的值等於多少？＿＿＿＿(A)＿＿＿＿

13. 已知二多項式
    $P(x) = 1 + 2x + 3x^2 + \cdots + 10x^9 + 11x^{10} = \sum_{i=0}^{10} (i+1)x^i$，與 $Q(x)$
    $= 1 + 3x^2 + 5x^4 + \cdots + 9x^8 + 11x^{10} = \sum_{i=0}^{5} (2i+1)x^{2i}$。則 $P(x)$ 和 $Q(x)$
    的乘積中，x^9 的係數為＿＿＿＿(B)＿＿＿＿。

14. 林先生和陳小姐一起到遊樂場玩打靶遊戲。林先生射擊命中靶的機率是 $\frac{2}{5}$，陳小姐的機率是 $\frac{1}{2}$。林先生先射，陳小姐後射；林先生射中與否不會影響陳小姐的命中率。若他們兩人向靶各射一次，問只有陳小姐射中的機率為多少？_____(C)_____

15. 設 n 為自然數，則滿足 $10^{n-1} > 9^n$ 的 n 值中最小的為 _____(D)_____。

16. 有四條直線 $L_1 : x-y=1$，$L_2 : x+y=4$，$L_3 : 8x+y=-10$ 和 $L_4 : x=2$。這四條直線圍出一個四邊形。請問此四邊形較短的對角線長度為多少？_____(E)_____

17. 一汽艇在湖上沿直線前進，有人用儀器在岸上先測得汽艇在正前方偏左 $50°$，距離為 200 公尺。一分鐘後，於原地再測，知汽艇駛到正前方偏右 $70°$，距離為 300 公尺。那麼此汽艇在這一分鐘內行駛了 _____(F)_____ 公尺。

18. 假設某鎮每年的人口數逐年成長，且成一等比數列。已知此鎮十年前有 25 萬人，現在有 30 萬人，那麼二十年後，此鎮人口應有 _____(G)_____ 萬人。（求到小數點後一位）

19. 設 $f(x) = (\sin x + \cos x)^2 + 4(\sin x + \cos x)$，則 $f(x)$ 的最小值為 _____(H)_____。

20. 在空間坐標中，設 xy 平面為一鏡面。有一光線通過點 $P(1,2,1)$，射向鏡面上的點 $O(0,0,0)$，經鏡面反射後通過點 R。若 $\overline{OR} = 2\overline{PO}$，則 R 點的坐標為 _____(I)_____。

參考公式及對數表

1. 一元二次方程式的公式解：$x = \dfrac{-b \pm \sqrt{b^2 - 4ac}}{2a}$

2. 等比級數（ar^{n-1}）的前 n 項之和

當 $r \neq 1$ 時 $S_n = a \cdot \dfrac{1-r^n}{1-r} = \dfrac{a}{1-r} - \dfrac{ar^n}{1-r}$

當 $r = 1$ 時 $S_n = na$

3. P_1，P_2 兩點間的距離爲 $\overline{P_1 P_2} = \sqrt{(x_2 - x_1)^2 + (y_2 - y_1)^2}$

4. $\triangle ABC$ 的正弦及餘弦定律

(1) $\dfrac{a}{\sin A} = \dfrac{b}{\sin B} = \dfrac{c}{\sin C} = d$ ，d 爲外接圓直徑 （正弦定律）

(2) $c^2 = a^2 + b^2 - 2ab\cos C$ （餘弦定律）

5. 正弦函數的和角公式爲

$\sin(\alpha + \beta) = \sin\alpha\cos\beta + \cos\alpha\sin\beta$

$\sin(\alpha - \beta) = \sin\alpha\cos\beta - \cos\alpha\sin\beta$

6. 餘弦函數的和角公式爲

$\cos(\alpha + \beta) = \cos\alpha\cos\beta - \sin\alpha\sin\beta$

$\cos(\alpha - \beta) = \cos\alpha\cos\beta + \sin\alpha\sin\beta$

7. 正餘弦函數的積化爲和的公式

$\sin\alpha\cos\beta = \dfrac{1}{2}[\sin(\alpha+\beta) + \sin(\alpha-\beta)]$

$\cos\alpha\sin\beta = \dfrac{1}{2}[\sin(\alpha+\beta) - \sin(\alpha-\beta)]$

$\cos\alpha\cos\beta = \dfrac{1}{2}[\cos(\alpha+\beta) + \cos(\alpha-\beta)]$

$\sin\alpha\sin\beta = \dfrac{1}{2}[\cos(\alpha+\beta) - \cos(\alpha-\beta)]$

8. 點 $P(x_0, y_0, z_0)$ 到平面 $E : ax + by + cz + d = 0$ 的距離爲 $\dfrac{|ax_0 + by_0 + cz_0 + d|}{\sqrt{a^2 + b^2 + c^2}}$

9. 統計公式

算術平均　$M\,(\,=\overline{X}\,)=\dfrac{1}{n}\,(\,x_1+x_2+\cdots+x_n\,)=\dfrac{1}{n}\displaystyle\sum_{i=1}^{n}x_i$

標準差　$S=\sqrt{\dfrac{1}{n}\displaystyle\sum_{i=1}^{n}(\,x_i-\overline{X}\,)^2}=\sqrt{\dfrac{1}{n}\displaystyle\sum_{i=1}^{n}x_i^{\,2}-\overline{X}^{\,2}}$

相關係數　$r=\dfrac{\displaystyle\sum_{i=1}^{n}(\,x_i-\overline{X}\,)(\,y_i-\overline{Y}\,)}{n\cdot S_X S_Y}=\dfrac{\displaystyle\sum_{i=1}^{n}(\,x_i-\overline{X}\,)(\,y_i-\overline{Y}\,)}{\sqrt{\displaystyle\sum_{i=1}^{n}(\,x_i-\overline{X}\,)^2\sum_{i=1}^{n}(\,y_i-\overline{Y}\,)^2}}$

S_X 為隨機變數 X 之標準差

S_Y 為隨機變數 Y 之標準差

10. 常用對數表　$y=\log_{10}x$

X	0	1	2	3	4	5	6	7	8	9	表　　尾　　差								
											1	2	3	4	5	6	7	8	9
10	0000	0043	0086	0128	0170	0212	0253	0294	0334	0347	4	8	12	17	21	25	29	33	37
11	0414	0453	0492	0531	0569	0607	0645	0682	0719	0755	4	8	11	15	19	23	26	30	34
12	0792	0828	0864	0899	0934	0969	1004	1038	1072	1106	3	7	10	14	17	21	24	28	31
13	1139	1173	1206	1239	1271	1303	1335	1367	1399	1430	3	6	10	13	16	19	23	26	29
14	1461	1492	1523	1553	1584	1614	1644	1673	1703	1732	3	6	9	12	15	18	21	24	27
15	1761	1790	1818	1847	1875	1903	1931	1959	1987	2014	3	6	8	11	14	17	20	22	25
16	2041	2068	2095	2122	2148	2175	2201	2227	2253	2279	3	5	8	11	13	16	18	21	24
17	2304	2330	2355	2380	2405	2430	2455	2480	2504	2529	2	5	7	10	12	15	17	20	22
18	2553	2577	2601	2625	2648	2672	2695	2718	2742	2765	2	5	7	9	12	14	16	19	21
19	2788	2810	2833	2856	2878	2900	2923	2945	2967	2989	2	4	7	9	11	13	16	18	20
20	3010	3032	3054	3075	3096	3118	3139	3160	3181	3201	2	4	6	8	11	13	15	17	19
21	3222	3243	3263	3284	3304	3324	3345	3365	3385	3404	2	4	6	8	10	12	14	16	18
22	3424	3444	3464	3483	3502	3522	3541	3560	3579	3598	2	4	6	8	10	12	14	15	17
23	3617	3636	3655	3674	3692	3711	3729	3747	3766	3784	2	4	6	7	9	11	13	15	17
24	3802	3820	3838	3856	3874	3892	3909	3927	3945	3962	2	4	5	7	9	11	12	14	16
25	3979	3997	4014	4031	4048	4065	4082	4099	4116	4133	2	3	5	7	9	10	12	14	15
26	4150	4166	4183	4200	4216	4232	4249	4265	4281	4298	2	3	5	7	8	10	11	13	15
27	4314	4330	4346	4362	4378	4393	4409	4425	4440	4456	2	3	5	6	8	9	11	13	14
28	4472	4487	4502	4518	4533	4548	4564	4579	4594	4609	2	3	5	6	8	9	11	12	14
29	4624	4639	4654	4669	4683	4698	4713	4728	4742	4757	1	3	4	6	7	9	10	12	13
30	4771	4786	4800	4814	4829	4843	4857	4871	4886	4900	1	3	4	6	7	9	10	11	13
31	4914	4928	4942	4955	4969	4983	4997	5011	5024	5038	1	3	4	6	7	8	10	11	12
32	5051	5065	5079	5092	5105	5119	5132	5145	5159	5172	1	3	4	5	7	8	9	11	12
33	5185	5198	5211	5224	5237	5250	5263	5276	5289	5302	1	3	4	5	6	8	9	10	12
34	5315	5328	5340	5353	5366	5378	5391	5403	5416	5428	1	3	4	5	6	8	9	10	11

註：1. 表中所給的對數值為小數點後的值

　　2. 表中最左欄的數字表示 x 的個位數及小數點後第一位，最上一欄的數字表示 x 的小數點後第二位。

84年度學科能力測驗數學科試題詳解

第一部分：單一選擇題

1. 【答案】**E**

   【解析】$x-y=k$ 欲求 k 最大 $\leftrightarrow$ 找 x 最大，

   y 最小之點。

   如圖1，五點中，以 E 點所得 k 最大。

2. 【答案】**A**

   【解析】最簡分數之分母 $\leftrightarrow$ 二分母之最小公倍數

   〔4369，5911〕$= 100487$

3. 【答案】**C**

   【解析】第1層　　$10 \times 5 = 50$

   　　　　第2層　　$9 \times 4 = 36$

   　　　　第3層　　$8 \times 3 = 24$

   　　　　第4層　　$7 \times 2 = 14$

   　　　　第5層　　$6 \times 1 = \underline{\ \ 6\ \ }$ ＋

   　　　　　　　　　　　　　130

4. 【答案】**B**

   【解析】球　　$(x-1)^2+(y+2)^2+(z+1)^2=25$

   球心　$(1，-2，-1)$

   四個選項中，球心在平面 B 上，即平面 B 與球所交之圓面
   積最大。

5. 【答案】**D**

   【解析】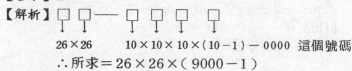

   26×26　　　$10 \times 10 \times 10 \times (10-1) - 0000$ 這個號碼

   $\therefore$ 所求 $= 26 \times 26 \times (9000-1)$

6. 【答案】 **E**

【解析】 $\overline{x} = 10$

$\overline{y} = 10$

所求：$\dfrac{(8-10)(11-10)+(9-10)(12-10)}{\sqrt{(-2)^2 1^2+(-1)^2 2^2+1^2(-2)^2+2^2(-1)^2}} +$

$\dfrac{(11-10)(8-10)+(12-10)(9-10)}{\sqrt{(-2)^2 1^2+(-1)^2 2^2+1^2(-2)^2+2^2(-1)^2}}$

$\doteqdot -\dfrac{4}{5}$

7. 【答案】 **B**

【解析】 (1) $y = mx^2 + 10x + m + 6$ 在 $y = 2$ 上方，表示拋物線圖形開口向上 $m > 0$

(2) $y = mx^2 + 10x + m + 6$

$= m\left(x + \dfrac{5}{m}\right)^2 + m + 6 - \dfrac{25}{m}$

頂點 $\left(-\dfrac{5}{m},\ m+6-\dfrac{25}{m}\right)$ ⟷ $y = 2$

$m + 6 - \dfrac{25}{m} > 2$

$m^2 + 6m - 25 - 2m > 0$

$\therefore m > -2 + \sqrt{29}$ or $m < -2 - \sqrt{29}$

(3) 由(1)，(2) $m > -2 + \sqrt{29}$ 選(B)

【另解】 $mx^2 + 10x + m + 6 > 2$

$mx^2 + 10x + (m+4) > 0$

$\triangle = 100 - 4m(m+4) < 0$

$m^2 + 4m - 25 > 0$

$\therefore m < -2 - \sqrt{29}$ or $m > -2 + \sqrt{29}$

但 $m > 0$

故 $m > -2 + \sqrt{29}$

8. 【答案】 **AD**

　　【解析】 圖形對稱於 y 軸↔x 和（−x）相對

　　　　　　選 (A) $y = (\frac{1}{2})^{3x} = 2^{-3x}$

　　　　　　　　　　$y = 2^{3x}$

　　　　　　(D) 設 $f(x) = \log x$ ，$g(x) = \log(-x)$ 即可得知

9. 【答案】 **DE**

　　【解析】 (1) $\cos 74° - \cos 14° = -2 \sin 44° \sin 30°$

　　　　　　∴ (B)(C) 均錯

　　　　　　(2) $\cos 74° = \sin 16° = \sin 164°$

　　　　　　　　$\cos 14° = \sin 76° = -\cos 166°$

　　　　　　∴ $\cos 74° - \cos 14° = \sin 16° - \sin 76°$

　　　　　　　　$= \sin 164° + \cos 166°$

　　　　　　∴ 選 (D)(E)

10. 【答案】 **AC**

　　【解析】 (A) P 爲等軸雙曲線，故二條漸近線互相垂直

　　　　　　(B) 另一條漸近線爲 $x + y = 2$（通過中心坐標）

　　　　　　(C) 過（3，0）可知其爲左右雙曲線

　　　　　　(D)(E) 頂點、焦點均不可能在 $x = 1$ 之直線上

11. 【答案】 **ABCD**

　　【解析】 (A) 直線 CD 與平面 ABM 垂直

　　　　　　(B) $\overrightarrow{AB}$ 垂直 $\overrightarrow{CD}$

　　　　　　(C) $\angle ADB = 60°$

　　　　　　　　$\angle AMB > 60°$　　∴ $\angle AMB > \angle ADB$

　　　　　　(E) $\overline{BM} = \frac{\sqrt{3}}{2} \overline{BD} = \frac{\sqrt{3}}{2} \overline{BA}$

第二部分：

12. 【答案】 -11

　　【解析】 $\begin{cases} x = y^2 + 3y - 2 \\ x + y = 3 \end{cases}$ 　　交點為（$2,1$）（$8,-5$）

　　　　　　代入 　$y = x^2 + kx + 19$

　　　　　　求得 　$k = -11$

13. 【答案】 110

　　【解析】 $Q(x) = 1 + 3x^2 + 5x^4 + 7x^6 + 9x^8 + 11x^{10}$

　　　　　　$P(x) = 1 + 2x + 3x^2 + \cdots\cdots + 10x^9 + 11x^{10}$

　　　　　　所求 $= 9 \times 2 + 7 \times 4 + 5 \times 6 + 3 \times 8 = 110$

14. 【答案】 $\dfrac{3}{10}$

　　【解析】 機率 $= \dfrac{1}{2}\left(1 - \dfrac{2}{5}\right) = \dfrac{3}{10}$

　　　　　　　　　↓　　　　↓
　　　　　　　　陳小姐　　林先生
　　　　　　　　射　中　　未射中

15. 【答案】 22

　　【解析】 $10^{n-1} > 9^n$

　　　　　　$\log 10^{n-1} > \log 9^n$

　　　　　　（$n-1$）$\log 10 > n \cdot 2 \log 3$ （$\log 3 = 0.4771$）

　　　　　　$n - 1 > 0.9542\, n$

　　　　　　$0.0458\, n > 1$

　　　　　　$n > 21.\cdots$

　　　　　　n 最小為 22

16. 【答案】 5

【解析】 如右圖

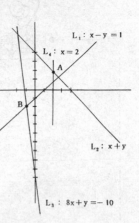

A $\begin{cases} x = 2 \\ x + y = 4 \end{cases}$ （2，2）

B $\begin{cases} x - y = 1 \\ 8x + y = -10 \end{cases}$ （-1，-2）

所求 $= \overline{AB} = \sqrt{3^2 + 4^2} = 5$

17. 【答案】 $100\sqrt{19}$

【解析】 利用餘弦理

$h^2 = 200^2 + 300^2 - 2 \times 200 \times 300 \times \cos 120°$

$h = 100\sqrt{19}$

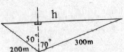

18. 【答案】 43.2

【解析】 公比 $r = \dfrac{30}{25} = \dfrac{6}{5}$

所求 $= 30 \cdot (\dfrac{6}{5})^2 = \dfrac{216}{5} = 43.2$

19. 【答案】 $2 - 4\sqrt{2}$

【解析】 設 $t = \sin x + \cos x$　$-\sqrt{2} \leqslant t \leqslant \sqrt{2}$

$f(x) = (\sin x + \cos x)^2 + 4(\sin x + \cos x)$

$= t^2 + 4t = (t+2)^2 - 4$

$\because -\sqrt{2} \leqslant t \leqslant \sqrt{2}$　$\therefore$ 最小值為 $(-\sqrt{2} + 2)^2 - 4$

$= 6 - 4\sqrt{2} - 4 = 2 - 4\sqrt{2}$

20. 【答案】 （-2，-4，2）

【解析】 反射後之方向向量為（-1，2，1）

$\overline{OR} = 2\overline{PO}$　$\therefore$ R之坐標為（-2，4，2）

心得筆記欄

八十三年大學入學學科能力測驗試題
數學考科

一、選擇題

說明：下列第 1 至第 7 題為單一選擇題，每題 5 分，答錯不倒扣。在答案卡上選擇題（第一部分）答案區作答。

1. 設 $a = \sqrt{7 + \sqrt{47}}$，則 a 在那兩個連續整數之間？（單選）
   (A) 0 與 1　(B) 1 與 2　(C) 2 與 3　(D) 3 與 4　(E) 4 與 5。

2. 設直線 L 的方程式為 $\dfrac{x-2}{3} = \dfrac{y+1}{-1} = \dfrac{z-1}{2}$，則下列那一個平面與 L 平行？（單選）
   (A) $2x - y + z = 1$　(B) $x + y - z = 2$　(C) $3x - y + 2z = 1$
   (D) $3x + 2y + z = 2$　(E) $x - 3y + z = 1$。

3. 同時擲兩枚均勻的硬幣，連續擲兩次，問至少有一次出現一正面一反面的機率為多少？（單選）
   (A) 0　(B) $\dfrac{1}{4}$　(C) $\dfrac{1}{2}$　(D) $\dfrac{3}{4}$　(E) 1。

4. 設圖1中，A、B、C三點共線，D、E、F三點共線。利用這六點中的3個點作頂點所形成的三角形共有多少個？（單選）
   (A) 9　(B) 14　(C) 16　(D) 18　(E) 20。　圖 1

5. 甲、乙、丙三位同學參加推薦甄選學科能力測驗，五科的成績如表一所示。設 $S_甲$、$S_乙$、$S_丙$ 分別代表甲、乙、丙三位同學五科成績的標準差。請仔細觀察表中數據，判斷下列那一選項表示 $S_甲$、$S_乙$、$S_丙$ 的大小關係？（單選）
   (A) $S_甲 > S_丙 > S_乙$　(B) $S_丙 > S_甲 = S_乙$
   (C) $S_甲 > S = S$　(D) $S_乙 > S_甲 = S_丙$
   (E) $S_甲 = S > S$

成績＼科目＼學生	社會	國文	自然	英文	數學
甲	100	70	80	60	50
乙	90	60	70	50	40
丙	80	56	64	48	40

表一

6. 若 $x = \dfrac{\sqrt[3]{88.3}}{\sqrt{2.56}}$，則下列那一個敍述是正確的？（可用查表法）（單選）

(A) $2.8 < x < 2.9$　(B) $2.7 < x < 2.8$　(C) $2.6 < x < 2.7$

(D) $2.5 < x < 2.6$　(E) $2.4 < x < 2.5$ 。

7. 武林高手上官琴魔, 幸獲至寶「斷腸一弦琴」。如圖2實線部分,琴身為一圓弧,琴弦 $\overline{AB}$ 長為 1.6 尺。今欲增其威力,需加一長為 1.2 尺的平行琴弦, 乃在 P 及 Q 點鑽孔,加裝琴弦 $\overline{PQ}$。若知圓心在 O 點, 半徑為 1 尺, 敢問少（女）俠 $\angle AOP$ 大小若干？（單選）

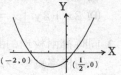

圖 2

(A) $13° < \angle AOP \le 14°$　(B) $14° < \angle AOP \le 15°$

(C) $15° < \angle AOP \le 16°$　(D) $16° < \angle AOP \le 17°$　(E) $17° < \angle AOP \le 18°$ 。

說明:下列第8至第10題為多重選擇題,每題5分。仍在答案卡上選擇題（第一部分）答案區作答。每題的五個選項各自獨立,至少有一個正確選項。只錯一個給2.5分,錯兩個或兩個以上者不給分。不答不予計分。

8. 若函數 $f(x) = ax^2 + bx + c$ 的圖形如圖3 , 則下列各數那些為負數？（多選）

(A) a　(B) b　(C) c　(D) $b^2 - 4ac$　(E) $a - b + c$ 。

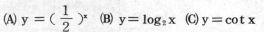

9. 下列有關空間的敍述 , 那些是正確的？（多選）

圖 3

(A) 過已知直線外一點 ,「恰有」一平面與此直線垂直

(B) 過已知直線外一點 ,「恰有」一平面與此直線平行

(C) 過已知平面外一點 ,「恰有」一直線與此平面平行

(D) 過已知平面外一點 ,「恰有」一平面與此平面垂直

(E) 過已知平面外一點 ,「恰有」一平面與此平面平行 。

10. 下列那些方程式的部分圖形「不可能」出現在圖4中？（多選）

(A) $y = \left(\dfrac{1}{2}\right)^x$　(B) $y = \log_2 x$　(C) $y = \cot x$

(D) $5x^2 + 4x - 6y - 3 = 0$

(E) $x^2 - y^2 + 4x - 6y - 10 = 0$

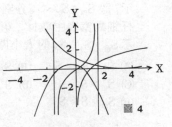

圖 4

二、填充題

說明：1. 答案寫在非選擇題答案卷上，每題 5 分。

2. 不必列出演算過程。

3. 切勿將無理數或無限小數寫成有限小數。

例如：不要把 $\sqrt{2}$ 寫成 $1 \cdot 414$；不要把 $\frac{1}{3}$ 寫成 0.333

1. 函數 $y = 4^x$ 與 $y = 2^{3x+2}$ 的圖形之交點坐標為 ___(A)___ 。

2. 一皮球自離地面 10 公尺高處落下。首次反彈高度為 $\frac{10}{3}$ 公尺，此後每次反彈高度為其前次反彈高度的 $\frac{1}{3}$，則此球到完全靜止前，所經過路徑的總長度為 ___(B)___ 公尺。

3. 平面上四點 $A(-1,2)$，$B(4,2)$，$C(2,-1)$ 和 $O(0,0)$。過 B 點作直線 OC 的平行線交直線 OA 於 D 點，則 D 點的坐標為 ___(C)___ 。

4. 已知 $A(1,2)$ 與 $B(3,4)$ 為兩定點，$P(x,y)$ 為直線 $x+2y=3$ 上一點。問 $\overline{PA} = \overline{PB}$ 時，P 的坐標為 ___(D)___ 。

5. 若直線 $L：y = mx + 3$ 與圓 $x^2 + y^2 + 2x = 3$ 相切，則 $m =$ ___(E)___ 。

6. 平面 $E：x + 3y + z = 1$ 與球面 $x^2 + y^2 + z^2 + 2x - 4y - 11 = 0$ 相交成一個圓。則此圓的面積為 ___(F)___ 。

7. 設 L 為 $x - y + z = 1$ 與 $x + y - z = 1$ 兩平面的交線，則直線 L 上與點 $(1,2,3)$ 距離最近之點的坐標為 ___(G)___ 。

8. 每次用 20 根相同的火柴棒圍成一個三角形，共可圍成 ___(H)___ 種不全等的三角形。

9. 若 $\frac{3\pi}{2} < \theta < 2\pi$ 且 $\sin\theta + \cos\theta = \frac{1}{5}$，則 $\cos\theta =$ ___(I)___ 。

10. 已知 p 為常數，若 $x^2 + px + 6$ 與 $x^3 + px + 6$ 的最低公倍式為四次式，則 $p =$ ___(J)___ 。

＜附錄＞

常用對數表 $y = \log_{10} x$

x	0	1	2	3	4	5	6	7	8	9
10	0000	0043	0086	0128	0170	0212	0253	0294	0334	0374
11	0414	0453	0492	0531	0569	0607	0645	0682	0719	0755
12	0792	0828	0864	0899	0934	0969	1004	1038	1072	1106
13	1139	1173	1206	1239	1271	1303	1335	1367	1399	1430
14	1461	1492	1523	1553	1584	1614	1644	1673	1703	1732
15	1761	1790	1818	1847	1875	1903	1931	1959	1987	2014
16	2041	2068	2095	2122	2148	2175	2201	2227	2253	2279
17	2304	2330	2355	2380	2405	2430	2455	2480	2504	2529
18	2553	2577	2601	2625	2648	2672	2695	2618	2742	2765
19	2788	2810	2833	2856	2878	2900	2923	2945	2967	2989
20	3010	3032	3054	3075	3096	3118	3139	3160	3181	3201
21	3222	3243	3263	3284	3304	3324	3345	3365	3385	3404
22	3424	3444	3464	3483	3502	3522	3541	3560	3579	3598
23	3617	3636	3655	3674	3692	3711	3729	3747	3766	3784
24	3802	3820	3838	3856	3874	3892	3909	3927	3945	3962
25	3979	3997	4014	4031	4048	4065	4082	4099	4116	4133
26	4150	4166	4183	4200	4216	4232	4249	4265	4281	4298
27	4314	4330	4346	4362	4378	4393	4409	4425	4440	4456
28	4472	4487	4502	4518	4533	4548	4564	4579	4594	4609
29	4624	4639	4654	4669	4683	4698	4713	4728	4742	4757
30	4771	4786	4800	4814	4829	4843	4857	4871	4886	4900
31	4914	4928	4942	4955	4969	4983	4997	5011	5024	5038
32	5051	5065	5079	5092	5105	5119	5132	5145	5159	5172
33	5185	5198	5211	5224	5237	5250	5263	5276	5289	5302
34	5315	5328	5340	5353	5366	5378	5391	5403	5416	5428
35	5441	5453	5465	5478	5490	5502	5514	5527	5539	5551
36	5563	5575	5587	5599	5611	5623	5635	5647	5658	5670
37	5682	5694	5705	5717	5720	5740	5752	5763	5775	5786
38	5798	5809	5821	5832	5843	5855	5866	5877	5888	5899
39	5911	5922	5933	5944	5955	5966	5977	5988	5999	6010
40	6021	6031	6042	6053	6064	6075	6085	6096	6107	6117
41	6128	6138	6149	6160	6170	6180	6191	6201	6212	6222
42	6232	6243	6253	6263	6274	6284	6294	6304	6314	6325
43	6335	6345	6355	6365	6375	6385	6395	6405	6415	6425
44	6435	6444	6454	6464	6474	6484	6493	6503	6513	6522
45	6532	6542	6551	6561	6571	6580	6590	6599	6609	6618
46	6628	6637	6646	6656	6665	6675	6684	6693	6702	6712
47	6721	6730	6739	6749	6758	6767	6776	6785	6794	6803
48	6812	6821	6830	6839	6848	6857	6866	6875	6884	6893
49	6902	6911	6920	6928	6937	6946	6955	6964	6972	6981
50	6990	6998	7007	7016	7024	7033	7042	7050	7059	7067
51	7076	7084	7093	7101	7110	7118	7126	7135	7143	7152
52	7160	7168	7177	7185	7193	7202	7210	7218	7226	7235
53	7243	7251	7259	7267	7275	7284	7292	7300	7308	7316
54	7324	7332	7340	7348	7356	7364	7372	7380	7388	7396
x	0	1	2	3	4	5	6	7	8	9

x	0	1	2	3	4	5	6	7	8	9
55	7404	7412	7419	7427	7435	7443	7451	7459	7466	7474
56	7482	7490	7497	7505	7513	7520	7528	7536	7543	7551
57	7559	7566	7574	7582	7589	7597	7604	7612	7619	7627
58	7634	7642	7649	7657	7664	7672	7679	7686	7694	7701
59	7709	7716	7723	7731	7738	7745	7752	7760	7767	7774
60	7782	7789	7796	7803	7810	7818	7825	7832	7839	7846
61	7853	7860	7868	7875	7882	7889	7896	7903	7910	7917
62	7924	7931	7938	7945	7952	7959	7966	7973	7980	7987
63	7993	8000	8007	8014	8021	8028	8035	8041	8048	8055
64	8062	8069	8075	8082	8089	8096	8102	8109	8116	8122
65	8129	8136	8142	8149	8156	8162	8169	8176	8182	8189
66	8195	8202	8209	8215	8222	8228	8235	8241	8248	8254
67	8261	8267	8274	8280	8287	8293	8299	8306	8312	8319
68	8325	8331	8338	8344	8351	8357	8363	8370	8376	8382
69	8388	8395	8401	8407	8414	8420	8426	8432	8439	8445
70	8451	8457	8463	8470	8476	8482	8488	8494	8500	8506
71	8513	8519	8525	8531	8537	8543	8549	8555	8561	8567
72	8573	8579	8585	8591	8597	8603	8609	8615	8621	8627
73	8633	8639	8645	8651	8657	8663	8669	8675	8681	8686
74	8692	8698	8704	8710	8716	8722	8727	8733	8739	8745
75	8751	8756	8762	8768	8774	8779	8785	8791	8797	8802
76	8808	8814	8820	8825	8831	8837	8842	8848	8854	8859
77	8865	8871	8876	8882	8887	8893	8899	8904	8910	8915
78	8921	8927	8932	8938	8943	8949	8954	8960	8965	8971
79	8976	8982	8987	8993	8998	9004	9009	9015	9020	9025
80	9031	9036	9042	9047	9053	9058	9063	9069	9074	9079
81	9085	9090	9096	9101	9106	9112	9117	9122	9128	9133
82	9138	9143	9149	9154	9159	9165	9170	9175	9180	9186
83	9191	9196	9201	9206	9212	9217	9222	9227	9232	9238
84	9243	9248	9253	9258	9263	9269	9274	9279	9284	9289
85	9294	9299	9304	9309	9315	9320	9325	9330	9335	9340
86	9345	9350	9355	9360	9365	9370	9375	9380	9385	9390
87	9395	9400	9405	9410	9415	9420	9425	9430	9435	9440
88	9445	9450	9455	9460	9465	9469	9474	9479	9484	9489
89	9494	9499	9504	9509	9513	9518	9523	9528	9533	9538
90	9542	9547	9552	9557	9562	9566	9571	9576	9581	9586
91	9590	9595	9600	9605	9609	9614	9619	9624	9628	9633
92	9638	9643	9647	9652	9657	9661	9666	9671	9675	9680
93	9685	9689	9694	9699	9703	9708	9713	9717	9722	9727
94	9731	9736	9741	9745	9750	9754	9759	9763	9768	9773
95	9777	9782	9786	9791	9795	9800	9805	9809	9814	9818
96	9823	9827	9832	9836	9841	9845	9850	9854	9859	9863
97	9868	9872	9877	9881	9886	9890	9894	9899	9903	9908
98	9912	9917	9921	9926	9930	9934	9939	9943	9948	9952
99	9956	9961	9965	9969	9974	9978	9983	9987	9991	9996
x	0	1	2	3	4	5	6	7	8	9

註：1.表中所給的對數值爲小數點後的值。
　　2.表中最左欄的數字表示 x 的個位數及小數點後第一位，最上一欄的數字
　　　表示 x 的小數點後第二位。

三角函數表

角度	Sin	Cos	Tan	Cot	Sec	Csc	
36° 00′	.5878	.8090	.7265	1.376	1.236	1.701	54° 00′
10′	.5901	.8073	.7310	1.368	1.239	1.695	50′
20′	.5925	.8056	.7355	1.360	1.241	1.688	40′
30′	.5948	.8039	.7400	1.351	1.244	1.681	30′
40′	.5972	.8021	.7445	1.343	1.247	1.675	20′
50′	.5995	.8004	.7490	1.335	1.249	1.668	10′
37° 00′	.6018	.7986	.7536	1.327	1.252	1.662	53° 00′
10′	.6041	.7969	.7581	1.319	1.255	1.655	50′
20′	.6065	.7951	.7627	1.311	1.258	1.649	40′
30′	.6088	.7934	.7673	1.303	1.260	1.643	30′
40′	.6111	.7916	.7720	1.295	1.263	1.636	20′
50′	.6134	.7898	.7766	1.288	1.266	1.630	10′
38° 00′	.6157	.7880	.7813	1.280	1.269	1.624	52° 00′
10′	.6180	.7862	.7860	1.272	1.272	1.618	50′
20′	.6202	.7844	.7907	1.265	1.275	1.612	40′
30′	.6225	.7826	.7954	1.257	1.278	1.606	30′
40′	.6248	.7808	.8002	1.250	1.281	1.601	20′
50′	.6271	.7790	.8050	1.242	1.284	1.595	10′
	Cos	Sin	Cot	Tan	Csc	Sec	角度

公式摘要

1. 一元二次方程式 $ax^2 + bx + c = 0$ 的解：$x = \dfrac{-b \pm \sqrt{b^2 - 4ac}}{2a}$

2. 標準差 $S = \sqrt{\dfrac{1}{n} \sum\limits_{i=1}^{n} (x - \overline{X})^2} = \sqrt{\dfrac{1}{n} \sum\limits_{i=1}^{n} x^2 - \overline{X}^2}$

3. 等比級數（ar^{n-1}）前 n 項之和 $S_r = a \cdot \dfrac{1 - r^n}{1 - r} = \dfrac{a}{1 - r} - \dfrac{ar^n}{1 - r}$ （$r \neq 1$）

4. $P_1(x_1, y_1)$, $P_2(x_2, y_2)$ 兩點間的距離 $\overline{P_1 P_2} = \sqrt{(x_2 - x_1)^2 + (y_2 - y_1)^2}$

5. $\sin^2 \theta + \cos^2 \theta = 1$ 　　$\tan^2 \theta + 1 = \sec^2 \theta$ 　　$\cot^2 \theta + 1 = \csc^2 \theta$

6. $\sin 2\alpha = 2 \sin \alpha \cos \alpha$ 　　$\cos 2\alpha = \cos^2 \alpha - \sin^2 \alpha = 2\cos^2 \alpha - 1 = 1 - 2\sin^2 \alpha$

7. 點 $P(x_0, y_0)$ 到直線 $L: ax + by + c = 0$ 的距離為：$\dfrac{|ax_0 + by_0 + c|}{\sqrt{a^2 + b^2}}$

8. 點 $P(x_0, y_0, z_0)$ 到平面 $E: ax + by + cz + d = 0$ 的距離為：$\dfrac{|ax_0 + by_0 + cz_0 + d|}{\sqrt{a^2 + b^2 + c^2}}$

9. $\log_a(\dfrac{1}{x}) = -\log_a x$ 　　$\log_a(xy) = \log_a x + \log_a y$ 　　$\log_a(x^y) = y \log_a x$

83年度學科能力測驗數學科試題詳解

一、選擇題

1. 【答案】**D**

   【解析】 $a = \sqrt{7 + \sqrt{47}}$　　$a^2 = 7 + \sqrt{47} \doteqdot 13.8$

   　　　　$\Rightarrow 3 < a < 4$

2. 【答案】**B**

   【解析】 L 的方向向量（ 3 , −1 , 2 ），若平面與 L 平行

   　　　　則法向量 $\vec{N} \cdot (3 , -1 , 2) = 0$

   　　　　(A)（ 2 , −1 , 1)·(3 , −1 , 2)＝6＋1＋2≠0

   　　　　(B)（ 1 , 1 , −1)·(3 , −1 , 2)＝3−1−2＝0

   　　　　(C)（ 3 , −1 , 2)·(3 , −1 , 2)＝9＋1＋4≠0

   　　　　(D)（ 3 , 2 , 1)·(3 , −1 , 2)＝9−2＋2≠0

   　　　　(E)（ 1 , −3 , 1)·(3 , −1 , 2)＝3＋3＋2≠0

3. 【答案】**D**

   【解析】 1 −（ 全爲正面及全爲反面的機率 ）

   　　　　$1 - \dfrac{4}{16} = \dfrac{12}{16} = \dfrac{3}{4}$

4. 【答案】**D**

   【解析】 1° ABC 選一點 , DEF 選二點

   　　　　2° ABC 選二點 , DEF 選一點

   　　　　$C_1^3 \times C_2^3 + C_2^3 \times C_1^3 = 9 + 9 = 18$

5. 【答案】 E

【解析】 $\overline{X}_甲 = \dfrac{100+70+80+60+50}{5} = 72$

$\overline{X}_乙 = \dfrac{90+60+70+50+40}{5} = 62$

$\overline{X}_丙 = \dfrac{80+56+64+48+40}{5} = 57.6$

$S^2_甲 = \dfrac{1}{5} [(100-72)^2 + (70-72)^2 + (80-72)^2 + (60-72)^2 + (50-72)^2]$

$= \dfrac{1}{5} (28^2 + 2^2 + 8^2 + 12^2 + 22^2)$

$S^2_乙 = \dfrac{1}{5} [(90-62)^2 + (60-62)^2 + (70-62)^2 + (50-62)^2 + (40-62)^2]$

$= \dfrac{1}{5} (28^2 + 2^2 + 8^2 + 12^2 + 22^2)$

$S^2_丙 = \dfrac{1}{5} [(80-57.6)^2 + (56-57.6)^2 + (64-57.6)^2 + (48-57.6)^2 + (40-57.6)^2]$

$= \dfrac{1}{5} [(22.4)^2 + (1.6)^2 + (6.4)^2 + (9.6)^2 + (17.6)^2]$

$\Rightarrow S_甲 = S_乙 > S_丙$

6. 【答案】 B

【解析】 $x = \dfrac{\sqrt[3]{88.3}}{\sqrt{2.56}}$

$\log x = \log \dfrac{\sqrt[3]{88.3}}{\sqrt{2.56}} = \dfrac{1}{3} \log 88.3 - \dfrac{1}{2} \log 2.56$

$= \dfrac{1}{3} (1.9460) - \dfrac{1}{2} (0.4082) = 0.4445$

$\log x = 0.4445$ 由查表知 $2.7 < x < 2.8$

7.【答案】**D**

　【解析】$\triangle ORA$ 而言　$\overline{OA}=1$　$\overline{RA}=0.8$

　　　　$\sin\angle AOR=0.8$　查表 $\angle AOR\doteqdot 53°10'$

　　　　$\triangle OSP$ 而言　$\overline{OP}=1$　$\overline{PS}=0.6$

　　　　$\sin\angle POS=0.6$　查表 $\angle POS\doteqdot 36°50'$

　　　　$\angle AOP=\angle AOR-\angle POS\doteqdot 53°10'-36°50'\doteqdot 16°20'$

8.【答案】**CE**

　【解析】$f(x)=ax^2+bx+c$

　　　　由圖形知口向上，故 $a>0$

　　　　頂點在第三象限 $\dfrac{-b}{2a}<0$　$\because a>0\Rightarrow b>0$

　　　　$f(0)=C$　$\because y$ 軸截距小於 $0\Rightarrow C<0$

　　　　圖形交於 x 軸兩點 $\Rightarrow D>0$　即 $b^2-4ac>0$

　　　　$f(-1)=a-b+c$　由圖知 $x=-1$ 時　$f(-1)<0$

　　　　$\Rightarrow f(-1)=a-b+c<0$

9.【答案】**AE**（空間敘述）

10.【答案】**CDE**

　【解析】(A) $y=(\dfrac{1}{2})^x$　過（$0,1$）點且為遞減函數故在圖形上

　　　　(B) $y=\log_2 x$ 過（$1,0$）且 $x>0$，遞增函數故在圖形上

　　　　(C) $y=\cot x$ 當 $x=0$ 時　$\cot x$ 無意義

　　　　　 $0<x<\dfrac{\pi}{2}$　$y=\cot x$ 為遞減函數故不在圖形上

　　　　(D) $5x^2+4x-6y-3=0$　為一開口向上的拋物線

　　　　　故不在圖形上

　　　　(E) $x^2-y^2+4x-6y-10=0$　為一雙曲線

　　　　　故不在圖形上。

二、填充題

1. 【答案】$\left(-2, \dfrac{1}{16}\right)$

【解析】$\begin{cases} y = 4^x \cdots\cdots\cdots \text{①} \\ y = 2^{3x+2} \cdots\cdots \text{②} \end{cases}$ $4^x = 2^{3x+2}$ $2^{2x} = 2^{3x+2}$

$2x = 3x + 2$ $x = -2$ 代入① $y = 4^{-2} = \dfrac{1}{16}$

故交點坐標 $\left(-2, \dfrac{1}{16}\right)$

2. 【答案】20公尺

【解析】路徑總長為

$$10 + 2\left(\frac{10}{3} + \frac{1}{3} \cdot \frac{10}{3} + \frac{1}{3} \cdot \frac{1}{3} \cdot \frac{10}{3} + \cdots\right)$$

$$= 10 + 2\left(\frac{10}{3} + \frac{10}{3^2} + \frac{10}{3^3} + \cdots\right)$$

$$= 10 + 2 \times \frac{\dfrac{10}{3}}{1 - \dfrac{1}{3}} = 10 + 2 \times \frac{\dfrac{10}{3}}{\dfrac{2}{3}}$$

$$= 10 + 2 \times \frac{10}{2} = 20$$

3. 【答案】$\left(-\dfrac{8}{3}, \dfrac{16}{3}\right)$

【解析】$m_{\overleftrightarrow{BC}} = \dfrac{-1-0}{2-0} = \dfrac{-1}{2}$ $\overleftrightarrow{DB} = y - 2 = \dfrac{-1}{2}(x - 4)$

$\Rightarrow x + 2y = 8$

$\overleftrightarrow{OA} : \dfrac{y-0}{x-0} = \dfrac{2-0}{-1-0} \Rightarrow 2x + y = 0$

交點 D $\begin{cases} x + 2y = 8 \\ 2x + y = 0 \end{cases}$ 聯立 $\begin{cases} x = -\dfrac{8}{3} \\ y = \dfrac{16}{3} \end{cases}$

4. 【答案】（7，−2）

【解析】設 P（x，y）為參數式，且 A，B 在直線的同一側

P（3−2t，t）　$\overline{PA}=\overline{PB}$

$\sqrt{(3-2t-1)^2+(t-2)^2}=\sqrt{(3-2t-3)^2+(t-4)^2}$

平方 $\Rightarrow 5t^2-12t+8=5t^2-8t+16$　t=−2

故 P 的坐標為（7，−2）

5. 【答案】$-1\pm\dfrac{2}{3}\sqrt{6}$

【解析】y=mx+3 代入 $x^2+y^2+2x=3$ 相切

$x^2+(mx+3)^2+2x=3$

$\Rightarrow (m^2+1)x^2+(6m+2)x+6=0$

D=0　$(6m+2)^2-4\times 6(m^2+1)=0$

$3m^2+6m-5=0$　$m=\dfrac{-6\pm\sqrt{96}}{6}=-1\pm\dfrac{2}{3}\sqrt{6}$

6. 【答案】$\dfrac{160}{11}\pi$

【解析】$x^2+y^2+z^2+2x-4y-11=0$

$(x+1)^2+(y-2)^2+z^2=16$

球心為（−1，2，0）半徑 4

球心到平面的距離

E：x+3y+z=1

$=\left|\dfrac{-1+3\times 2+0-1}{\sqrt{1^2+3^2+1^2}}\right|=\dfrac{4}{\sqrt{11}}$

交圓的（半徑）$^2=4^2-(\dfrac{4}{\sqrt{11}})^2=\dfrac{160}{11}$

面積=$\pi\times$（半徑）^{2}

$=\pi\times\dfrac{160}{11}=\dfrac{160}{11}\pi$

7. 【答案】$(1, \frac{5}{2}, \frac{5}{2})$

【解析】 $\begin{cases} x - y + z = 1 \\ x + y - z = 1 \end{cases}$

交線的方向向量（$\begin{vmatrix} -1 & 1 \\ 1 & -1 \end{vmatrix}, \begin{vmatrix} 1 & 1 \\ -1 & 1 \end{vmatrix}, \begin{vmatrix} 1 & -1 \\ 1 & 1 \end{vmatrix}$）

$= (0, 2, 2) = 2(0, 1, 1)$

令 $z = 0$，$x = 1$，$y = 0$

交線上點的參數式為 $\begin{cases} x = 1 \\ y = t \quad t \in R \\ z = t \end{cases}$

設 B 為最短距離坐標 $(1, t, t)$

$\overrightarrow{AB} \cdot (0, 1, 1) = 0$

$(0, t-2, t-3) \cdot (0, 1, 1) = 0$

$t - 2 + t - 3 = 0 \qquad 2t = 5$

$t = \frac{5}{2}$ 故坐標為 $(1, \frac{5}{2}, \frac{5}{2})$

8. 【答案】8 種

【解析】令三邊分別為 x, y, z $\quad x, y, z \in N$（自然數）

$x = 1$	$x = 2$	$x = 3$
$\begin{cases} y+z=19 \\ y-z<1 \end{cases}$	$\begin{cases} y+z=18 \\ y-z<2 \end{cases}$	$\begin{cases} y+z=17 \\ y-z<3 \end{cases}$
	$(2, 9, 9)$	$(3, 9, 8)$

$x = 4$	$x = 5$	$x = 6$	$x = 7 \cdots$
$\begin{cases} y+z=16 \\ y-z<4 \end{cases}$	$\begin{cases} y+z=15 \\ y-z<5 \end{cases}$	$\begin{cases} y+z=14 \\ y-z<6 \end{cases}$	情況會重覆
$(4, 9, 7)$	$(5, 9, 6)$	$(6, 8, 6)$	
$(4, 8, 8)$	$(5, 8, 7)$	$(6, 7, 7)$	

共有 8 種

9. 【答案】 $\cos\theta = \dfrac{4}{5}$

　【解析】 $\sin\theta + \cos\theta = \dfrac{1}{5}$　　令 $\cos\theta = t \Rightarrow \sin\theta = \dfrac{1}{5} - t$

　　　　　 $\because \sin^2\theta + \cos^2\theta = 1$　　$(\dfrac{1}{5} - t)^2 + t^2 = 1$

　　　　　 $2t^2 - \dfrac{2}{5}t - \dfrac{24}{25} = 0$　　$25t^2 - 5t - 12 = 0$

　　　　　 $(5t+3)(5t-4) = 0$　　　　$t = -\dfrac{3}{5}$（不合）或 $\dfrac{4}{5}$

　　　　　 $\because \dfrac{3\pi}{2} < \theta < 2\pi$　$\therefore \cos\theta > 0 \Rightarrow \cos\theta = \dfrac{4}{5}$

10. 【答案】 $p = -7$

　【解析】 $f(x) = x^2 + px + 6$　　$g(x) = x^3 + px + 6$

　　　　　 $f(x) \cdot g(x) = LCM \times HCF$　　已知 LCM 爲四次式

　　　　　 $\Rightarrow HCF$ 爲一次式 $d(x)$

　　　　　 $d(x) \mid g(x) - f(x)$　　　　$d(x) \mid x^3 - x^2$

　　　　　 $d(x) \mid x^2(x-1)$　　因 $f(0) \neq 0$ 且 $g(0) \neq 0$

　　　　　 故 x 必不爲 $f(x), g(x)$ 的因式

　　　　　 $\therefore d(x) = x - 1$　　爲最大公因式

　　　　　 $f(1) = 0 \Rightarrow 1 + p + 6 = 0$　　$p = -7$

劉毅英文「98年學科能力測驗」15級分名單

姓名	學校班級	姓名	學校班級	姓名	學校班級	姓名	學校班級	姓名	學校班級
何冠廷	建國中學 302	林聖風	北一女中三真	盧胤諳	中山女中三信	鄭旭峰	建國中學 325	曹舜皓	麗山高中 307
高儀庭	北一女中三孝	李瑋穎	薇閣中學 三丁	陳禹志	建國中學 329	許軒睿	市立大同 301	趙愷文	大同高中 315
許誌珍	北一女中三勤	殷偉珊	景美女中三真	高慈宜	北一女中三射	莊雅茵	北一女中三射	李懿軒	建國中學 322
林儀芬	北一女中三和	劉傳靖	建國中學 329	梁筠	薇閣中學 三丁	康育	延平高中 312	廖祥智	松山高中 312
袁輔君	北一女中三和	王捷	建國中學 329	張耘甄	薇閣中學 三丁	黃美慈	中山女中三群	簡碩麒	建國中學 314
畢源伸	成功高中 324	林庭羽	板橋中學 307	白旻樺	市立大同 305	張雅晴	師大附中 1164	鍾頎	北一女中三讓
王文哲	成功高中 324	黃薆茵	北一女中三真	賴冠百	建國中學 327	林群皓	延平中學 314	傅筠	台中女中 312
曾心潔	北一女中三和	林後嶧	建國中學 315	林怡廷	北一女中三義	蕭鈺芳	松山高中 306	林志安	台中一中 324
林洺安	北一女中三公	陳躍	建國中學 315	馮偉翔	建國中學 326	侯進坤	建國中學 330	林鉦峻	台中一中 316
黃筱匀	北一女中三誠	韓羽唯	北一女中三恭	邱冠霖	師大附中 1173	洪庭妤	中山女中三博	蕭漢思	師大附中 1176
簡翔瀠	北一女中三誠	沈柏妏	北一女中三愛	張熹文	松山高中 304	陳昱愷	建國中學 318	張希慈	北一女中三善
王瑋慈	北一女中三誠	徐涵葳	中山女中三捷	黃彥瑄	北一女中三忠	劉彥君	師大附中 1164	張宜欣	中山女中三公
沈奕彤	北一女中三和	蔡杰辰	建國中學 315	章品萱	北一女中三良	盧宇珞	師大附中 1164	邱冠霖	建國中學 318
張雅甄	北一女中三勤	鄭惟之	成功高中 317	黃詩婷	中山女中三博	洪于涵	師大附中 1158	許紹倫	成功高中 324
王怡文	北一女中三誠	宋瑞祥	建國中學 330	林奎沂	北一女中三愛	林珈辰	北一女中三樂	陳佑維	師大附中 1167
許凱婷	華江高中 303	謝家惠	市立大同 312	張雅喬	北一女中三勤	潘筠	聖心女中三孝	高嘉駿	松山高中 308
丘清華	進修生	黃孺雅	北一女中三讓	陳庭萱	薇閣中學 三丁	鄭立群	建國中學 327	張靜婷	西松高中三誠
謝明勳	師大附中 1170	陳韻婷	北一女中三恭	張亦麟	和平高中 312	李品彥	建國中學 329	張至婷	北一女中三射
朱盈盈	北一女中三毅	鄭皓宇	師大附中 1161	田顏禎	建國中學 310	王澤恩	內湖高中 305	何逸飛	台中一中 303
許書瑋	內湖高中 303	郭哲妳	北一女中三毅	翁上雯	中山女中三捷	陳怡安	中山女中三仁	許力權	北一女中三良
翁靖堯	內湖高中 303	郭晉廷	師大附中 1162	李承翰	成功高中 314	張詩玉	北一女中三讓	林芸安	北一女中三忠
張奕浩	師大附中 1172	陳姿蓉	北一女中三恭	石知田	師大附中 1172	李宗叡	成功高中 318	曹曉琳	北一女中三忠
鍾秉軒	建國中學 312	林承業	師大附中 1172	蘇柏穎	北一女中三數	陳翊含	松山高中 306	王衍皓	延平高中 311
劉承疆	建國中學 311	顏傑青	建國中學 317	徐逸竹	北一女中三數	黃宜蓁	成功高中 309	簡喬	內湖高中 314
吳季儒	進修生	盧宜謙	師大附中 1162	李苡萱	北一女中三恭	謝翔宇	辭修高中 301	李顯洋	北一女中三忠
徐銘均	北一女中三勤	林欣諭	北一女中三讓	黃上瑋	建國中學 322	高偉豪	辭修高中 301	林嬙	師大附中 1165
陳柏玉	北一女中三愛	林芳瑜	北一女中三恭	徐智威	建國中學 327	蔡佳珉	北一女中三真	朱君浩	建國中學 318
阮思瑪	北一女中三勤	胡琇雯	北一女中三善	廖祥伶	辭修高中 301	張清堯	建國中學 312	劉介民	建國中學 318
張正宜	成功高中 323	曾文昇	建國中學 317	匡小琪	政大附中 301	呂馥伊	北一女中三讓	林育正	新莊高中 303
陳俊燁	板橋中學 303	廖玠智	建國中學 310	林宛誼	延平中學 312	黃柏源	建國中學 318	李晏如	北一女中三射
蔡鎧任	建國中學 323	陳昱豪	成功高中 323	李育瑋	師大附中 1170	陳元泰	市立大同 314	陳瑞翔	建國中學 314
蘇哲毅	建國中學 319	黃韻儒	北一女中三忠	江品慧	師大附中 1156	杜昆翰	建國中學 318	蘇冠霖	建國中學 318
洪一軒	板橋中學 307	高正陽	進修生	簡捷	北一女中三孝	于恩庭	北一女中三義	王雅琦	市立大同 310
梁珈瑄	市立大同 306	黃明靜	北一女中三孝	吳周駿	延平中學 308	廖苑辰	辭修高中 301	林建宇	建國中學 308
歐宜欣	中山女中三禮	呂惠文	中山女中三禮	洪以青	延平中學進修生	林韋翰	建國中學 318	徐惠儀	桃園高中 317
蔡旻珊	延平中學 301	陳利未	建國中學 310	陳柏如	北一女中三御	周姿吟	北一女中三書	鑑家慧	景美女中三美
劉盈盈	北一女中三愛	王奕云	大同高中 302	林浩存	建國中學 314	許書衡	東山高中三忠	陳昱州	延平高中 313
劉威廷	建國中學 313	陳奕廷	建國中學 312	唐子堯	建國中學 323	許嘉偉	建國中學 323	陳柏儒	宜蘭高中 313
孫瑋駿	建國中學 330	陳欣	政大附中 122	蘇俊瑋	松山高中 319	張瀞元	延平中學 312	張好如	延平高中 312
宋佳陵	北一女中三莊	高至頤	中正高中 306	高嘉吟	北一女中三毅	張哲偉	建國中學 320	徐乙玉	北一女中三良
范廷瑋	北一女中三愛	吳駿逸	師大附中 1161	葉芃筠	師大附中 1157	鄭晏羽	格致中學普三忠	金寧煊	建國中學 314
劉晉豪	師大附中 1178	吳芳育	建國中學 322	盛博今	建國中學 322	林政儒	建國中學 315	卓珈仔	北一女中三琪
蔡明辰	成功高中 307	王映萱	北一女中三數	曾以寧	北一女中三勤	吳思萱	衛理女中高三恩	劉欣瑒	北一女中三溫
卓朝葳	北一女中三讓	蕭力婷	北一女中三儉	何中豪	建國中學 318	蘇柏勳	建國中學 303	李律恩	北一女中三忠
江姵璇	北一女中三書	林琬芸	中山女中三慧	魏汭惟	建國中學 324	朱得誠	新莊高中 303	郭潤宗	師大附中 1173
張祐菘	成功高中 323	魏禎萱	師大附中 1160	陳政蓁	建國中學 320	葉家維	建國中學 320	陳曹瀚	建國中學 314
林宸弘	建國中學 327	龔昶安	師大附中 1173	于志業	建國中學 325	蔡秉逸	建國中學 318	謝人傑	建國中學 323
劉任軒	建國中學 311	王斯瑋	成功高中 319	林聖翔	建國中學 325	李秉浩	建國中學 310		

劉毅英文家教班成績優異同學獎學金排行榜

姓名	學校	總金額	姓名	學校	總金額	姓名	學校	總金額	姓名	學校	總金額
賴宣佑	成淵高中	144550	董家琳	中和高中	29500	徐歆閎	福和國中	21900	楊紹紘	建國中學	17600
林采蓁	古亭國中	110600	簡茉	自強國中	28300	董澤元	再興高中	21600	趙祥安	新店高中	17500
林妍君	薇閣高中	91150	洪嘉瑗	北一女中	28150	呂亞庭	縣中山國中	21450	楊舒涵	中山女中	17350
王千	中和高中	89900	吳書軒	成功高中	28000	許丞鞍	師大附中	21400	黃偉倫	成功高中	17300
黃怡文	石牌國中	79850	蔡佳恩	師大附中	27800	陳思涵	成功高中	21200	黃詠期	建國中學	17100
方昱傑	溪崑國中	79250	江品萱	海山高中	27800	陳柏彰	萬華國中	21100	鄭巧兒	北一女中	17000
陳泱頃	重慶國小	60800	陳明	建國中學	27450	王鈺雯	三重國中	21000	蔡承翰	成功高中	17000
洪湘艷	新泰國中	53700	楊博閔	華江高中	27450	張祐銘	延平高中	20950	曹欣怡	延平高中	16900
林臻	北一女中	53300	呂咏霖	長安國中	27350	盧安	成淵高中	20800	朱冠宇	建國中學	16900
呂芝瑩	內湖高中	51450	王于綸	中山女中	27300	楊竣宇	新莊國中	20800	劉美廷	德音國小	16900
王思云	延平高中	51200	許晏魁	竹林高中	27150	蕭允祈	東山高中	20650	林承緯	延平國中	16900
陳卻凡	師大附中	50000	邱奕軒	內湖高中	27150	車庭辰	大理高中	20500	郭學豪	和平高中	16800
江旻儒	衛理國中部	50000	林祐瑋	耕莘護專	27050	林曜璇	麗山高中	20400	陳怡舜	市中正高中	16800
蔡翰林	康橋國中	50000	蔡佳容	北一女中	27050	吳元魁	建國中學	20400	周筱涵	南湖高中	16800
陳瞱	自學	50000	詹笠坊	石牌國中	26700	蔡佳芸	和平高中	20300	劉應傑	西松高中	16700
朱庭萱	北一女中	48917	江少軒	銘傳國中	26650	韓宗叡	大同高中	20200	鄭竣陽	中和高中	16650
呂崇倫	南湖高中	47950	施宛妤	武崙國小	26500	王聖雄	金華國中	20100	莫雅晴	永和國中	16600
賴鈺錡	明倫高中	44650	黃棠霓	北一女中	26350	趙于萱	中正高中	20100	薛宜軒	北一女中	16500
張祐豪	埔墩國小	42900	施廷睿	莒光國小	26200	練冠霆	板橋高中	20000	徐子涵	新莊國中	16400
何欣蓉	蘭雅國中	41100	梁家豪	松山高中	26200	洪啓修	師大附中	20000	許志遙	百齡高中	16400
塗皓宇	建國中學	39834	陳昱勳	華江高中	26200	羅之珅	大直高中	19900	洪敏珊	景美女中	16300
林清心	板橋高中	39500	王捷之	建國中學	26100	柯穎瑄	北一女中	19800	梁齡心	北政國中	16300
楊玄祥	建國中學	38800	江采軒	銘傳國中	26000	鄭昀叡	市中正國中	19700	馬偉傑	成功高中	16300
鄭翔仁	師大附中	38450	張祐寧	建國中學	25900	蔡承儒	南山國中	19700	劉倢如	江翠國中	16300
陳冠宏	東海高中	37150	鍾佩璦	中崙高中	25900	黃清淳	北一女中	19650	許令福	南湖高中	16300
陳琳禍	永春高中	36850	楊晉閎	板橋高中	25800	卓晉宇	華江高中	19600	吳承叡	中崙高中	16300
謝家綺	板橋高中	36600	劉桐	北一女中	25400	饒哲宇	成功高中	19600	許誓魁	政大附中	16250
吳品賢	板橋高中	35750	黃馨儀	育成高中	25200	顏毅澤	華江高中	19500	趙家德	衛理女中	16100
許瑞云	中山女中	34450	朱煜錚	長安國中	25150	廖祥舜	永平高中	19300	鄭家宜	成淵高中	16100
柳堅鑠	景美國中	34300	吳佳輝	仁愛國中	24900	柯姝延	北一女中	19300	郭權	建國中學	16100
李祖荃	新店高中	34100	林弘維	內湖高中	24050	蔡柏晏	北一女中	19300	林于傑	師大附中	16000
蘇子陽	林口國中	33800	王芊蓁	北一女中	23850	李欣儒	江翠國中	19300	呂佾奉	南湖高中	15950
宋安	東湖國中	33150	林俐吟	中山女中	23750	陳冠揚	南湖高中	19300	廖雄妤	景美女中	15950
趙啓鈞	松山高中	32950	高仲霆	百齡高中	23700	鄭瑋伶	新莊高中	19100	謝宜廷	崇林國中	15900
丁哲沛	成功高中	32150	張仲豪	師大附中	23700	劉紹增	成功高中	19000	趙勻慈	新莊高中	15900
蔡佳伶	麗山高中	31800	郭韋成	松山高中	23500	林悅婷	北一女中	19000	李姿璽	板橋高中	15800
胡嘉杰	建國中學	31700	李珮宜	薇閣國中部	23400	位芷甄	北一女中	18850	潘柏維	和平高中	15800
吳思嫻	延平高中	31500	劉家伶	育成高中	23400	陳昕	中山女中	18700	林學典	格致高中	15800
袁好搴	武陵高中	31450	林瑋萱	中山女中	23300	許喬青	海山高中	18700	楊薇霖	重慶國小	15600
洪紫瑜	北一女中	31400	謝昀彤	建國高中	23167	何思緯	內湖高中	18600	翁鉉達	格致高中	15500
徐恩平	金華國中	31200	林羿慈	大直高中	22600	劉釋允	建國中學	18300	蔡欣儒	陽明高中	15500
高行漢	西松高中	30900	匡若瑜	青山國中	22600	陳怡霖	北一女中	18300	賴建元	大安高工	15500
許顯升	內湖高中	30900	徐浩芸	萬芳高中	22500	李念恩	建國中學	18050	呂胤慶	建國高中	15400
周芷儀	三重高中	30800	鄭豪文	大安高工	22200	廖珮琪	復興高中	17900	洪千雅	育成高中	15300
李芳瑩	辭修高中	30650	徐柏庭	延平高中	22200	王廷鎧	建國中學	17900	羅郁喬	景興國中	15300
黃詩芸	北一女中	30500	簡詳恩	桃園高中	22100	戴秀娟	新店高中	17900	賴沛恩	建國中學	15300
賴佳駿	海山國中	30100	蔡清伍	建國中學	22000	王思倢	建國中學	17700	蔡佳妤	基隆女中	15200
鄭雅涵	北一女中	30100	陳盈穎	弘道國中	22000	蘇郁芬	中山女中	17600	郭憲寧	大葉大學	15200
郭琪華	成功高中	29500	黃筱雅	北一女中	22000	李盼盼	中山女中	17600	劉裕心	中和高中	15050

※ 因版面有限，尚有領取高額獎學金同學，無法列出。

www.learnschool.com.tw

劉毅英文教育機構

學費最低·效果最佳

高中部：台北市許昌街17號6F（捷運M8出口對面·學勳補習班）TEL：（02）2389-5212
國中部：台北市重慶南路一段10號7F（火車站前·學林補習班）TEL：（02）2361-6101
台中總部：台中市三民路三段125號7F（世界健身中心樓上）TEL：（04）2221-8861

歷屆大學學測數學科試題詳解

主　　　編 / 高　偉

發　行　所 / 學習出版有限公司　　　☎ (02) 2704-5525

郵 撥 帳 號 / 0512727-2 學習出版社帳戶

登　記　證 / 局版台業 2179 號

印　刷　所 / 裕強彩色印刷有限公司

台 北 門 市 / 台北市許昌街 10 號 2 F　　☎ (02) 2331-4060

台灣總經銷 / 紅螞蟻圖書有限公司　　　☎ (02) 2795-3656

美國總經銷 / Evergreen Book Store　　☎ (818) 2813622

本公司網址　www.learnbook.com.tw

電 子 郵 件　learnbook@learnbook.com.tw

售價：新台幣二百八十元正

2013 年 5 月 1 日二版三刷

ISBN 978-986-231-018-2